량원건과 싼이그룹 이야기

我与首富梁稳根

량원건과
싼이그룹
이야기

허전린 (何眞臨) 지음 | 정호운 옮김

유아이북스

량원건과 싼이그룹 이야기

1판 1쇄 인쇄 2013년 11월 20일
1판 1쇄 발행 2013년 11월 25일

지은이 허전린
옮긴이 정호운
펴낸이 이윤규

펴낸곳 유아이북스
출판등록 2012년 4월 2일
주소 서울시 용산구 효창원로 64길 6
전화 (02) 704-2521
팩스 (02) 715-3536
이메일 uibooks@uibooks.co.kr

ISBN 978-89-98156-13-8 03320

값 14,500원

이 도서의 국립중앙도서관 출판시도서목록 (CIP) 은 서지정보유통지원시스템 홈페이지
(http://seoji.ni.go.kr) 와 국가자료공동목록시스템 (http://www.ni.go.kr/kolisnet) 에서
이용하실 수 있습니다 .(CIP 제어번호 : CIP2013023771)

　싼이그룹을 창업한 량원건(梁穩根) 회장은 우리나라의 고 정주영 현대그룹 명예회장과 비교가 된다. 불굴의 의지로 무에서 유를 창조했다는 면에서 두 거인의 삶이 겹쳐진다.

　흔히 오해받는 것처럼 량 회장은 부유한 집안의 2세가 아니다. 바구니를 짜서 겨우 생계를 부지하던 가난한 집안 출신이다. 이런 그는 끊임없는 기업가 정신으로 오늘날 중국 최대를 넘어 세계 6위권의 건설기계장비업체를 키워냈다. 그 와중에 량 회장 개인적으로도 막대한 부를 축적했다. 2011년엔 〈포브스〉 등 내외신들이 꼽은 중국 최대부호로 꼽혔다. 건설업이 찬바람을 맞고 있는 와중에도 세계적인 부자의 위치를 유지하고 있는 모습이다.

　기업가로서 그가 구사한 것은 외국에서 기술을 들여와 싸게 만드는 전략이 아니었다. 시장을 중장기적으로 보고 기술력을 높이는 데 주력하면서 매출을 늘렸다. 이젠 차별화된 품질과 서비스로 글로벌 시장을 공략 중이다. 국영 기업이 대부분인 중국에서 기업가 정신의 화신으로 추앙받고 있는 배경이다.

　이 책은 그를 옆에서 지켜본 참모 중 하나인 허전린(何眞臨) 싼이그룹 부총재가 은퇴 직전에 밝히는 소회이자 내부 기록이다.

– 편집자 주

일러두기

• 회사 내 직책을 한국의 실정에 맞게 바꾸었습니다. 동사장은 회장, 총재는 사장, 부총
재는 부사장으로 통일했습니다.

• 한국과 중국 사이에 문화적인 차이를 고려했습니다. 쑨이그룹이나 공산당을 지나치
게 미화하는 부분은 순화하거나 삭제했습니다.

• 본서에서 주장하는 내용이나 저자의 철학은 본 출판사의 입장과 무관함을 알립니다.

중국엔 이런 부자도 있다!

매년 중국의 100대 부자 순위를 집계하는 '후룬바이푸방(胡潤百富榜)'을 작성하면서 늘 느끼는 것이지만 중국의 부자들은 참으로 놀랍다. 2008년 베이징올림픽 개막식에서 전직 체조선수 리닝(李寧)이 성화 봉송의 마지막 주자로 나서 콜드론에 불을 붙였다. 그 순간 사람들의 눈에 비친 그는 체조왕자 리닝이었지만 내 눈앞의 그는 2008년 후룬바이푸가 뽑은 중국 부호 76위에 빛나는, 개인자산 70억 위안의 사업가 리닝이었다. 중국 부호들이 만들어낸 기적과 불가사의에 나는 진심으로 전율을 느꼈다.

량원건 회장과는 직접 만날 기회가 없었지만 그가 '후룬바이푸'에 오르기 시작한 순간부터 나의 관심 대상이었다. 그는 2011년에 700억 위안의 재산으로 '후룬바이푸' 1위에 등극한 성공한 기업가이다. 량원건의 성공을 보면서 재미있는 일화가 떠올랐다. 150년 전 미국의 캘리포니아에 골드러시가 일었다. 세계 각지에서 금을 캐려는 사람들이 벌떼같이 몰려들었지만 막상 막대한 부를 거머쥔 사람은 극소수에 불과했다. 오히려 금을 캐는 데 사용되는 삽과 가래 등 도구를 파는 상인들이 엄청난 돈을 벌어서 부자가 되었다. 오늘날의 중국에도 이런 현상이 일어나고 있다. 전국 각지의 부동산업자들이 곳곳에서 건물을 지으며 부동산 시장을 뜨겁게 달구고 있을 때 량원건 회장과 싼이그룹은 소리 소문 없이 자신의 부를 축적하고 있었다. 2006년에 개인 재산 22억 위안으로 부호 순위 100위권에도 들지 못했던 량원건 회장이 2008년에는 120억 위안으로 재산이 크게 늘어 36위에 이름을 올렸다. 그리고 36위에서 중국 최고의 갑부가 되는 데까지 단 2년밖에 걸리지 않았다. 이런 놀라운 수치들은 사람들의 호기심을 불러일으키기에 충분했다. 물론 그 사람들에는 나도 포함된다.

수백억 위안의 자산가라는 사실 외에도 2010년에 세상을 떠들썩하게 했던 한 건의 뉴스로 인해 나는 량원건 회장과 싼이그룹을 다시 보게 되었다. 2010년 8월 5일, 칠레 북부 코피아포 인근에 있는 산호세 광산에서 매몰사고가 발생했다. 구리를 채굴하던 33명의 광부가 700m 지하에 매몰되었다. 칠레 정부는 중국의 싼이중공업이 설계하고 제조한 SCC4000 크롤러 크레인으로 구조캡슐을 들어 올리는 작업을 진행하기로 결정했다. 10월 14일에 땅속에 두 달 넘게 갇혔던 33명의 광부들이 모두 구조되는 놀라운 기적이 일어났다. 싼이중공업은 국경을 넘어서 위기의 순간에 도움의 손길을 내밀고 막중한 임무를 훌륭하게 완수했다. 순식간에 주요 언론들은 싼이중공업을 '메이드 인 차이나'를 대표하는 국제적인 명함으로 전 세계에 보여주었고 갈수록 많은 사람들이 중국 후난 지역 연고의 건설기계생산업체와 그 기업을 움직이는 량원건 회장을 주목하기 시작했다.

2011년의 '후룬바이푸'에서 량원건 회장은 재산 규모 1위로 최고 갑부의 자리를 차지했을 뿐만 아니라 국제사회에서의 영향력, 기업매출과 납세현황, 일자리 창출, 언론의 주목도 등 다양한 각도로 순위를 매기는 리스트에서도 2위를 차지했다. 또한 흥미로운 것은 가장 최근에 발표한 2012년 부자 순위에서 싼이그룹의 임원 7명이 100위 안에 들었다는 점이다. 그들은 경제계의 기적이자 후룬바이푸에서 '가장 존경 받는 팀'이다.

중국의 최고 갑부와 쿠자 순위를 사람들에게 널리 알리는 것은 현재 내가 이 일을 하는 신념이자 원동력이다. 서문을 써달라는 허전린 선생의 요청을 바로 승낙한 이유 중의 하나이기도 하다.

허전린 선생은 2008년 후난(湖南) 창사(長沙)에서 개최된 한 포럼에서 처음 알게 되었다. 당시 허전린 선생은 싼이그룹의 대표로서 나와 처음 얼굴을 마주했다. 첫인상부터 굉장히 솔직하고 정말 진심으로 나와 소통을 하고자 하는 진정성이 느껴졌다. 개인적으로 허전린 선생의 솔직함과 대담함은 싼이그룹에 큰 도움이 된다고 생각한다. 나 역시도 허전린 선생과 여러 번 만나서 한 대화를 통해 그의 인격과 성품을 존경하게 되었고 량원건 회장과 싼이그룹에 대해서도 많이 알게 되었다.

앞으로 더 많은 독자들이 나처럼 이 책을 통해 싼이그룹과 최고 갑부 량원건에 대해 알게 되기를 진심으로 희망한다.

루퍼트 후게베르프(Rupert Hoogewerf)
중국판 〈포브스〉라 불리는 후룬바이푸의 발행인

2012년 12월

기업을 통해 새로운 중국을 말하다

글을 쓰려고 펜을 드니 지나간 일들이 주마등처럼 머릿속을 스쳐 지나간다. 이 책을 완성하는 데는 한 달여밖에 안 걸렸다. 막힘없이 술술 써내려갔다. 싼이에 대한 수많은 기사가 보도되었고 소문이 셀 수 없을 정도로 무성했지만 싼이그룹을 제대로 이해하고 분석한 책은 지금까지 없었다. 참으로 안타까운 일이 아닐 수 없다. 따라서 필자는 부족하지만 진짜 량원건과 싼이그룹을 말하고자 한다.

우선, 진짜 량원건의 모습을 있는 그대로 그려내려고 했다. 물론 쉽진 않았다. 아무래도 량원건 회장과는 벗이고 동료이자 '군신'의 관계였기 때문이다. 최대한 감정을 섞지 않으려고 노력했으나 쉽지 않았다. 그러나 내부에 있는 사람으로서 남들이 보여주지 못하는 진정한 싼이그룹의 모습을 그려냈다고는 자부한다. 그룹과 관련된 거의 모든 부분을 언급했지만 결국은 가장 간단한 두 가지 통찰로 요약된다.

필자는 여러 대학에서 특강을 할 때마다 항상 기업가의 모든 지혜를 두 가지 통찰로 귀납했다. 그것은 바로 전략, 브랜드, 혁신, 사업모델, 경쟁 등 '상업에 대한 통찰'과 조직구조, 법인 경영, 인재 선발과 등용, 기업 문화 등 '사람에 대한 통찰'이다. 또한 이 두 가지 통찰은 현 시대에 대한 통찰을 바탕으로 한다. 클라우드 컴퓨팅, 인공지능, 모바일인터넷 등 새로운 기술과 패러다임의 변화로 시대는 급격하게 바뀌고 있다. 독자들이 이 책을 통하여 량원건을 이해할 뿐만 아니라 이 책을 계기로 수

천 수만의 '량원건'이 탄생하기를 바란다. 그리고 이 책을 집필하면서 당시의 언론 보도를 인용하는 등 최대한 사실을 기반으로 과거를 재현하기 위해 애썼다. 책에서 제시한 일부 데이터와 관점은 당시의 상황을 재현한 것으로 일부 예측성 데이터와 관점은 훗날의 실제 데이터 혹은 상황과 다를 수도 있다.

이 책은 필자가 사랑하는 벗과 모든 심혈을 기울였던 회사에 대한 비망록이자 필자를 진심으로 아껴준 모든 벗과 이 사회에 바치는 메시지다.

늘 시간에 쫓기는 독자들의 수요에 맞춰 세세한 묘사와 설명은 생략하고 단도직입적인 서술방식으로 이야기를 풀어냈다. 시간이 돈인 사업가들, 하루 24시간이 부족하게 느껴질 정도로 바쁜 창업가들, 열심히 지식을 흡수하며 역량을 키워가고 있는 학생들, 방황하고 고민하는 재계 2세들, 자신의 꿈을 이루기 위해 노력하는 각양각색의 사람들, 그들에게는 천천히 음미하는 글보다 시원하게 읽히는 글이 더 필요할 것이라고 생각한다.

■ 차례

① 싼이그룹의 미국 풍력발전프로젝트 소송사건 기자회견 현장

② 샹원보 발언

③ 외국 기자의 질문

오바마를 제소하다

"미국이 국가 안보를 구실 삼고 있는데 그 이유를 따져보면 전혀 사
실무근이다. 오바마는 중국을 비롯한 신흥국가들이 미국을 제치고
첨단제조업의 리더가 될까 봐 두려워하는 것이다."
– 샹원보, 싼이중공업 사장

오바마를 상대로 소송을 하다니, 누가 겁도 없이 그런 일을 벌였단 말인가?

바로 중국 후난(湖南) 성의 싼이그룹(三一集團)이다!

오바마는 결국 소원대로 재선에 성공했다. 참으로 감탄할 일이다. 오바마는 우리 회장에게 감사 편지를 보내야 한다. 싼이그룹의 제소가 오바마에게 중요한 경선카드였기 때문이다.

싼이그룹의 인재들은 오바마와 라이벌 롬니가 '중국 때리기'로 치열한 경합을 벌이고 있는 상황을 지켜보았다. 그 민감한 시기에 우리가 제소한 것이 오바마에게 플러스가 될 수 있다고 보았다. 대통령이 국가 안보를 명분으로 들고 나오면 미국에서 우리가 승소할 가능성이 낮다는 것쯤은 잘 알고 있었다.

그럼에도 불구하고 왜 우리는 그에게 소송을 걸었을까.

싼이그룹이 뿌리를 둔 후난 성의 지역 문화인 후샹(湖湘) 문화는 천하를 자신의 책임으로 생각하고 세상일에 앞장서는 것을 기본 정신으로 한다. 이런 싼이그룹의 눈으로 볼 때 오바마는 치졸했다. 국가 안보를 핑계로 자신의 국민들을 기만했다.

실상은 이랬다.

랄스(Ralls) 사가 미국 군사시설 근처에 위치한 풍력발전소 프로젝트 4개를 인수했다. 거기에 풍력발전소를 건설하고 싼이그룹이 생산한 풍력발전기를 설치할 예정이었다. 싼이중공업의 임원 2명이 회사의 주요 주주로 있는 랄스 사는 미국에서 풍력발전 투자와 건설 사업을 하고 있는 곳이다.

논란의 불씨는 랄스 사가 인수한 4개 프로젝트 중 1개 풍력발전소 예정 위치가 미 해군의 비행제한구역 내에 위치해 있다는 사실에 있었다. 군사통제구역과 가까운 거리에 있었기 때문에 해군부대에서는 랄스 사에 풍력발전소 위치를 타 지역으로 옮길 것을 요청했고 랄스 사도 협조를 약속했다.

하지만 미국외국인투자심사위원회(CFIUS)는 민감하게 반응했다. 금지령을 내려 당장 인수한 풍력발전소 프로젝트의 건설과 운영을 중지하고 5일 내에 모든 시설과 자재 등을 철수하라는 명령을 내렸다. 이에 랄스 사는 CFIUS를 고소하였고 CFIUS는 이 사건을 오바마 대통령에게 보고했다. 오바마 대통령은 편파적이었다. 대통령령으로 랄스 사의 인수 건을 공식 부결했다. 미국의 언론도 호들갑이었다. 갑자기 온 뉴스 미디어에서 세상이 난리가 났다는 식으로 보도했다. 미국의 안보까지 위험해졌다고 했다.

우리가 인수한 이 풍력발전소의 시공업체는 미국 기업이고 시공관리자도 미국인이며 원자재도 모두 미국산이다. 완공된 후에는 디국의 풍력발전투자자에게 판매될 예정이다. 그런데 이것이 미국의 국가 안보에 위협을 가져다준다는 게 말이 되는가!

그동안 다른 피해자들은 미국의 패권 앞에서 울며 겨자 먹기로 참아왔다. 하지만 뼛속 깊이 후상 문화로 무장한 싼이그룹은 이에 굴하지 않았다. 실리보다는 존엄을 지키기 위해서였다. 중국의 언론들은 즉시 성원을 보냈다.

인민일보 (人民日報)

■ 싼이그룹의 오바마 제소 판결, 중요한 시금석 되나

미국이 번번이 '국가 안보'라는 명분을 앞세워 규제를 가하자 피해를 입은 중국 기업들이 끝내 법적 수단을 통해 자신을 지키기에 나섰다. 금일 (2012년 10월 18일) 오전, 싼이그룹은 베이징에서 기자회견을 열고 미국외국인투자심사위원회(CFIUS)와 오바마 대통령을 제소, 법적 재판을 통해 자신의 권리와 존엄을 수호할 것이라고 밝혔다.

그동안 중국 기업들은 해외투자에서 불법적인 손해를 많이 봤음에도 감히 권리를 주장하지 못하고 그저 참는 경우가 대부분이었다. 그런 점에서 싼이그룹의 이번 법적 항쟁은 매우 바람직한 대응이다. 미국이 과연 자유와 공평한 경쟁을 수호하는 법치국가인지, 이번 재판이 중요한 시금석이 될 것이다.

펑황TV (鳳凰衛視)

■ 싼이그룹의 오바마 제소, 미국 법률제도의 기념비적 사건이 될 수도

싼이그룹의 존엄성을 위해서도, 미국 내 중국투자자들의 평판과 향후 발전을 위해서도, 나아가 미국의 법률제도와 정상적인 중미관계를 위해서도 이번 제소는 중미경제 역사상 중요한 사건이 될 것이며 미국 법률제도의 기념비가 될 것이다. 이 사건이 미국 고등법원까지 가서 미국의 헌법

선례와 사례가 될 가능성이 크기 때문이다. 또한 중국의 한 기업 내지는 한 국민이 미국에서 억울한 일을 당했다고 생각하여 미국 대통령을 직접 제소했고 게다가 승소할 가능성도 있다. 이는 미국 정치 역사상에서도 아주 의미 있는 기념비적인 사건이 될 것이다.

차이나프레스

■ **싼이그룹 소송, 경제 전쟁 국면을 타파하는 계기 되나**

최근 이슈가 되고 있는 싼이그룹의 오바마 정부 제소사건으로 중미 간 무역 전쟁이 새로운 국면을 맞고 있다.

싼이그룹이 미국에서 겪은 상황은 개별 사례가 아니다. 근래 중국 기업들의 미국 내 사업 확장이 정치적 압력에 부딪혀 무산되는 일들이 잇따라 벌어지고 있다. CNOOC(중국해양석유총공사)의 캘리포니아 석유업체 유노컬(Unocal Corp) 인수 건, 난팡미디어그룹(南方報業)의 〈뉴스위크〉 인수 건이 무산되었으며 금주에는 완샹그룹(萬向集團)이 전기자동차 배터리제조업체인 A123를 인수하려다 저지당하고 말았다. 여타 중국 업체들이 아예 진입조차 허락되지 않았던 것과 달리, 싼이그룹은 그리스 전력회사 터나유에스(TernaUS)로부터 풍력발전소 사업 버터크리크(Butter Creek)를 인수할 때는 제지를 당하지 않았다가 2000만 달러가 넘는 자금을 투자한 이후에 강제로 퇴출을 당했다. 그러니 미국시장에 진입했다가 다시 쫓겨난 셈이다.

싼이그룹의 이번 소송은 중미 간 경제부문의 소리 없는 전쟁 국면을 타파하는 계기가 될 수도 있을 것이다. 과거에는 이런 싸움에서 중국 기업들이 늘 손해를 봐왔던 것이 사실이다. 그러나 일단 법적 과정을 거치게 되면 상황은 달라진다. 법원에서 사건이 접수되면 원고와 피고 양측에 대해 상세한 조사가 이루어질 것이고 양측 모두 더욱 공개적이고 투명하게 각자의 입장을 피력하고 증거를 제시하게 될 테니 말이다.

중국 경제닷컴 (中國經濟網)

■ 싼이그룹의 오바마 제소, 중국 기업의 해외진출에 기념비가 되다

경제학자 리차이위안(李才元)은 싼이그룹의 오바마 소송사건을 두고 중국 기업이 해외로 진출하는 데 기념비적인 사건이라고 평가했다. 중국 기업의 해외진출과정을 살펴보면, 제품 수출에서 투자 수출로, 지금은 법규와 시장이념의 수출로까지 진화해왔다. 과거에도 중국 기업들이 미국에서 소송을 진행한 사례가 적지 않았지만 대통령 제소, 사실은 미국 정부를 제소한 것은 분명 이번이 최초이다.

이는 중국 기업이 글로벌 시장 경쟁에서 점차 성숙해가고 있다는 증거이다. 작게는 시장과 취업 분쟁, 크게는 정부의 불공정한 대우에 대해 중국 기업들은 이제 현지의 법적 정책 환경을 잘 활용하여 경제 분쟁에 대응하고 있다. 소송의 승패를 떠나 이는 해외에서 사업하는 중국 기업의 이미지를 바꾸어 놓았으며 중국 기업들의 성공적인 해외진출에 긍정적인 영향을 가져다주었다.

여기서 특히 중국 현지시장은 중국 기업들이 생존하고 성장해 나가는 '근거지'라는 점을 강조할 필요가 있다. 따라서 중국 기업들은 '근거지'에 대한 영향력과 통제력을 더 강화시켜야 한다. 우리가 집 대문 앞에서, 그리고 안마당에서 미국의 보호 무역주의에 대해 확실하게 반격을 가해야 한다는 것을 이번 소송이 말해주고 있다.

남방주말(南方週末)

■ 참패당한 싼이그룹, 오바마 상대로 소송 제기

소송 결과의 불확실성이 매우 크지만 그럼에도 싼이그룹과 랄스(Ralls) 사는 마지막 승부수를 던졌다. 이들이 미국에서 당한 좌절은 중국의 에너지와 자원업체들이 해외진출과정에서 처음 겪는 일이 아니다. 물론 마지막도 아닐 것이다. 그전에도 그런 유사한 사건이 있었다. 중국시써국제투자유한회사(中國西色國際投資有限公司)와 위안둥진위안(遠東金源)이 네바다 주의 금광에 투자했다가 민감한 지역에 위치했다는 마찬가지 이유로 저지당했다. 다른 점이라면 이 두 업체는 랄스와 달리 순순히 물러남으로써 CFIUS로부터 부결 당하는 민망함은 ㅍ 했다는 것이다.

가장 대표적인 사례가 바로 2005년 중국해양석유총공사(CNOOC)의 유노컬 인수 건이다. 당시 기국 내 반대 인사들이 들고 나온 이유는 유노컬이 보유한 심해탐사기술이 군사와 민간 겸용으로서 무기실험에 사용할 수 있다는 것이었다. 그 결과 CNOOC는 셰브론(Chevron)보다 10억 달러나 높은 인수가를 제시했음에도 결국 입찰에서 쓸쓸하게 물러나야 했다.

많은 실패 사례 중어 서도 행운아는 있었다. 2010년 안산철강회사(鞍鋼)가 미국철강회사에 대한 지분참여를 추진할 당시 미국의 철강산업을 대표하는 의원들은 모두 입을 모아 반대했다. 안산철강회사가 '미국의 국방기초시설에 사용되는 철강 신제품 관련 생산기술과 정보'에 접근할 수 있다는 것이 그 이유였다. 그런 반대에도 불구하고 수차례 협상을 거듭한 결과, 안산철강회사는 미국철강회사의 지분을 14％ 확보하는 데 성공했다.

전국시장마케팅협회에서도 나에게 응원 메시지를 보내왔다.

싼이중공업이 오바마를 고소했다는 소식을 듣고 본 협회 연맹의 회원들은 경악과 분노를 금치 못하고 있습니다. 현재 우리는 연맹회원인 26개 성과 시의 시장마케팅협회와 의기투합하여 싼이중공업을 돕기 위해 힘쓰고 있으며, 중국태평양경제협력전국위원회, 대외경제협력위원회와 연합하여 지원을 보내고 있습니다. 오바마를 규탄하고 중국 해외진출기업들의 권리의식을 수립해야 합니다. 미국사회에 오바마의 진실을 정확하게 알려서 중국 기업의 해외진출을 가로막는 장애물을 제거하고 중국 기업들이 자신의 권리를 수호할 수 있도록 새로운 길을 열어야 합니다. 싼이그룹의 소송은 성공 여부를 떠나 그 자체로 이미 중요한 의미를 가졌습니다.

전국시장마케팅협회 사무국

2012. 10. 26

우리에게 더 큰 확신과 힘을 실어준 것은 바로 정부의 반응이었다.

2012년 10월 19일, 중국 상무부는 정례 브리핑을 열고 싼이그룹이 오바마 미국대통령 및 미국외국인투자심사위원회(CFIUS)를 제소한 사건에 대해 입장을 표명했다. 선단양(沈丹陽) 대변인은 싼이그룹의 제소는 중국 기업이 법적 수단으로 자신의 권리를 지키기 위해 필수불가결한 선택이며 따라서 미국의 사법기관이 공평·공정의 원칙에 따라 공개적으로 사건을 처리하기 바란다고 밝혔다. 또한 중국 정부는 이 사건에 대해 깊은 관심을 갖고 있으며 상무부에서 사태의 추이를 예의주시할 것이라고 말했다.

선단양 대변인은 미국 정부가 국가 안보를 이유로 관련 중국 업체의 미국 내 투자 승인을 거절한 사례가 이번이 처음이 아니라며 이런 결정은 중국 기업들의 미국에 대한 투자 의욕을 상실시키고 서로에게 불리한 결과를 초래할 수 있다고 지적했다. 중국 측은 미국이 이런 문제점을 깨닫고 더 이상 같은 우를 범하지 않기 바란다고 말했다.

선단양 대변인은 또 중미 수교 33년 이래 중국이 양국 간 무역을 통해 많은 혜택을 받은 것은 사실이나 미국 역시 큰 이윤을 얻는 등 상호 원윈의 관계를 구축해왔다고 말했다. 최근 들어 미국이 보호 무역주의를 실시하고 있는데 그것이 중미무역관계에 어떤 악영향을 미칠지 중국은 미국 측의 향후 행보를 지켜볼 것이라고 강조했다.

미국의 유명 로펌 리드 스미스(Reed Smith)의 파트너 변호사인 장진수(張晋蜀)는 싼이그룹의 소송을 이렇게 분석했다.

"싼이그룹이 오바마를 제소한 것은 원고 측 변호사들도 깨닫지 못한 더 깊은 의의를 내포하고 있다. 미국이 세계 최강국으로 군림할 수 있었던 것은 물론 그 누구도 감히 도전할 수 없는 막강한 군사력이 중요한 이유이지만 다른 한편으로는 미국이 표방하는 투명한 정치, 공평한 경쟁이 갖는 호소력도 큰 몫을 차지한다. 만약 싼이그룹의 고소장에 적힌 내용대로라면 미국 정부는 국제 무역에서 당면한 문제를 해결하기 위하여 그들이 추구하는 국가의 근본인 절차적 정의와 균등한 기회를 끊임없이 잠식하고 있는 것이고 이런 행태가 계속 반복된다면 천길 제방도 개미구멍으로 무너진다는 말이 결코 남의 이야기가 아닐 것이다."

그렇다면 '유로의 아버지'라고 불리는 로버트 알렉산더 먼델(Robert Alexander Mundell)은 이 사건을 어떻게 평가하고 있을까?

12월 2일 먼델 교수가 중국 창사에서 후난위성티브이(湖南衛視)와 인터뷰를 했다. 당시 기자가 후난의 싼이그룹이 오바마를 상대로 소송을 제기한 사건에 대해 의견을 묻자 먼델 교수는 이렇게 대답했다.

"맥도날드가 중국에서 매장을 연다고 중국 정부가 그들을 중국에서 쫓아내던가? 외국인들이 중국 정부를 고소하는 것을 본 적이 있는가? 나는 싼이그룹의 결정이 옳다고 생각한다."

물론 이번 판결에서 오바마가 승소할 가능성도 매우 크다. 한 나라의 대통령이 국가 안보를 핑계로 내걸었을 때 그는 이미 법으로부터 초연한 지위에 있는 것이다. 그러나 그렇게 되면 바로 장진수가 지적한 것처럼 되는 것이다.

"미국 정부는 국제 무역에서 당면한 문제를 해결하기 위하여 그들이 추구하는 국가의 근본인 절차적 정의와 균등한 기회를 끊임없이 잠식하고 있다. 이런 행태가 계속 반복된다면 천길 제방도 개미구멍으로 무너진다는 말이 결코 남의 이야기가 아닐 것이다."

그래서 싼이인들은 설령 패소한다고 해도 영광스럽고 값진 결과라고 생각한다.

중국의 태양광 발전 산업과 통신 산업이 미국에서 잇달아 '반독점 · 반덤핑' 조사와 '국가 안보' 조사를 받은 일련의 사건들은 일부 전문가들의 관점을 입증하고 있다. 바르 중국이 기술적 측면에서 선도적 지위를 차지할 것을 우려한 미국이 중국을 상대로 보호 무역주의를 실시하고 있으며 주로 첨단 기술과 신에너지 산업을 대상으로 견제가 이루어지고 있다는 것이다.

쌴이, 화웨이(華爲), 중씽(中興) 등 기업의 미국 내 사업 확장은 새로운 모델의 중국 기업, 중국식 경영, 중국산 제품의 미국 진출을 상징한다. 그것이 미국의 '제국의 꿈'을 위협하고 선도적 경쟁 우위를 약화시키는 등 미국에 진정한 경쟁자로 다가왔던 것이다. 그들이 미국에서 배척당하고 봉쇄당하는 가장 근본적인 이유는 바로 여기에 있었다.

법치국가에서는 그 어떤 사람도 법 위에 군림할 수 없을 것이라고 우리는 믿는다. 설령 그가 대통령이라고 해도 말이다.

① 싼이그룹

② 웬다그룹

③ 제8기 전인대에서의 기념사진. 왼쪽에서부터 웬다그룹의 장젠(張劍) 회장, 후난 성의 판구이위(潘貴玉) 부성장
   그리고 필자

크고 싶으면 큰물에서 놀아라

웬다가 진출한 산업은 수조 위안 규모의 무한 성장 가능한 에어컨 산업인 데 비해 쌴이의 주요 사업 분야인 금강석압축기는 전국의 시장 규모가 10억 위안에 불과한 작은 산업이다. 다시 말해서 설령 혼자서 시장을 독식한다고 해도 10억 위안이 고작이다. 그래서 반드시 큰 산업과 큰 도시에 진출해야 한다는 것이다!

– 량원건

필자가 싼이그룹에 합류한 건 2006년 6월 5일이었다. 정부의 줄을 타고 내려온 낙하산으로 민간 기업인 싼이그룹으로서는 처음 있는 일이었다.

다행히 내가 그룹에 폐해가 되진 않았다. 싼이그룹은 창사 이래 최고의 전성기를 이루었고 나 역시 인생에서 가장 만족스럽고 눈부신 시간을 보냈다.

내가 싼이그룹에 갓 부임했을 때 그룹의 매출은 50억 위안에 불과했다. 그러나 5년 뒤인 2010년에는 503억 위안까지 껑충 뛰어올랐다. 5년 만에 10배의 매출 신장을 이루어내며 중국의 '제11차 5개년 계획(2006~2010)' 기간 동안 찬란한 성장 신화를 창조했다. 2011년에는 다시 매출을 800억 위안까지 끌어올렸다. 만약 거시 경제 여건이 그렇게 심각하지 않았다면 2012년에는 1000억 위안의 매출을 달성했을 것이다!

2011년 7월 1일 싼이그룹은 시가총액 215억 8400만 달러로 영국 경제 전문지 〈파이낸셜타임스〉가 선정한 글로벌 500대 기업 중에서 431위를 차지했다. 같은 해 량원건 회장은 중국 부호 순위를 집계하는 '후룬바이푸'와 '포브스 억만장자 리스트'에서 모두 1위를 차지했다.

언젠가 량원건 회장, 샹원보(向文波) 사장과 담소를 나누던 중에 이 얘기를 꺼냈더니 량원건 회장이 "허 부사장이 회사에 온 이후로 몇 년 동안 모든 일이 참 잘 풀렸다."면서 감탄했다.

사실은 량원건 회장과 내가 1993년에 열린 제8기 전국인민대표대회(이하 '전인대') 1차 회의에서 웬다와 싼이에 관해 대화를 나눴는데 그것이 이 엄청난 역사적 변화와 개혁의 서막을 열었던 것이다. 당시 나는 후난 성 경공업청의 부청장직을 맡고 있었다.

그때의 기억은 아직도 생생하다. 량 회장은 나에게 이렇게 말했다.

"허 청장님, 웬다와 우리 싼이는 같은 도시의 연고 기업이고 또 거의 비슷한 시기에 창업을 했습니다. 그런데 지금 웬다의 매출은 20억 위안을 넘었고 우리 싼이는 고작 1억 위안에 불과합니다." 이에 나는 "량 회장께서는 이미 문제의 답을 찾으신 것 같은데 고견을 청해 듣겠습니다."라고 대답했다. "사실 간단합니다. 웬다가 진출한 산업은 수조 위안 규모의 무한 성장이 가능한 에어컨 산업인 데 비해 싼이의 주요 사업 분야인 금강석압축기는 전국의 시장 규모가 10억 위안에 불과한 작은 산업입니다. 다시 말해서 설령 혼자서 시장을 독식한다고 해도 10억 위안이 고작입니다. 그래서 반드시 큰 산업과 큰 도시에 진출해야 한다는 것입니다!" 량 회장의 대답은 거침없었다.

이런 생각을 바탕으로 량원건 회장과 샹원보 사장은 철저한 시장 조사를 진행했고 그 결과를 근거로 대도시, 대산업에 진출하는 '양진(雙進)' 전략을 구축했다. 새로운 전략에 따라 싼이그룹은 본사를 후난 성의 성도(省都, 성 정부 소재지-옮긴이)인 창사로 옮겼고 중국 경제와 함께 고속 성장해 온 건설기계장비라는 대산업에 진출하는 현명한 선택을 했다.

나는 여러 대학에서 강연을 할 때마다 량원건 회장의 이 일화를 언급하곤 한다. 자신의 잘못을 인정하고 시정하는 것이야말로 진정한 용기이다. 전략의 대가인 미국의 마이클 포터(Michael E. Porter) 교수는 "산업 분야를 잘못 선택하면 모든 것이 헛수고다."라는 명언을 남기기도 했다.

건설기계는 중국의 산업화, 도시화의 거센 물길 속에서 성장해왔다. 유럽, 미국, 일본 등은 산업화 과정에서 수백 개의 글로벌 500대 기업을 탄생시켰고 건설기계 제조업만 해도 미국 기업 3개가 500대에 진입하여 연간 최고 매출액 300억 달러의 기염을 토하고 있다. 하물며 중국은 인구가 미국의 6배, 일본의 10배이다.

미국에는 활주로가 달린 공항이 5000여 개가 있는데 중국에는 300개가 채 안 된다. 미국은 철도 길이가 26만 400km인데 중국은 일인당 철도 길이가 담배 한 개비 길이에도 못 미친다. 미국은 고속도로 길이가 10만km인데 중국은 8만 5000km밖에 되지 않는다. 이런 비교 수치를 말할 때마다 량원건 회장은 상기된 표정이 역력하고 꿈과 열망으로 가득한 눈빛이 반짝거렸다.

그렇다. 당시 중국은 도시화가 40%밖에 이루어지지 않은 반면에 유럽과 미국 등 선진국들은 이미 80% 이상 도시화가 진행되었다. 도시화가 0.1% 포인트 이루어질 때마다 1000만 명이 넘는 농민들이 도시로 유입된다. 그러니 얼마나 많은 도로와 다리, 주택, 공장 등이 건설되겠는가?

량원건 회장은 장우창(張五常), 판강(樊綱), 랑셴핑(郞咸平) 등 경제학자들이 싼이그룹에 와서 특강을 할 때마다 "중국 경제의 고속 성장이 몇 년 동안이나 지속될 것인가?"라는 질문을 던진다. 그때마다 거의 모든 경제학자들이 "중국 정부의 정책에 문제가 생기지 않는 한 중국 경제의 고속 성장은 최소 20~30년 동안 지속될 것이다."라고 입을 모았다. 바로 앞에 서술한 그런 이유 때문이다.

얼마나 놀라운 대륙인가! 또한 얼마나 매력적인 전망인가!

산업의 가치사슬에서도 콘크리트 장비의 성장 전망은 특히나 밝다. 당시 콘크리트 장비 분야는 유럽과 미국 등 선진국들이 독점했기 때문에 가격이 터무니없이 높았다. 바야흐로 성장하고 있는 중국 시장에서 국산으로 수입을 완전히 대체하면 엄청난 마진을 얻을 수가 있었다.

상업용 콘크리트 시대가 오면서 시장은 무한 확대되었다. 대도시에서 중소 도시로까지 빠르게 확장되던서 미래에는 농촌에서도 생태 환경을 파괴하는 재래식 콘크리트 생산 방식이 사라질 것이라는 예상이 나오고 있다. 그러니 엄청난 성장성이 보장되는 것이다.

포터는 또 "돈을 잘 버는 산업에 진출하면 돈을 안 벌기도 쉽지 않을 것이고, 돈을 벌지 못하는 산업에 진출하면 돈을 벌기가 어려울 것이다."라고 말했다. 그의 말은 적중했다! 대도시에 진출한 것은 자원의 한계를 돌파하기 위해서였다.

창사로 회사를 옮긴 흐 인문 환경과 인력, 시장, 자본 등 모든 면에서 숨통이 확 틔었다. 건설기계 영역에 진출한 쌴이그룹은 순풍에 돛 단 배처럼 무한 질주하기 시작했다. 대산업, 대도시에 진출하는 '양진' 전략이 쌴이그룹의 고속 성장에 핵심적인 역할을 한 것이다.

이것이 바로 내가 쌴이그룹의 기적을 설명할 때 자주 언급하는 경영학의 첫 번째 핵심, 전략이 승부를 결정한다는 것이다.

① 2012년 2월 2일에 웨양(岳陽) 시의 황란샹(黃蘭香, 오른쪽에서 첫 번째) 당서기 일행이 싼이그룹을 방문했다. 사진 속은 경제개발구 관리위원회의 리커밍(李科明, 오른쪽에서 두 번째), 필자(중간), 경제개발구 관리위원회의 양이원(楊懿文) 서기(왼쪽에서 첫 번째)

② 싼이그룹의 회의실에서 담소를 나누고 있는 량원건(오른쪽에서 첫 번째), 리커밍(오른쪽에서 두 번째), 샹원보(오른쪽에서 세 번째), 양이원(왼쪽에서 첫 번째)

'속아서' 이전한 곳,
성장의 터전이 되다

나는 원수쉰(文樹勛) 등에게 '속아서' 창사로 갔다.

– 량원건

쌘이그룹의 본사는 후난 성 창사 현 싱사(星沙) 경제개발구에 자리하고 있으며 창사 국가급 경제개발구 행정동과 나란히 붙어 있다. 나는 그룹의 부사장과 당서기를 겸직하고 있었기 때문에 경제개발구에서 개최되는 모든 회의에 대부분 참석했다. 회의에서 '경제개발구는 쌘이그룹의 성장의 터전이고 요람이며 햇빛이고 빗물'이라고 여러 번 강조했는데 이는 빈말이 아니라 진심이다.

20년 전인 1992년, 량원건과 경영진은 본사를 창사로 이전하기로 결정했다. 이로써 20년 동안의 놀라운 비약이 시작되었다.

쌘이그룹의 본사 이전에 큰 영향을 미친 사람으로 당시 경제개발구 관리위원회의 탕딩이(湯定一) 주임과 원수쉰 부주임(현 창사 시 부시장)을 빼놓을 수 없다.

당시 경제개발구에 선착순으로 입주한 10개 기업에 개발구 정부는 저렴한 가격에 토지를 제공한다는 우대 조건을 내놓았다. 협상을 맡은 상원보는 토지 가격이 비싸다고 생각해서 웨양(岳陽) 등 다른 지방을 여러 군데 알아봤지만 결국은 이곳의 지역적 경쟁력이 훨씬 뛰어나다는 판단을 하고 결국 다시 싱사 경제개발구를 찾았다.

여기서 또 당시 경제개발구의 고문위원을 맡은 황다오치(黃道奇)를 언급하지 않을 수 없다. 다시 경제개발구를 찾은 량원건은 간단한 계약서를 체결하고 선금 50만 위안을 지불했다. 그런데 나중에 다시 생각해보니 아무래도 결정을 잘못 내린 것 같아서 황다오치에게 선금을 환불해 달라고 요청했으나 거절당했다. 대신 그는 이자를 주겠다고 했다. 사실 황다오치의 생각은 혹시라도 나중에 량원건이 다시 오고 싶어질까 봐

퇴로를 남겨준 것이다. 그래서 결국 싼이그룹은 이곳에 남게 되었다.

량원건의 망설이는 모습과 젊은 사람들의 창업에 대한 열정을 눈여겨본 탕딩이와 원수원은 훌륭한 인재들이 다른 지역으로 떠나는 것을 막기 위해 먼저 토지 가격을 낮춰주겠다고 제안했다. 규정대로라면 30%의 선금 즉 700만 위안을 먼저 지불해야 하는데 싼이그룹은 100만 위안밖에 내놓지 못하는 사정이었다. 이번에도 탕딩이와 원수원은 특별허가를 해주었다.

그렇게 싼이그룹은 싱사 경제개발구에 입주했고 그곳에 첫 번째 생산 공장이 지어졌다. 비록 공장건물의 외관은 촌스러웠지만 두 팔을 걷어붙이고 창업전선에 뛰어든 이 청년들에게는 뜨거운 열정과 비범함이 보였다. 게다가 창사에 둥지를 튼 싼이그룹은 법인경영제도를 도입하고 재산권 구조를 명확히 하는 등 점차 체계를 갖춰나갔다. 그런 변화를 보면서 탕딩이와 원수원은 싼이그룹이 반드시 가족 기업을 뛰어넘어 크게 성장할 것이라고 예언했다.

경제개발구의 기업 유치는 매우 성공적이었다. 눈부신 실적을 인정받아 대부분 담당자들이 승진을 했다.

개발구는 정부이지만 정부와 달라야 했다. 직접 기업들에 서비스를 해야 하는 자리이기 때문에 이론과 구호만 가지고는 아무것도 할 수 없었다. 말보다는 행동으로, 이론보다는 실용적으로 접근해야 하며 기업들을 개발구의 발전을 촉진하는 진정한 주인으로 보고 최상의 서비스를 제공해야만 함께 상생을 이룰 수 있다. 따라서 실용적인 태도로 업무에 임하고 기업의 과학적인 관리 경험과 노하우를 따라 배웠다. 먼저 충분히 듣고 보고 그 다음에 의견을 제시하는 신중하고 겸손한 태도로 기업들의 어려움을 확실하게 해결해주기 위해 노력했다.

구체적으로 다음과 같은 조치를 취했다.

① 개발구 내에 전용 통관도로를 설립하고 기업의 출입국 업무를 처리하며 '세관업무고문'을 파견한다.

② 후난 성 지역 대학의 지원을 받아 비소송 분쟁 해결센터를 설립하고 모든 분쟁을 개발구 내에서 해결하도록 했다.

③ 원스톱 대행센터를 설립하여 하나의 창구와 조직, 제도, 솔루션, 경비 등을 활용하여 기업들을 위한 업무대행 서비스를 제공한다.

④ 조찬회, 교류회, 평가회 등의 관리감독개선체계를 구축한다.

⑤ 기업에 대한 조사를 실시할 때는 사전 통보를 하지 않고 기업 측 수행 없이 스스로 진행한다.

⑥ 기업을 초청하여 회의를 할 때는 의장용 단상을 두지 않고 빈말이나 큰소리를 치지 않으며 회의시간은 100분을 넘기지 않는다.

이러한 새로운 이념과 조치는 개발구의 서비스 품질을 대폭 향상시켰을 뿐만 아니라 정부의 색깔이 옅어져서 개발구 내 모든 기업의 열렬한 환영을 받았다. 다시 말해 싼이그룹은 좋은 시대를 타고 났을 뿐만 아니라 열정의 땅에 터전을 잘 잡았던 것이다.

만약 그때 경제개발구 정부에서 넓은 아량으로 도와주고 이끌어주고 어려운 문제들을 해결해주지 않았다면 오늘날의 싼이그룹은 없었을 것이다. 특히 경제개발구의 서비스 이념과 조치들은 싼이그룹이 마음 놓고 사업을 할 수 있게 해주었다. 량원건은 창사에 자리를 옮긴 얘기를 할 때마다 자기는 원수쉰 등에게 '속아서' 온 것이라며 농담한다. 그렇게 한 번 '속아서' 온 것이 2011년에 개발구 정부에 36억 위안의 세금 수입을 안겨 주리라고 누가 예상이나 했을까.

　(편집자 주) 2012년 말 싼이그룹은 본사 일부를 베이징으로 옮길 계획이라고 발표했다. 이에 따라 지역 경제에도 급격한 변화가 예상된다.

① 후룬바이푸와 루청 칭주위안(綠城靑竹園) 골프별장이 공동 주최한 '부와 삶' 포럼 현장. 사진 왼쪽에서부터 루 청그룹의 운영 담당 왕하이펑(王海峰), 후룬 그리고 필자

② 〈2010년 후룬바이푸〉 화중 지역 첫 발표회 및 언론 발표회에서 발표하는 후룬

③ 싼이그룹의 샹원보 사장에게 2011년 후룬이 뽑은 가장 존경 받는 기업인상을 시상하는 후룬

'기부'보다 '성장'이 선행이다

싼이그룹만 봐도 그렇다. 과거에는 직원 수가 몇 천 명에 불과했는데 나중에는 2만 명, 지금은 4만 8000명으로 늘었다. 이로써 취업 문제가 얼마나 많이 해결되었는가? 직원 1명이 3인 가구의 생계를 책임진다고 가정하면, 4간 8000명이 십여 만 명의 생계를 해결한 셈이다.

– 허전린

어느 날 식사 자리에서 영국인 루퍼트 후게베르프(Rupert Hoogewerf), 즉 후룬(胡潤, 중국식 이름)을 만났다. 필자를 통해 량원건 회장을 만나고 싶었던 게 이유였다. 우리는 그곳에서 많은 이야기를 나누었다. 서로 통하는 구석이 있어서 흥미진진한 이야기들이 오갔다. 식사가 끝난 뒤에 후룬은 오후에 그가 운영하는 재계 정보조사기관인 후룬바이푸가 공동 주최하는 '부와 삶'이라는 주제의 포럼에 참석해달라고 요청했다.

포럼의 주제는 '중국 신흥 귀족의 소비문턱'이었고 중국 부자들의 '부(富: 부유함)'와 '귀(貴: 귀함)'가 토론 대상이었다. 논의 요점은 부자들이 그동안 쌓은 부를 넘어 귀로 나아가야 한다는 것이었다.

중국의 부자들은 사업에 대한 예민한 촉각과 비범한 담력을 발휘하여 역사의 큰 물결 속에서 엄청난 부를 축적했다. 그러나 그 이상을 달성하진 못했다. 부를 넘어서 귀를 이루는 것은 하루아침에 불가능하다.

외국에서는 일 년에 벼락부자가 한 명 정도 나올 수는 있지만 진정한 신사는 무려 10년에 한 명쯤 나온다고 믿는다. 진정한 귀는 그 사람의 품위이자 소양이다.

인생은 네 가지 경지로 나눠볼 수 있다.

첫 번째는 건강한 인생, 두 번째는 사업의 인생, 세 번째는 예술적인 인생, 네 번째는 철학적인 인생이다. 부가 세 번째와 네 번째 경지에 다다랐을 때 비로소 귀라고 할 수 있다.

중국에서는 일정 경지에 오른 상인을 유상(儒商), 군인을 유장(儒將)이라고 부른다. 중국은 개혁 개방을 시작한 지 불과 30년밖에 되지 않는다. 이렇게 짧은 기간에 진정한 신흥 귀족을 탄생시킬 수 있을지, 이 문제에 대해서는 좀 더 논의해볼 필요가 있다.

많은 부자들이 아직도 인생의 세 번째 또는 네 번째 경지에 도달하지 못했지만 조금씩 '귀'의 단계로 다가가고 있다. 부자에서 귀족이 되기 위해서는 역사적으로 오랜 축적과 전승이 필요하다. 예컨대 중국의 부자 중에는 량원건 회장처럼 품질로 세상을 바꾸겠다는 큰 뜻을 가진 사람들이 있다. 단순히 사업을 하거나 가문의 부귀영화를 추구하는 것이 아니라 세계 일류 기업을 만들고 세계 일류 경영 전문가를 양성하며 세계 일류 경제 이론을 만들어내는 것이 꿈이다. 그렇기 때문에 연간 수백억 매출의 기업을 일구어내고도 자신은 월급만 조금 가져간다. 이미 그의 몸에는 부와 귀가 같이 자라고 있는 것이다.

또한 개혁 개방 초기에 용감무쌍한 민초들이 땀과 열정으로 피나는 노력을 통해 사업을 일구고 부자가 되었다. 비록 본인들은 학식이나 개인적인 소양과 기품이 부족하지만 그들의 자식들은 어려서부터 좋은 교육을 받고 해외 유학까지 다녀와서 그 세대는 신흥 귀족으로 성장할 가능성이 충분히 있다. 부와 귀의 근본적인 차이는 부는 돈만 많으면 되지만 귀는 문화가 형성되어야 할 뿐만 아니라 심지어는 철학적 관점에서 생명에 대한 깊은 사색도 필요하다.

첫 만남 이후로 후룬은 내게 자주 전화해서 싼이그룹의 상황을 물었고 그러다가 우리는 친구가 되었다.

2010년 10월 15일에 후룬은 또 나를 우한(武漢)에서 열린 〈2010년 후룬 보고서〉 화중 지역 첫 발표회 및 언론 발표회에 초대했다.

초대 손님으로 참석한 나는 포럼에서 "서양인들의 선행은 하느님이 내린 사명에서 비롯된 것으로 외생적인 것이다. 그에 비해 동양인들의 선행은 유불도의 철학적 본원에서 비롯된 것으로 중국인의 몸속에 흐르는 혈액과도 같은 내생적인 것이다."라고 단언했다.

필자는 동서양의 자선 행위, 즉 선행에는 본질적인 차이가 있다고 생각한다.

서양 사람들은 기업가를 하느님의 백성이자 하느님이 이 세상에서 부를 창조하라고 파견한 존재라고 인식한다. 그렇기 때문에 기업가는 반드시 자신이 창조한 부를 사회에 환원해야 한다. 그것이 하느님이 내린 사명이기 때문이다. 거액의 재산을 가지고 천국으로 가는 것은 그들에게 크나큰 치욕이다.

이런 논리는 중국인들에겐 생소하다.

중국에서는 예로부터 '가난할 때는 내 한 몸을 잘 간수하고 부자가 되면 세상을 두루 구제하라.'는 말이 전해져 내려온다. 또한 불교에는 '천하 중생을 널리 보살핀다.'는 교리가 있다. 선행은 중국인의 양심이자 뼈대이며 수천 년 동안 전해 내려온 소중한 정신적 유산이다. 이런 철학을 바탕으로 필자는 포럼에서 다음과 같이 역설했다.

"성장이 가장 큰 선행이다."

논란을 불러일으킬 수 있는 말이기에 사회자부터 반응을 보였다.

워런 버핏과 빌 게이츠가 중국 부자들에게 기부 활동을 권유하는 것에 대해 어떻게 생각하느냐는 질문을 던졌다. 필자는 중국을 잘 모르고 하는 조언이라고 딱 잘라 말했다. 발전 단계에 맞게 나름의 자선 활동을 하고 있다는 취지에서였다.

미국은 수백 년 동안 건설과 발전 과정을 거쳐 오늘날 전례 없는 번영을 이루었고 시장 체계가 완벽하게 구축되었다. 그렇기 때문에 직접적으로 대대적인 자선 활동을 펼칠 수 있는 것이라고 할 수 있다.

이에 반해 중국의 기업들은 아직도 자금을 축적하여 성장을 추구해야 하는 단계에 머물러 있다. 현 시점에서 중국 기업들의 가장 큰 사회적 책임은 사회의 부를 창조하고 일자리를 만들어내는 것이다.

싼이그룹만 봐도 그렇다. 과거에는 직원 수가 몇 천 명에 불과했는데 나중에는 2만 명, 지금은 4만 8000명으로 늘었다. 이로써 취업 문제가 얼마나 많이 해결되었는가? 직원 1명이 3인 가구의 생계를 책임진다고 가정하면, 4만 8000명이 십여 만 명의 생계를 해결한 셈이다.

2010년도에 량원건 회장의 개인 재산이 370억 위안이었고 싼이그룹의 시가총액이 거의 900억 위안에 달했다. 800억 위안을 기부하는 것만 위대한 일일까, 회사를 시가총액 2000억 위안의 기업으로 키우는 것이 위대한 일일까. 량원건 회장의 구상대로라면 싼이그룹은 조만간 1000억 위안 규모의 기업 대열에 진입하게 된다. 현재 중국에는 이런 수준의 기업이 불과 몇 십 개밖에 없다. 그것도 대부분 독점 기업이고 민영 기업은 극소수다.

우리가 1000억 대열에 들게 되면 더 많은 일자리를 해결할 수 있을 것이고 중국만의 글로벌 브랜드를 창조하게 될 것이다. 그때는 재난 구조, 장학금 그리고 자선 활동 등의 분야에서 더 큰 역할을 할 수 있을 것이다.

때문에 현재 중국은 자선 활동보다는 발전과 성장이 더 필요하다. 다시 말하지만 성장이야말로 가장 큰 선행이다. 자선 활동은 간단한 생계

문제를 해결할 뿐이지만 일자리를 늘리는 것은 발전 문제를 해결할 수 있으며 국가와 민족, 가정, 개인의 희망을 이루어준다. 그러니 이것이야 말로 진정 위대한 선행인 것이다.

언론 발표회 이후에도 후룬과 여러 번 만났지만 상하이 둥자오 호텔에서의 만남이 가장 인상 깊었다. 그 자리에는 나의 절친한 친구인 쥔야오그룹(均瑤集團)의 왕쥔하오(王均豪) 부회장과 후룬의 어시스트인 쑤웨이(蘇薇) 여사도 함께 했다.

식사가 끝난 후에 나는 후룬에게 아홉 가지 타입 중에 해당되는 성격 테스트와 필체 테스트를 해주었다. 동서양 문화의 차이로 인해 묘사와 서술 등 후룬이 이해하기 어려운 테스트와 의문점이 드는 부분은 쑤웨이가 도와주었다.

그 후부터 후룬은 나를 만날 때마다 쑤웨이를 대동하고 나왔다. 유창한 중국어를 구사하는 후룬이었지만 유불도 등 심층적인 중국 문화와 심리학 개념에 대해서는 이해하기 어려웠기 때문이다.

가장 최근에는 후난 성 창사에서 그를 만났다. 후룬은 또 그 자리에 참석한 지인들한테 "허전린 부사장님을 만날 때는 꼭 어시스트를 대동한다."라고 말해 좌중을 미소 짓게 했다. 동양 문화는 대부분의 서양인에게는 신비롭고 난해하다고 느껴지는 것 같다.

후룬은 잘생긴 외모에 굉장히 스마트한 머리의 영국 청년이다. 서른 살 즈음인 1999년에 후룬 100대 부호 리스트를 만들며 오늘날 후룬바이푸를 설립했다.

격변기에 중국은 부를 찍어내는 공장이었다. 이 광활한 땅에서는 날마다 부의 신화가 탄생하고 있다. 후룬은 그 속에 숨겨진 기회를 발견했고 중국에서 자신의 능력을 펼치기로 했다. 이는 현명한 선택이었다. 오늘날 후룬은 중국을 넘어 전 세계에서 명성을 떨치고 있다. 영국 청년이 혈혈단신으로 이국 타향에 와서 맨주먹으로 자신의 사업 왕국을 일구어냈으니 참으로 대단한 친구이다.

2010년 후룬바이푸어서 와하하그룹의 쭝칭허우(宗慶後) 회장이 1위를 차지했다. 상장사도 아닌 와하하그룹의 회장이 어떻게 1위를 차지했는지 이해가 되지 않아 후룬에게 물었다. 그 질문에 대해 후룬은 이윤을 근거로 역으로 유추해서 얻은 결과라고 대답했다. 와하하그룹의 당해 이윤이 100억 위안 이상이었으니 여기에 해당 업종의 국내외 평균 시장 수익률을 곱하면 시가총액을 알 수 있다. 와하하그룹이 비상장사인 점을 고려하여 시가총액에서 적절한 비율을 빼면 쭝칭허우 회장의 개인 재산 규모가 맞아 떨어진다.

그런 계산법이 있었다니 난 정말 감탄했다.

중국은 경제적 분위기가 특수해서 정부 관료나 국영 기업 총수들의 실제 재산 규모를 정확하게 파악할 길이 없다. 뇌물을 받거나 땅 장사로 벼락부자가 된 사람들은 더더욱 자신의 재산 규모가 드러나는 것을 극도로 꺼린다. 와하하그룹과 같은 비상장사들도 이렇게 역으로 추산하는 것밖에는 통계로 내놓을 만한 방법이 없다.

그렇기 때문에 후룬은 매년 량원건 회장의 개인 재산을 통계할 때 상장과 같이 공개된 정보가 아닌 비공개 정보에 대해 내게 반복적으로 묻곤 했다. 후룬 보고서에서 통계한 량원건 회장의 개인 재산이 포브스 기록보다 100억 위안 정도 더 많은 것도 이 때문일 것이다. 그만큼 후룬은 자신의 일에 있어서 굉장히 진지하고 책임감 있는 사람이다.

　사실 부자 순위는 정확성보다는 포부와 이상을 지닌 기업가들이 더 의욕적으로 자신의 부를 늘리며 신화를 창조하도록 자극을 주는 데 그 의미가 있다고 할 수 있다. 이는 기업가들의 성장을 촉진하는 데 긍정적으로 작용할 수 있다.

　일부에서는 후룬 보고서에 오르는 것을 악재, 불길한 징조로 생각한다. 후룬이 나에게 보여준 통계 수치를 보면 과거 후룬의 부자 리스트에 오른 사람 중에 문제가 생긴 사람은 2% 정도에 불과하다. 이는 소문이 과장되었거나 확대 해석된 것으로 보인다. 그렇지 않다면 후룬 보고서가 이렇게 강한 생명력을 가질 수 없었을 것이라고 후룬은 말했다.

　2011년에 후룬바이푸가 선정한 중국의 100대 부호 중에서 최고 갑부는 량원건이었다. 그리고 싼이그룹에서 탕슈궈(唐修國), 마오중우(毛中吾), 샹원보, 위안진화(袁金華), 저우푸구이(周福貴), 왕하이옌(王海燕), 이샤오강(易小剛) 등 총 7명이 100대 부호에 들었다. 샹원보 사장은 또 '2011년 후룬이 선정한 가장 존경 받는 기업가상'을 수상했으며 후룬이 직접 그에게 시상했다. 한 기업에서 여러 명이 동시에 부호 리스트에 오르는 신화를 창조한 것이다.

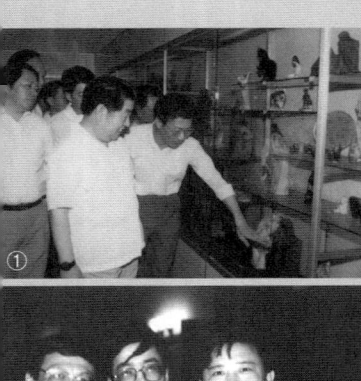

① 필자가 신화도자기의 사장직을 맡았을 당시 후난 성의 슝칭취안(熊淸泉) 당서기를 접대하는 모습
② 러우디(婁底) 시의 전인대 대표(앞줄에 앉은 다섯 명)와 시 정부 관계자들의 기념 촬영. 왼쪽에서 첫 번째가 량
   원건이고 두 번째가 필자임
③ 제8기 전인대에서 필자(왼쪽)와 량원건(오른쪽)

중국 최고 부자와의 인연

당신은 학자형 기업가이고 학자는 자신만의 무대가 꼭 필요한 법입
니다. 우리 싼이그룹이 당신이 맘껏 재능을 발휘할 수 있는 큰 무대
가 되어 줄 겁니다.

– 량원건

량원건 회장은 14년 동안 수차례에 걸쳐 싼이그룹으로 오라고 나를 설득했다. 이 허전린이 뭐가 대단하다고 량 회장께서 이토록 아껴주시는지 나는 늘 궁금했다. 아마도 제8기 전인대 기간에 있었던 사건의 영향이 컸던 것 같다.

제8기 전인대 기간에 국가지도부는 후난 지역의 인민대표들과 간담회를 가졌다. 당시 인민대표들의 정치 참여 의식은 부족했다. 그 탓에 대화 형태와 내용이 거의 상부에 대한 업무보고 수준으로 이루어졌다. 대부분 대표들의 발언 내용이 지루하고 식상하여 안 그래도 엄숙한 지도자의 표정은 시종일관 딱딱하게 굳어 있었다.

정부 주요 간부의 몇몇 비서들이 무겁게 가라앉은 분위기를 감지하고 이런 분위기를 바꿔놓을 사람으로 나를 지목했다. 일반적으로 국가지도자와의 대화에서는 발표자를 사전에 내정하기 때문에 대본에 없는 사람이 섣불리 나서는 것은 적절치 못했다. 내 주위에서 속삭였다. "한마디만 해봐요. 괜찮다니까요. 겁낼 거 없어요."

결국 나는 자리에서 일어섰다.

"저는 기업계 대표입니다. 딱 2분간 말씀을 드리겠습니다."

2분이라는 말에 국가 지도자의 표정이 달라졌다. 회의장에 있던 모든 대표들의 시선도 일제히 나에게로 모아졌다.

나는 네 가지 정책 의견을 속사포처럼 쏟아냈다. 발언의 끝에 당시 개혁에서 직면한 가장 큰 사회 문제인 관상(官商)의 재부상 및 기업과의 불공평한 경쟁에 대해 언급했다.

"축구장을 시장이라고 가정한다면 기업이 경기 양 팀이고 정부가 심판입니다."

나는 이어서 흥미로운 질문을 던졌다.

"만약 심판도 경기에 뛰어들어 같이 게임을 한다면 상황이 어떻게 되겠습니까?"

그러자 국가 지도자는 특유의 유머 감각으로 대답했다.

"휘슬도 불고 공도 차고, 무조건 이기겠지요!"

순간 회의장이 떠나갈 듯한 웃음소리가 터져 나왔고 사람들은 진심으로 국가 지도자의 명석함에 감탄했다.

이튿날, 베이징의 각 신문들은 가장 눈에 띄는 지면에 '휘슬도 불고 공도 차고, 무조건 이긴다.'는 말을 대서특필하면서 관련 내용을 보도했다. 창사에 돌아온 후 얼마 지나지 않아 내가 제안했던 정책 건의들이 잇달아 실행되었고 나는 후난 성의 많은 기업가들로부터 기업인들이 하고 싶은 말을 대신 했다는 칭찬을 들었다. 성 정부의 주요 비서들은 역시 기대를 저버리지 않았다며 더욱 기뻐했다.

이번 대화는 량원건 회장에게도 깊은 인상을 남겨주었다. 훗날 내가 싼이그룹에 부임할 때 량 회장은 바로 이 일화를 가지고 나를 동료들에게 소개했다.

내 제자 중에 민간 사업가인 머우치중(牟其中) 밑에서 일하는 사람이 한 명 있었다. 나에 대한 보도가 연일 매스컴을 타자 머우치중이 제자를 통해 한번 만나고 싶다는 요청을 해왔다. 머우치중은 중국 개혁 개방의 가장 눈부신 별 중의 하나였다. 아쉽게도 오래 빛나지 못하고 금세 지고 말았지만 말이다.

언론은 그를 이렇게 묘사한다.

머우치중, 그는 평생 세 번이나 철창신세를 졌다. 종자돈 500위안으로 사업을 시작했고 안 팔려서 먼지만 쌓이는 경공업 상품 500트럭을 구 소련에 가져다 팔아서 Ty-154 여객기 4대로 바꿔왔다. 8000만 위안에서 1억 위안의 이윤을 창출했다고 스스로 주장했으며 언론들은 그의 개인 자산이 최고 20억 위안 이상이었다고 추측한다.

머우치중, 그는 인도양의 따뜻하고 습한 계절풍이 티베트 고원으로 불어오도록 히말라야 산맥의 봉우리를 폭파하여 춥고 척박한 땅을 기름진 옥토로 바꿔놓겠다고 말했다. 또 브라마푸트라 강(Brahmaputra River, 雅魯藏布江)의 물을 황하로 끌어들여서 중원 대륙의 물 부족 문제를 해결하겠다고 말했다. 중국의 북부 지역에 100억 위안을 투자하여 중국 북방의 홍콩을 건설하고, 32억 달러를 들여 항공모함 한 척을 구입해서 중국 해군의 군사력을 강화할 것이라고 호언장담했다.

머우치중, 그는 중국 기업가 중 최초로 스위스의 다보스에서 열리는 '세계경제포럼'에 참석했고 여러 대학과 관련 지역 정부로부터 객원교수 또는 고문위원으로 위임되었다. 수많은 지식인들이 그를 추종하며 세상을 놀라게 하는 그의 말 한마디 한마디에 귀를 기울였다.

머우치중, 그는 1994년에 '중국 10대 민영 기업가' 칭호를 받았고, '중국의 개혁 인물'로 선정됐다. 1995년에는 '중국 상업계 10대 인물', 1996년 12월에는 '중국의 훌륭한 기업가 100인', 1997년에는 '중국의 10대 사업가' 등에 선정되었다.

바로 그 머우치중이 법정에서 최종 판결을 받을 때 국내외 수백 개 언론사들이 현장 취재를 했다.

사람들이 그를 좋아하든 싫어하든 수감되기 전까지 그는 중국 기업가들 중에서 가장 개성 넘치고 또 가장 논쟁이 많았던 민영 기업가였다. 투옥된 이후에도 그는 절대 패배를 인정하지 않고 낙담하지 않는 수감자로 늘 사회의 큰 주목을 받아왔다.

기업가이자 연설가이며 이상가(Dreamer).

바로 이 머우치중은 구속되기 전에 마지막으로 허락된 자유 기간에 지인들로부터 버림받고 추종자들에게 배신을 당하고 공격받았다. 심지어는 문서를 출력할 돈조차 없어서 곁에 남은 부하들이 대신 내줘야 했다.

당시 량원건 회장은 런위안(漣源) 지방의 기업인으로 이제 막 두각을 드러내기 시작할 때였는데, 머우치중에 대한 동경으로 나와 같이 그를 만나러 가겠다고 했다. 다만 자신의 신분을 밝히지 말라고 부탁했다. 〈광명일보光明日報〉 전국 기자실의 장주황(張祖璜) 주임이 우리와 동행했다.

먼터우거우(門頭溝)에 위치한 난더그룹(南德集團) 본사 건물에 들어서니 '국유 중대형 기업을 위한 서비스 활성화를 통해 사회주의 경제를 진흥하자.'라는 황금색 글씨의 슬로건이 떡하니 걸려 있었다. 긴긴 사무 공간을 가로질러 드디어 맨 안쪽에 자리한 머우치중의 개인 사무실에 도착했다.

착석하기가 무섭게 머우치중은 특유의 과장된 손동작과 함께 국제 정치와 경제, 5000년의 역사와 현실에 대해 일장 연설을 펼쳤다. 시공을 넘나드는 그의 박학다식함과 놀라운 말솜씨는 좌중을 압도하기에 충분했다.

그는 미국 경제의 발전 수준이 이미 절정에 도달했으나 달이 차면 다시 기울듯이 미래에는 중국이 미국의 영광을 이어갈 것이며 그 과정 속에 거대한 역사적 기회가 숨어 있다고 진단했다.

또한 중국의 도시화와 산업화가 거대한 내수 시장을 형성했고 따라서 이러한 고속 성장의 시기에 월가의 방대한 자본을 활용하여 성장을 촉진시키는 것이 큰 과제일 것이라고 분석했다.

그래서 머우치중이 당시의 대학자인 원위안카이(溫元凱)를 영입하여 월가에 보냈나 보다. 그의 위대한 구상을 실현하기 위해 월가에서 움직여줄 사람이 필요했을 테니 말이다.

머우치중이 장장 두 시간의 열정적인 연설을 끝내고 난 후 나도 서슴없이 그의 발언에 대해 30분 동안 평론을 했다.

"머우 선생께서는 글로벌적인 시각으로 세계 경제의 미래 추이에 대해 판단을 하셨는데 그에 대해서는 100% 동감입니다. 개혁 개방 중의 중국 경제는 풀어 놓으면 혼란에 빠지기 십상이고 단속하면 바로 활력을 잃게 되는 무질서 상태에 놓여 있습니다."

나는 국가 지도자와의 대화를 예로 월가 자본을 빌리는 일이 그리 쉬운 일이 아니라는 점을 강조했다.

대화가 끝날 때 머우치중은 그 두텁고 큰 손으로 나와 뜨겁게 악수를 하면서 "경제학에 대한 허 선생의 지식과 내공에 다시 한 번 탄복했습니다. 좀 더 일찍 만났으면 좋았을 텐데, 아쉽습니다."라고 말했다. 이에 나도 예의를 갖춰 그의 명석한 두뇌와 날카로운 언담, 격정적인 연설에 대해 칭찬을 아끼지 않았다.

"머우 선생이 그토록 매스컴의 환영을 받는 이유를 이제 알겠습니다."

필자가 쌴이그룹의 가족이 된 건 국영 기업 경영에서 물러나 정년퇴직을 한 이후였다. 사실 퇴직을 하자마자 량원건 회장은 내게 전화를 걸었다. 량 회장은 열정이 가득한 목소리로 이렇게 말했다.

"학수고대하던 그날이 드디어 왔습니다. 쌴이그룹의 일원이 되어 주십시오."

그때 당시 나는 불교 연구에 몰두하고 있었기 때문에 많이 망설였다. 그 이후에도 량원건 회장과 나는 전화 통화를 몇 번 했다. 그리고 9개월 뒤에 량 회장의 진심에 감동한 나는 록산소옥(麓山小屋)에서 그의 제안을 받아들였다.

록산소옥은 악록산(岳麓山)의 애만정(愛晩亭)과 록산사(麓山寺) 사이에 자리 잡고 있다. 옆에는 작은 시냇물이 졸졸 흐른다.

먼 옛날 이 지역에서 어떤 일이 벌어졌었는지는 잘 알려진 바 없지만 근현대에 와서는 많은 사건이 일어났고 인물들이 배출됐다. 가슴 깊이 새길 역사적 전환점도 있었고 세상을 뒤바꾼 시대의 거물도 있었으며 영혼을 깨워주는 사상의 울림도 있었다.

산기슭의 애만정 밑에는 세계에서 가장 오랜 역사를 자랑하는 천 년의 서원 악록서원(岳麓書院)이 자리 잡고 있다. 예로부터 유가의 강학(講學) 장소로 명성을 떨친 이곳은 후상 문화의 절정을 보여주는 곳이다. 명나라 말기부터 청나라에 이르기까지 나라를 멸망의 위기에서 구해낸 우국 충신을 수십 명이나 배출해냈다. 지금의 후난대학(남북 캠퍼스)도 산의 양단에 위치하여 조국 건설에 이바지할 훌륭한 인재들을 키워내고 있다.

산 중턱에는 후난 성 최고의 천 년 고찰 록산사(麓山古寺)가 자리하고 있다. 많은 고승들이 수행하며 불법을 가르치고 예불을 드리는 불자들의 발길이 천 년 동안 이어져 오고 있다. 산꼭대기에는 후난 지역 도교의 성지라 불리는 운록궁(雲麓宮)이 있다.

'도는 하나를 낳고 하나는 둘을 낳고 둘은 셋을 낳고 셋은 만물을 낳는다(道生一, 一生二, 二生三, 三生萬物)'는 도가의 기본 사상을 해석한 태극도가 도관 안에 높이 걸려 있다. 천인합일 사상이 영적 기운이 감도는 산 정상 곳곳에 스며 있다.

사찰과 도관 사이에는 민주혁명가 황싱(黃興)과 차이어(蔡鍔) 장군이 고이 잠들어 있다.

록산사 밑에는 20세기 초 우창봉기(武昌起義)의 선구자 중 한 명인 장이우(蔣翊武)의 묘지가 있다. 그는 29살의 젊은 나이에 조국의 혁명을 위해 의연히 목숨을 바쳤다. 한쪽에는 반산정(半山亭)이라는 이름의 정자가 마치 성실한 묘지기처럼 언제나 변함없이 그를 지켜주고 있다. 세상에서 벌어지고 있는 수많은 희로애락에 귀 기울이며 열정의 젊은 청춘은 이곳에서 영원히 잠들어 있다.

애만정 좌측에서 60m 올라가면 항일 전쟁 중의 창사회전(長沙會戰) 당시 쉐웨(薛岳) 장군의 지휘소가 나무 그늘 아래의 작은 석굴 안에 모습을 숨기고 있다.

석굴 위에는 비탈진 산세를 따라 100 m²가 조금 넘는 평범한 가옥이 세워져 있는데 그 가옥의 세입자가 바로 싼이그룹의 량원건 회장이다.

1998년에 량원건 회장은 일 년에 임대료 10만 위안을 주고 이 가옥을 장기로 빌렸다. 훗날 사람들에게 널리 알려진 바로 이 '록산소옥'에서 쌴이그룹의 중대한 의사 결정과 인사 발령, 경영진 회동 등 다수 중차대한 행사가 이루어졌다.

그날은 2006년 6월 3일 오후였다. 평범하기 그지없는 이 작은 가옥에 들어서는 순간 나는 마치 도연명의 글 속 도원거(桃源居)에 들어온 듯한 느낌이 들었다. 오랜만에 느끼는 아늑함, 꿈속에서 찾아 헤매던 마음의 고향으로 돌아온 것만 같은 귀속감이 마음속 깊은 곳에서 우러나왔다.

록산소옥에 온 것은 이번이 세 번째다. 처음 두 번은 경제, 정치, 경영, 주식시장, 투자, 융자, 웬다그룹, 중롄충커(中聯重科) 등에 관한 이야기를 나누었다.

이번에는 인생에 대한 성찰을 바탕으로 불교에 대한 나의 소감과 깨달음을 량 회장에게 역설했다.

량 회장은 유머 속에 영리함이 비치는 특유의 미소를 지으며 진지하게 내 이야기를 듣더니 이렇게 말했다.

"당신이 말하는 부처는 마치 모든 것을 다 주워 담을 수 있는 커다란 광주리 같군요. 흥미롭습니다. 하지만 나는 부처를 믿느니 차라리 예수를 믿겠습니다."

그는 감개무량한 표정으로 말했다.

"불교를 믿는 동남아에는 강대국이 몇 안 되지만 기독교 신앙의 서양에서는 여러 개의 초강대국이 우뚝 일어섰으니 말입니다."

당시 나는 량치차오(梁啓超) 선생의 불교에 대한 주장을 인용하여 량 회장을 설득했다.

"불교 신앙은 미신(迷信)이 아니라 지신(智信)이며, 독선(獨善)이 아니라 겸선(兼善)이며, 염세(厭世)가 아니라 입세(入世)이다. 역사적으로도 불교에는 세상에 길이 빛나는 인물들이 많았다. 육조에서 당나라에 이르기까지 수백 년 동안 뜻과 행동이 고결하고 학문이 깊은 자들이 모두 불교를 신봉했다."

량 회장은 여전히 미소만 지었다. 역시 신앙의 성역은 쉽게 공략할 수 없는 것이었나 보다.

우리는 다시 화제를 사업으로 돌렸다. 당시 량 회장이 말한 것 중에 가장 인상 깊었던 말이 있었다.

"허 청장, 당신은 학자형 기업가이고 학자는 자신만의 무대가 꼭 필요한 법입니다. 우리 싼이그룹이 당신이 맘껏 재능을 발휘할 수 있는 큰 무대가 되어 줄 겁니다."

그 말을 듣는 순간 나는 가슴이 벅차올랐고 곧바로 량 회장의 요청을 받아들였다.

얘기를 마친 후 량원건 회장이 나를 애만정까지 배웅했다. 함께 걸어가면서 나는 량 회장에게 이렇게 말했다.

"어진 자는 산을 좋아하고 지혜로운 자는 물을 좋아한다고 했는데, 이곳은 높은 산과 깊은 물이 함께 어우러져 있으니 량 회장님이야말로 진정 풍류를 아는 사람입니다."

국유 기업체 등지에서 평생을 몸 바쳐 일해 온 나로서는 편안하게 노후를 즐길 수도 있었지만 량 회장은 14년 동안 꾸준히 나를 설득해왔다. 산업을 일으켜 나라에 보답하자는 '산업보국(産業報國)'의 굳은 신념을 실현하기 위해 내가 남은 힘과 열정을 보태주기를 기대한 것이다.

나의 능력을 알아봐주고 발탁해준 지우(知遇)의 정, 그것이 바로 나와 량 회장 사이를 이어주는 중요한 연결고리이다. 또한 량원건 회장에게는 후난 사람 특유의 넓은 배포와 끝까지 포기하지 않는 근성이 있었다. 그것이 나를 감동시켰다.

땅거미가 내려앉은 창사 시내 곳곳에 등불이 하나둘씩 밝혀졌다. 반짝이는 등불을 내려다보며 나는 발걸음을 재촉했다. 마치 새로운 전쟁터에 나서는 투사처럼 말이다.

쌴이그룹에 합류한 지 얼마 되지 않았을 때였다. 쌴이그룹과 후난루차오(湖南路橋)의 국제 시장 공동 진출을 위한 계약 체결식이 있던 날 당시 국유자산관리감독위원회(약칭 '국자위')의 고위직 간부 한 명을 모셨다. 량원건 회장은 그 관원 앞에서 나에 대한 칭찬을 늘어놓았다. "허전린은 국유 기업 공산당원 중에서 가장 훌륭한 사람입니다. 내가 높은 연봉을 약속하면서 그렇게 스카우트 하려고 노력을 했지만 번번이 '평생 공산당을 위해 일해 왔는데 중도에 변절자가 될 수는 없다. 공산당원으로서의 마침표를 잘 찍고 난 후에 생각해 보겠다.'고 거절을 했지 뭡니까?" 마침 그때 연회석상에서 한 국유 기업의 사장이 사퇴 의사를 내비쳤다. 그러자 그 관원이 "허전린을 따라 배워라, 허전린처럼 공산당원으로서의 마침표를 확실하게 찍고 난 후에 다시 생각해보라."는 말로 일축했다.

사실 이보다 더 중요한 스토리가 있다. 이 책을 집필하는 과정에서 나는 신화도자기공장(新化瓷厂)에서 과거에 출판했던 《자혼(瓷魂-국내 미출간)》이라는 제목의 소책자를 찾아냈다. 소책자에는 신화도자기공장과 공장장을 맡은 나의 개혁 업적에 대한 국내외 언론들의 보도 내용이 정리되어 총 76편의 편집 기사가 실려 있었다. 그때 당시 후난 성 언론인협회 명예회장이자 구 〈후난일보湖南日報〉의 부편집장인 리쥔(李均)이 '개혁 개방의 찬가'라는 제목으로 서문을 써주었다.

서문의 내용은 이렇다.

최근 몇 년간 나는 일 때문에 거의 해마다 신화(新化)를 방문했다. 신화에 갈 때마다 꼭 들르는 곳이 바로 그 명성도 자자한 신화도자기공장이다. 도산 위기에 처했던 기업이 환골탈태하여 승승장구하는 모습을 보면서 기쁘고 신이 났으며 또 감개가 무량했다.

1995년 초에 처음 신화도자기공장을 방문했을 당시 내 눈에 들어온 것은 처량하기 그지없는 광경이었다. 낡고 허름한 공장 건물, 작업대와 복도, 그리고 공장 곳곳에는 안 팔려서 먼지만 내려앉은 도자기들이 잔뜩 쌓여 있었다. 당시 신화공장은 적자가 거의 100만 위안, 부채가 50만 위안에 달했고 직원들 월급조차 지급하지 못하는 최악의 상황이었다. 그야말로 무너지기 일보 직전이었다. 그런 처량한 모습을 보면서 나는 70여 년의 오랜 역사를 자랑하는 기업이 이대로 흔적도 없이 사라지는 것은 아닐지 걱정스러웠다.

그러나 그 후에 벌어진 일은 모든 사람의 예상을 뒤엎었다. 개혁 개방의 따뜻한 봄바람은 시들어가던 고목나무에 생명력을 불어넣었고, 고목나무는 기적처럼 다시 살아나서 무성한 가지와 잎을 펼쳤다. 공장에 새로운 건물들이 들어서고 모든 것이 몰라보게 달라졌다. 팔리지 않아서 재고만 쌓여가던 제품은 주문을 맞추지 못할 정도로 불티나게 팔려나갔고 유럽과 미국 등 20여 개 나라로 수출되어 후난 성 예술도자기 수출 1위에 등극했다. 매출은 성공적으로 흑자 전환을 달성하여 연간 생산액 1천만 위안을 돌파했고 연간 납세액이 200만 위안이 넘는 알짜 기업으로 자리 잡았다. 공장 곳곳에는 생기와 활력이 넘쳐흘렀다. 얼마나 놀라운 변화이며 보기 좋은 광경인가!

고목나무에서 새 꽃이 피어났으니, 지역과 전국 곳곳에서 언론인들과 문학창작가들이 취재를 위해 몰려들었다. 이 작은 지방도시의 공장은 한순간에 후난 성 언론과 출판계의 가장 뜨거운 이슈가 되었다. 신화도자기공장에 관한 언론 보도기사와 문학 작품들이 우후죽순처럼 쏟아져 나왔고 신문, 방송 등을 통해 대중에게 알려지기 시작했다. 그리고 이런 기사와 문학 작품을 정리하여 엮은 책이 《자혼》이라는 제목으로 탄생하게 되었다.

이 책자에 수록된 기사와 문학 작품들은 행간에 개혁 개방에 대한 뜨거운 애정을 담고 있어 개혁 개방의 찬가라 할 만하다. 신화도자기공장의 놀라운 변화와 혁신은 개혁 개방과 떼려야 뗄 수 없는 관계이기 때문이다. 바로 개혁 개방의 물결이 젊고 유능하며 혁신정신과 자율정신이 강한 허전린 엔지니어를 공장장의 자리에 올려 주었다. 그에게 세상을 바꾸는 중대한 임무를 부여했으며 인재들이 능력을 발휘할 수 있는 환경을 만들어 주었다. 또한 신화도자기공장이 중국을 넘어서 더 큰 세상으로 나아갈 수 있도록 그들의 시야를 넓혀주었다. 그로 인해 신화도자기는 참신하고 정교한 공법의 아름다운 도자기제품으로 글로벌 시장 선점에 나섰고 치열한 시장경쟁 속에서도 확고한 승리를 거둘 수 있었다. 개혁 개방의 물결은 또 신화도자기공장 직원들이 불굴의 도전정신과 창의적인 개척정신으로 위대한 조국의 사회주의 현대화 건설을 위해 힘을 보태고 더 많은 기여를 하도록 용기를 북돋워 주었다.

이 책자에는 〈후난일보〉 리슈광(李曙光) 기자의 기사 '세계 진출 이야기'가 수록되어 있을 뿐만 아니라 국내 유명 문학지인 〈푸룽芙蓉〉에 기재된 '도자기의 혼-허전린의 창업 이야기', 그리고 〈광명일보〉 장주황 기자의 '신화도자기공장의 허전린 공장장, 도자기 예술 세계의 경영' 등의 기사가 수록되어 있다.

후난 성 개혁 개방의 선두주자로서 나의 이름과 업적은 아마도 같은 지역에서 막 창업을 시작한 량원건 회장에게 감명을 주었을 것이며 그것이 20년 동안 끈질기게 나를 설득하여 결국 싼이그룹에 합류하게 한 이유 중의 하나였을 것이라 생각한다.

① 필자가 환영사를 하고 량원건 회장이 사회를 맡았다.
② 펌프카를 조종하는 쩡인취안(曾蔭權) 행정장관
③ 광야반 동기들. 량원건(앞줄 오른쪽 다섯 번째), 탕슈궈(앞줄 왼쪽 네 번째, 왕줘춘(王佐春, 앞줄 왼쪽 두 번째),
　　푸젠궈(傅建國, 앞줄 왼쪽 세 번째), 주다청(朱大成, 앞줄 오른쪽 세 번째)
④ 쩡인취안(가운데) 행정장관과 싼이그룹 주요 관계자와의 기념 촬영
⑤ 량원건 회장이 쩡인취안 행정장관에게 선물을 증정하고 있다.
⑥ 필자와 악수를 나누는 쩡인취안 행정장관

'싼이'라는 이름의 비밀

도는 하나를 낳고 하나는 둘을 낳고 둘은 셋을 낳고 셋은 만물을 낳
는다. 이것은 싼이그룹의 발원지인 롄위안 마오탕샹(茅塘鄉) 다오퉁
춘(道童村)과 서로 맞물린다.

– 량원건

2006년 9월 26일 홍콩특별행정구의 쩡인취안 행정장관이 100여 명의 정부와 경제무역대표단을 이끌고 싼이그룹을 방문했다. 내가 부임한 지 100일 즈음 되었을 때였다. 싼이그룹은 대표단을 위한 성대한 환영식을 열었다. 량원건 회장은 환영사를 할 사람으로 필자를 소개했다. 내게 특별했던 기회였다. 나는 학자형 기업인답게 '도는 하나를 낳고 하나는 둘을 낳고 둘은 셋을 낳고 셋은 만물을 낳는다'라는 노자의 사상으로 싼이그룹을 풀이했다. 당시 나의 발표 내용은 다음과 같다.

"과거 어떤 사람이 회장님에게 '싼이'라는 이름의 유래에 대해 물어본 적이 있었습니다. 실로 오묘한 이름이죠. 성현인 노자의 《도덕경》에 나오는 '도는 하나를 낳고 하나는 둘을 낳고 둘은 셋을 낳고 셋은 만물을 낳는다'라는 철학적 명제가 이름에 그대로 숨어 있으니까요. 여러분, 이 철학적 명제를 우습게 보지 마십시오. 전 세계의 다양한 영역에서 창조와 혁신의 원천이 되면서 이미 세계적인 재산이 되었습니다."

나는 싼이라는 이름의 유래를 이렇게 설명했다.

"창업을 시작한 그해, 설날에 량 회장이 친필로 대련(對聯)을 써서 롄위안 용접재료공장(싼이그룹의 모태가 된 공장-옮긴이)의 대문에 붙였습니다. 오른쪽에는 '일류 기업을 만들자', 왼쪽에는 '일류 인재를 키우자'라는 내용이었지요. 당시 모 고위 간부가 그 대련을 보고는 '일류 공헌을 다하자'라는 문구를 중간에 추가하면 좋겠다고 건의했고 량 회장은 그것을 받아들였습니다. 그 후부터 량 회장은 세 개의 1로 세 개의 일류를 대표하는 '삼일(三一)' 상표를 구상하기 시작했고 '싼이'의 이름이 이렇게 탄생했습니다. 노자의 천도(天道)와 일치하는 것은 모두가 예상하지 못했던 부분입니다."

싼이는 사실 이 상표 때문에 독일의 벤츠와 법정 공방까지 갔었고 일본의 소니와도 분쟁이 있었다. 결국 벤츠와의 법정 싸움에서는 싼이가 승소했고 소니와는 양측이 합의하는 것으로 결론이 났다. 하지만 이들과의 전쟁은 끝나지 않았다. 싼이가 세계무대에 우뚝 서기 위해서는 반드시 전 세계 제조업의 최강자인 독일과 그를 바짝 추격 중인 일본과 진검 승부를 벌여야 한다. 량원건 회장은 그 승부에서 이겨 싼이그룹을 세계 500대 기업으로 만드는 큰 꿈을 갖고 있다.

행사가 끝나고 직원들의 열렬한 배웅 속에서 쩡 장관과 부인 쩡바오샤오웨이(曾鮑笑微)가 연신 뒤돌아보며 작별 인사를 하고 있을 때였다. 그룹 경영진 중의 주요 인사 한 분이 나에게 앞으로 이렇게 신비로운 해석은 사전에 회장님의 동의를 얻는 것이 좋겠다고 권고했다. 일리 있는 말이었다. 나는 그렇게 하겠노라 고개를 끄덕였다. 생각해보니 내가 환영사를 미리 량 회장에게 드리긴 했지만 그 내용에 대해 직접 허락을 받지는 않았었다.

이번 행사의 선발 부대는 홍콩투자유치국이었다. 그들은 행사에 차질이 없도록 일곱 차례에 걸쳐 사전 답사를 진행했으며 업무 태도가 진지하다 못해 까다로웠다. 동선에서부터 인원 배치, 예식, 그리고 환영사까지 아주 사소한 부분도 빠트리지 않고 꼼꼼하게 챙겼던 게 사실이었다. 당시 량 회장은 어쩌면 돌발 행동이었던 내 소개사에 입을 다물었다.

그러다가 7년이 지난 후, 싼이그룹 탕슈궈 사장의 50세 생일잔치에서 량 회장은 비슷한 취지의 말을 꺼냈다. 나아가 그 해석의 뿌리를 '다오

통춘'으로 거슬러 올렸다.

랑 회장은 이렇게 말했다. "싼이그룹에는 세 가지 신기한 일이 있다. 첫 번째는 싼이그룹에 대한 도가적인 해석, 즉 '도는 하나를 낳고 하나는 둘을 낳고 둘은 셋을 낳고 셋은 만물을 낳는다', 이것과 싼이그룹의 발원지인 롄위안, 마오탕샹, 다오퉁춘이 서로 맞물린다는 것이다. 두 번째는 창업 멤버 네 명의 성을 나이에 따라 순서를 배열하면 마침 롄위안 마오탕과 발음이 비슷하다는 것이다. 랑원건의 량(지역방언에서는 량을 롄(涟)과 비슷하게 발음한다-지은이), 위안진화의 위안, 마오중우의 마오, 탕슈귀의 탕, 거기에 나중에 합류한 샹원보의 샹까지 합치면 완벽하게 '롄위안 마오 탕 샹'이 된다. 세 번째는 오늘이 탕 사장의 50세 생신이자 내 아들 랑자이중(梁在中)의 생일이고, 또 나의 생일과 샹원보 사장 부친의 생일이 같은 날이다……."(3대가 서로 얽히고설키는 묘한 인연이 과연 신기하다.)

참 묘한 인연이라는 생각에 연회장에는 건배와 웃음소리가 터져 나왔다.

사실은 이보다 더 신기한 일이 있다. 제8기 전인대 기간에 전인대 인민대표이자 상무위원, 법학계 원로인 저명한 서예가 샤자쥔(夏家駿) 선생이 '중국에 뿌리를 두다(根在中華)'라는 친필 초서를 랑원건 회장에게 선물했다. 내가 처음 싼이그룹에 랑 회장을 만나러 갔을 때 회장 사무실의 왼쪽 벽에 이 작품이 걸려 있었다. 그런데 놀랍게도 이 네 글자에는 랑원건의 건(根), 아들 랑자이중의 자이중(在中), 아내 리리화(李麗華)의 화(華), 세 식구의 이름이 모두 들어가 있다.

깊은 뜻을 내포하고 있는 이 서예작품에 랑 회장 식구들 이름 코드가 숨겨져 있으니, 과연 흥미롭지 않은가!

탕슈궈 사장은 량원건의 이름 석 자를 가지고 싼이그룹의 문화를 풀이했다. "그룹 회장인 량원건은 이름 그대로인 사람이다. 량(梁)은 기둥을 뜻한다. 학창시절 때부터 량윈건 회장은 '인간은 꿈이 있어 위대하다'라는 말을 졸업 앨범에 남길 만큼 넓은 가슴과 큰 포부를 가지고 있었다. 량원건의 원(穩)은 '안정적인 성장'을 뜻하는 글자로 그가 싼이그룹을 이끌고 작은 걸음이지만 꾸준히 달려서 끝내 세계 500대 기업에 진입할 것을 의미한다. 마지막으로 량원건의 건(根)은 중국에 뿌리를 둔다는 뜻으로 량 회장은 늘 산업을 일으켜 조국에 보답하기 위해 부단히 노력하고 있다."

훗날 중국증권감독협회 투광사오(屠光紹) 부협회장이 싼이그룹에서 강연할 때도 이 세 글자로 중국 주식시장의 급변하는 복잡한 형세를 설명했다. 그때 내가 탕슈궈 사장한테 "투협회장이 탕 사장의 지적재산권을 침해했습니다."라고 농담을 했던 기억이 난다.

이 재미있는 현상은 싼이그룹의 3대 핵심 멤버인 량원건, 탕슈궈, 샹원보의 아들한테서도 저현되고 있다. 량원건의 아들은 량자이중이고, 탕슈궈의 아들은 탕리화(唐立樺), 샹원보의 아들은 샹스룽(向思龍)이다. 부친들이 정부의 산아 제한 정책을 충실히 이행한 덕분에 세 사람 모두 외동아들이다. 이들 셋의 이름 중 마지막 글자를 부친들의 나이와 직무에 따라 배열하면 대표적인 중국 문화코드인 '중화룽(中華龍)'이 된다.

량자이중의 원래 이름은 량예중(梁冶中)이다. 량원건 회장이 아들의 이름을 지금의 량자이중으로 바꾸었는데, 아마도 자신의 인생 역전이 개명한 후부터 시작된 것이라고 생각하기 때문인 것 같다.

량원건의 개명 전 이름은 '량융건(梁永根)'이다. 첫 대학입시에서 고배를 마신 량원건은 무슨 생각에서인지 자신의 이름 중 '융'자를 '원'자로 바꾸었다. 그리고 그 이듬해에 중난 광야대학(中南矿冶學院, 지금의 중난대학)에 합격했다. 그때부터 힘들었던 농촌 생활을 작별하고 탄탄대로의 길을 걷기 시작한 것이다. 량 회장 아들의 개명 과정에 나도 참여했으며 '화이중(懷中)'이라는 이름이 좋겠다고 건의했다.

2009년 6월 16일에 나는 량 회장 아들에게 편지를 보냈다. "개명에 대해 짧은 소견이 있으니 참고하기 바란다. 숱한 고민 끝에 '화이중(懷中)'이 좋을 것 같다는 생각이 들었다. 직역하면 '중화를 가슴에 품다'라는 뜻이 되겠고 더 크게 해석하면 '젊은 나이에 큰 뜻을 품다(少懷大志), 가슴이 넓다(襟懷寬廣), 겸허한 마음이 산골짜기만큼 넓다(虛懷若谷)' 등의 뜻이 있으니 그룹 후계자의 신분과도 잘 어울린다. 발음도 입에 착착 붙고 글자 모양도 대범하고 기개가 느껴진다. 또한 후난 지역 출신의 대학자, 마오 주석의 장인도 성함이 화이중이다. 그 외에도 싼이그룹의 이름을 담아 싼중(三中), 혹은 중화민족의 대들보라는 의미의 화중(華中)도 좋은 이름일 것 같다."

'자이중'은 그의 아버지 량원건이 직접 정해준 이름이다. 당시 작명대가에게 이름 서너 개를 주면서 봐달라고 했는데 그중에서 '자이중'이라는 이름이 100점 만점을 받았다. 장웨이화(張衛華) 부총경리가 너무나 궁금해서 그 작명대가에게 찾아가 왜 그 이름이 100점이냐고 연유를 물었더니, 작명대가가 알 수 없는 신비스러운 표정을 지으며 그 이름을 준 사람한테 물어보라고 대답했단다.

우연의 일치가 또 있다. 량원건 회장이 중난광야대학을 졸업할 때 졸업반 학생 수가 딱 31명이었다. 또 하나의 '싼이(삼일)'이다. 같은 반 동기 중에 절반 이상이 싼이그룹에서 일을 했었고 지금까지 회사에 남아 있는 사람만도 11명이나 된다.

여기에 얽힌 재미있는 일화가 많은데, 그중에서도 황젠룽(黃建龍)이 가장 인상적이었다.

황젠룽은 졸업 후 후난합금공장에 배정되었다. 1992년인가 1993년인가 당시의 싼이그룹은 다직 렌위안 지역의 지방 기업이었다. 어느 날 공개 채용을 하고 있는데 인력 담당자가 이상하다는 표정으로 량원건을 찾아왔다.

"지금 동창이라는 분이 채용 현장에서 면접을 보고 있는데요, 황젠룽이라는 사람입니다."

싼이그룹에 동참한 량 회장의 동기들은 대부분 량원건 회장과 탕슈궈 사장이라는 '전용채널'을 통해 입사했다. 직접 채용 현장에 쳐들어 온 사람은 황젠룽 뿐이었다.

량 회장의 동창인 푸젠궈한테서 이 이야기를 들었을 때 나는 갑자기 황젠룽이 존경스럽게 느껴졌다.

황젠룽은 현재 본사에서 재무를 맡고 있는 량 회장의 '중신'이다. 언젠가 오찬 때 량 회장이 올바른 직언을 서슴지 않는 황젠룽의 품성을 칭찬했던 기억이 난다.

채용 사건도 그의 이런 품성과 같은 맥락이 아닐까 생각한다.

두 번째 인물은 푸젠궈다.

그는 싼이그룹에 여러 번 입사와 퇴사를 반복했다.

한번은 성격이 운명을 결정한다는 나의 논술에 큰 감명을 보이며 "성격이 운명을 결정한다는 말씀, 정말 100% 공감합니다!"라고 감탄을 연발했다. 그때 그의 표정을 보고 숨겨진 이야기가 많겠구나 하는 생각이 들었다.

사실 싼이그룹의 창업 초기에 푸젠궈가 큰 공을 많이 세웠다. 그가 이루어낸 성과로 따지자면 족히 이사가 되고도 남았을 것이다. 그런데 여러 번 입사와 퇴사를 반복하면서 아쉽게도 기회를 놓친 것이다.

푸젠궈는 전형적인 선비의 기질을 갖고 있다. 량원건 회장이 처음 해외출장을 갔을 때 푸젠궈가 통역을 맡았는데 미국 거리 복판에서 량 회장과 말다툼이 일었다. 그런데 화가 난 푸젠궈가 그만 량 회장을 혼자 그곳에 남겨두고 가버렸다. 그 후에도 량 회장이 가끔 그때 미국에서 푸젠궈가 자신을 '버렸던' 이야기를 농담 삼아 하곤 했다.

동기의 정만 알고 '군신'의 예를 몰랐던 이 이야기가 성격이 운명을 결정한다는 말에 푸젠궈가 그토록 공감했던 이유는 아닐까?

그동안 싼이그룹에서 걸어온 길을 돌이키며 푸젠궈는 이렇게 말했다.

"량 회장은 정과 의리를 중요하게 생각하는 가슴 뜨거운 사나이다. 싼이그룹에 합류한 동창들은 최소 부부장급(싼이그룹 내부의 직급) 이상으로 대우를 해주는 등 끔찍하게 챙겼다. 더 감동적인 것은 해마다 사비를 털어 동창회를 연다."

그 말을 하는 푸젠궈의 표정에는 깊은 동기의 정이 묻어났다.

세 번째 인물은 저우푸구이이다.

저우푸구이는 현재 싼이그룹의 이사 겸 시니어 부사장 직을 맡고 있으며 주로 글로벌 사업과 풍력발전 등 부문을 담당한다. 그는 싼이그룹에서 핵심 멤버가 되었을 뿐만 아니라 평생을 함께 할 동반자도 찾았다. 그의 부인 중아이췬(鍾愛群)은 당시 렌위안 초대소(招待所, 관공서와 공장 등의 숙박시설)의 싼이 사무소 파견 직원이었다. 둘은 싼이그룹에서 만나 서로 사랑하여 백년가약을 맺었으며 지금까지 아름다운 인연을 이어가고 있다.

네 번째 인물로는 왕쥐춘을 언급하지 않을 수 없다.

대학시절부터 무협지에 빠져 살았던 왕쥐춘은 별명이 왕협객이다. 졸업 후 주저우(株洲) 압연공장에서 근무했고 얼마 후 푸젠궈의 추천을 받아 주저우 용접봉공장 설비과로 이직했다. 그때 푸젠궈는 기술과에서 근무하고 있었다. 싼이그룹에 입사한 후 용접봉 프로젝트의 선정에서부터 초기의 기술문제 해결까지 이 모든 것을 외부에서는 량원건의 은사인 자이덩커(翟登科)의 공로라고 알고 있지만 사실은 왕쥐춘이야말로 숨은 공신이다.

왕쥐춘은 현재 그룹에서 이사 겸 시니어 부사장을 맡고 있다. 왕쥐춘 역시 푸젠궈 못지않게 선비 기질이 다분한 사람이라 량 회장과의 사이에 비슷한 사건이 있었다. 왕쥐춘의 부인 천솽(陳霜)은 원래 렌위안 현 공상국에서 근무를 했었는데 량 회장 소개로 만나서 결혼에 성공했다. 싼이그룹에서 이루어진 두 번째 인연이다.

다섯 번째 인물은 반장 주다청이다.

주다청은 대학시절, 반에서 유일한 공산당원이었다. 졸업 후에는 야금부 산하 비철금속총공사에 배정을 받았고 이후에는 외국계 기업의 중국 지사를 열심히 뛰어다니면서 영업마케팅을 했다.

한번은 동창모임을 했는데 량 회장이 주다청을 따로 불러내서 긴 시간 이야기를 나눴다. 그리고 얼마 지나지 않아 주다청 역시 �싼이그룹의 일원이 되었다. 나는 종종 주다청한테 당신은 우리 회장님의 상사라고 농담을 한다. 주다청은 2012년에 �싼이중공업으로 발령 났다.

그 외에도 리웨이(黎偉)를 빼놓을 수 없다. 대학 때 리웨이와 량 회장은 기숙사에서 같은 방을 쓰는 룸메이트였다. 리웨이는 쌘이그룹에 처음 입사했을 때 사업 쪽을 맡았다가 나중에 회사를 떠났다. 그리고 2011년에 다시 돌아와서 현재는 회장 사무실 부주임 직을 맡고 있다.

리웨이는 겸손하고 친근한 사람이다. 나이는 별로 많지 않은데 말과 행동이 꼭 큰형님 같다.

리룽(李龍)의 경력도 평범하지 않다. 졸업 후에 종적을 감추었다가 어느 날 갑자기 인터넷에서 탕슈궈에 대한 기사를 보고 '설마 우리 동창 탕슈궈는 아니겠지?'라고 생각했단다. 그래서 확인 차 탕슈궈에게 편지를 썼고 그렇게 다시 연락이 닿았다. 량 회장이 오랜만에 회포를 풀자고 리룽을 회사로 초대했고 그때 리룽은 생기 넘치는 회사의 모습에 이끌려 눌러 앉게 되었다.

리웨이의 말을 들어보면 더욱 재미있다. 동창 모임을 여러 번 했지만 한번도 모습을 드러내지 않은 사람이 바로 리룽이었단다. 모두 리룽을 찾고 있을 때 위에서 말한 것처럼 제 발로 찾아온 것이다.

회사를 방문한 이후 리룽은 남기로 결정했다. 량 회장이 리룽한테 돌아가서 수속을 하고 짐을 챙겨서 오라고 보냈는데 나간 지 얼마 안 되어 다시 돌아왔다. 아내가 수속과 짐은 자기가 다 해줄 테니까 돌아올 필요 없다고 했단다. 그래서 리룽은 그날부터 바로 회사에 출근했다. 그렇게 서두른 것을 보면 당시 회사에 대한 인상이 그만큼 강렬했고 동경이 컸다는 것을 알 수 있다.

또 한 명은 현재 그룹의 인력 팀장을 맡고 있는 장지에(張解)이다. 장지에는 1990년대부터 베이징에서 쌴이그룹을 위해 시장을 개척했다고 한다. 프츠마이스터 주재 회장 특사를 맡고 있다.

이렇게 많은 반 동창생이 한 기업에서 근무를 하고 있다는 것은 광야반 31명의 재미있는 일화라 할 수 있겠다.

① 2009년 2월 14일 장피에르 라파랭(Jean-Pierre Raffarin) 전 프랑스 총리가 싼이그룹을 방문했다. 탕슈궈(왼쪽 다섯 번째), 황젠룽(왼쪽 두 번째), 필자(오른쪽 두 번째)

② 2009년 2월 23일 중앙참사실(中央參事室)의 천위진(陳玉進) 주임이 싼이그룹을 방문했다. (왼쪽에서부터 필자, 샹원보, 천위진, 량원건, 이샤오강)

PART
7

세 명의 일인자

탕슈궈, 샹원보, 이샤오강은 각각 싼이의 관리, 전략, 기술을 의미한다.
- 량원건

쌴이그룹에는 량원건 회장이 일인자로 인정한 사람이 세 명 있다. 바로 관리의 일인자 탕슈궈, 전략의 일인자 샹원보, 기술의 일인자 이샤오강이다.

가장 먼저 일인자의 명예를 얻은 이는 샹원보 사장이다.

샹원보 사장이 후난 성 상공연합회 부회장으로 지명되던 때, 성위원회 통일전선부에서 샹원보 사장에 대한 시찰을 나왔다. 당시 량원건 회장이 직접 현장을 찾았다. 이 자리에서 그는 샹원보에 대해 아낌없이 칭찬을 하면서 아주 정중하게 샹원보를 쌴이그룹 전략의 일인자라고 불렀다. 그 후 탕슈궈와 이샤오강이 함께한 조찬회에서 필자는 량원건 회장에게 일인자라는 게 회장님이 친히 '어사한' 호칭이 아니냐고 농담을 했다. 그러자 량 회장은 바로 탕슈궈는 관리의 일인자, 이샤오강은 기술의 일인자라며 두 사람에게도 화려한 월계관을 하나씩 선사했다. 이렇게 해서 나온 게 쌴이그룹의 세 명의 일인자다.

언젠가 한 유명 언론사와의 인터뷰에서 나는 처음으로 쌴이그룹의 세 명의 일인자 얘기를 꺼냈다. 그리고《유방본기劉邦本紀》에 나오는 "장량(張良), 소하(蕭何), 한신(韓信) 이들 세 사람은 모두 인걸(人傑)이다. 그러나 나는 그들을 쓸 줄 안다, 이것이 내가 천하를 얻은 까닭이다."라는 유방의 말을 활용했다. "탕슈궈, 샹원보, 이샤오강 이들 세 사람은 모두 인걸이다. 그러나 량원건은 그들을 통솔할 줄 안다."고 말이다. 겸손한 량원건 회장은 이 기사를 보고 "앞으로는 이렇게 말하지 말라."고 당부했다. 외부에서 오해를 할 수도 있다는 우려에서였다.

'세 명의 일인자'는 마팡예(馬方業)의 저서《쌴이의 빅 드림(大夢三一)-국내 미출간》을 통해 처음으로 외부에 알려졌다.

마광예는 〈증권일보〉의 부편집장이자 시가총액 관리의 선도자이다. 나에 대한 인터뷰를 통해 싼이그룹의 '세 명의 일인자'를 알게 되었고 곧 큰 지면을 할애하여 그 내용을 소개했다.

그때부터 '세 명의 일인자'가 사회적으로 알려지게 되었고 여러 언론에서 앞다퉈 다루기 시작했다. 사실 그 시작은 다 필자에게서 비롯된다.

작은 용접재료공장에서 시작한 싼이그룹은 20여 년 동안 끊임없이 발전한 결과, 오늘날 중국 최대이자 세계 6위의 건설기계장비 제조업체로 성장했다. 직원 6만여 명과 임원 4000명을 먹여 살리는 기업 왕국이다. 단순히 성공적인 사업전략만으로는 오늘날의 거대기업으로 성장할 수 없었을 것이다. 내부 인재 양성, 지속적인 리더십 개발, 기업 경영과 관리의 실행 등에 있어서 자신만의 경쟁력이 있기에 가능한 모습이다.

싼이그룹은 민간 출신 사업가들이 일구어낸 민영 기업이지만 전형적인 가족 기업은 아니다. 창업 멤버 4명 중에서 탕슈궈는 현재 그룹이사 겸 사장을 맡고 있다. 그는 진중하고 감정을 잘 드러내지 않는 침착한 성격의 소유자로 싼이그룹의 '이인자'이자 집안 살림을 도맡아 하는 자타공인의 살림꾼이다. 그가 생각하는 기업 경영은 기업의 목표를 설정한 다음, 그 목표를 실현하도록 조직 구성원들을 독려하는 것이다. 전자는 기업가의 사명이고 후자는 리더십의 문제다. 그리고 이 두 가지를 합치면 바로 기업 경영이다.

샹원보는 1990년대에 싼이그룹에 입사했고 지금은 싼이중공업주식유한회사의 사장직을 맡고 있다. 2012년 5월 샹원보가 또다시 후난 성상공연합회 부협회장으로 지명되었는데 통일전선부에서 확인조사차 시찰을 나왔을 때 필자는 샹원보라는 사람에 대해 이렇게 평가했다.

샹원보 사장의 후난 성 상공연합회 부협회장 연임에 대한 평가 의견

1. 담력과 식견을 갖춘 상장회사 사장

① 중국의 주식시장 개혁에 큰 기여를 한 공신 – 량원건 회장을 보좌하여 싼이그룹의 지분개혁을 순조롭게 완성했으며 더 나아가 중국 주식시장 개혁의 성공적인 벤치마킹 모델을 제시했다.

② 비전통적, 비약적 발전을 추진한 2인 – 최근 6년 동안 싼이그룹은 복합성장률 64%, 이윤성장률 82%의 놀라운 성과를 올리며 중국 최대이자 세계 6위의 건설기계 메이저로 성장했다.

③ 글로벌 자본시장 500대 기업을 달성한 시대의 풍운아 – 2011년 7월 1일 싼이그룹은 영국의 〈타임스〉가 선정한 글로벌 자본시장 500대 기업 중 431위에 랭크되었으며 연간 이윤 100억 위안을 넘겼다.

④ 세계적인 브랜드를 꿈꾸는 인재 – 싼이그룹은 칠레와 일본의 재난 구조에 참여했고 세계 건설기계장비 제조업계의 1호 브랜드인 프츠마이스터를 인수했다.

2. 꿈과 신념이 있는 당서기

① 확고한 이상과 신념이 있다.

② 사회주의 이론을 몸소 실천했다. (중국 건설기계장비산업의 발전을 이끌었다.)

③ 민영 기업의 롤 모델을 만드는 데 앞장섰다. – 싼이그룹의 당위원회는 전국 '쌍강백가(双强百佳) 당위원회이자 후난 성 조직부가 지명한 '전국선진당위원회'이다.

3. 그룹의 장기적 발전을 도모한 전략의 일인자

　① 량원건 회장이 극찬한 쌘이그룹 전략의 일인자

　② 쌘이그룹을 고속 성장의 길(건설기계장비산업)로 이끈 선견지명과 장
기적 안목

　③ '호언장담'의 예언 – 창사를 중국 나아가 세계의 건설기계장비도시
로 만들겠다는 원대한 꿈이 현실이 되었다.

　④ 천억 위안 매출을 달성하겠다는 큰 포부

4. 쉬궁 인수를 둘러싼 여론 전쟁을 폭발시킨 장본인 – 쉬궁의 외자 인수 무산은 중요한 역사적 의의를 갖는다.

5. 부지런한 '농사꾼'

　① 막중한 임무를 어깨에 짊어지고 부지런히 '농사'를 짓는다.

　② 쉴 새 없이 달린다. – 일 년 중 270일 이상을 길에서 달린다.

6. 량원건 회장과 뜻을 같이 하는 진정한 파트너이자 동지

외부에서는 이렇게 말한다. 량원건 회장이 쌘이그룹의 영혼이라면 샹
원보 사장은 바로 쌘이그룹의 명함이라고. 평가에 참여한 쌘이그룹 동
료들은 내가 정리한 내용에 대해 모두들 공감했다.

기술의 일인자로 불리는 이샤오강은 1995년에 쌘이그룹에 합류했고
지금은 쌘이중공업주식유한회사의 COO 겸 쌘이그룹의 총괄 엔지니어

를 맡고 있다. 싼이그룹에 들어오기 전에는 국가기계공업부 베이징기계공업자동화연구소의 유압 전문가였다. 량원건 회장이 전국에서 훌륭한 인재를 대거 영입할 때 그에게 제안을 했고 이샤오강은 큰 고민 없이 제안을 받아들였다. 당시 싼이그룹은 아직 규모가 작은 지방 기업이었다.

그 후 10여 년 간 이샤오강의 주도하에 싼이그룹은 21개 시리즈 120여 개 규격의 제품을 개발했고 콘크리트펌프 수송 등 핵심 기술을 확보했으며 세계 선진 수준의 핵심제품을 대거 양산했다. 콘크리트 브랜딩 스테이션 등 제품들을 국내 최고브랜드로 육성했고 수년 간 시장점유율 1위를 굳건히 지켜왔다. 콘크리트기계 분야에서 해외업체들이 오랫동안 기술 및 가격을 독점하던 상황을 종식시키고 국내 콘크리트기계의 해외의존도를 1995년의 95%에서 지금은 95%의 국산화를 실현했다. 이뿐만 아니라 산업 전반의 기술 발전을 선도하여 콘크리트기계의 생산판매량을 세계 1위로 끌어올리고 해외의존도를 대폭 낮추었으며 세계 신기록을 여러 번 갈아치웠다.

이 엄청난 성과들은 이샤오강을 싼이그룹의 명실상부한 기술의 일인자로 만들어주었다.

샹원보

샹원보의 블로그 사건

쉬궁 사건으로 쌴이그룹이 그 어떤 손실이나 피해를 입는다 해도 우리는 절대 후회하지 않는다. 이것은 민족의 이익과 관련된 일이기 때문이다.

– 량원건

2005년 10월 25일에 쉬궁그룹, 칼라일 쉬궁, 쉬궁기계 등 3사는 미국의 칼라일 투자그룹이 쉬궁기계의 85% 지분을 3억 7500만 달러에 인수하는 것에 대해 합의했다. 이 소식이 전해지자 전국 여론이 들끓었다. 국유 자산을 헐값에 팔아넘긴 것이 아니냐며 의심의 눈초리를 보냈다.

　필자에게는 곧 첫 출장의 미션이 떨어졌다. 이사회를 대표해 쉬궁그룹에 인수의향서를 제출하는 것이었다. 증권회사의 매니저도 동행했다.

　쉬궁에 도착한 후에야 나는 인수의향서를 증권회사 매니저가 아닌, 내가 직접 전달해야 한다는 사실을 알게 되었고 그리 좋은 결정은 아니라는 생각이 들었다. 당장 샹원보에게 전화를 했다.

　나는 당시로선 이미 칼라일 투자그룹과 성사 직전까지 간 사안에 쓸데없이 나서서 굴욕을 당하는 일은 절대 안 한다고 못 박았다. 내 개인의 자존심도 자존심이지만 쌴이그룹의 존엄을 위해서도 그렇게 할 수 없었다. 이런 내 의견을 들은 샹원보는 꿈쩍하지 않았다. 이사회의 명령을 철저하게 따라야 한다는 반응이었다. 회사에 돌아온 후 나는 량 회장을 찾아가서 미안한 마음을 전했다.

　"맡기신 임무를 완수하지 못해 송구합니다. 어쩔 수 없었습니다. 양해해 주십시오."

　량 회장은 괜찮다, 신경 쓰지 말라면서 대범하게 웃어넘겼다.

　2006년 6월 6일, 내가 쌴이그룹에 출근한 지 이틀째 되는 날에 세기의 블로그 전쟁이 터졌다. 그리고 이 전쟁에 불을 지핀 사람은 바로 당시 쌴이중공업의 COO인 샹원보였다. 샹원보 사장은 블로그에 세 편의 글을 올렸다.

（手書き原稿 - 판독 불가능한 친필 원고）

三一重工股份有限公司
SANY HEAVY INDUSTRY CO.,LTD
湖南省长沙市经济技术开发区三一工业城
Tel 0731-4031888   Zip 410100
Fax 0731-4031999   Http//www.sany.com.cn

샹원보가 블로그에 올린 듣의 친필 원고

가장 먼저 '전략산업발전의 주도권은 국가주권이다'라는 제목의 글을 올렸다. 공개적으로 칼라일그룹의 쉬궁 인수사건에 대해 의문을 제기하면서 업계의 큰 관심을 불러일으켰다.

곧이어 6월 8일 오후에 '3억 달러에 싼이가 쉬궁을 인수할 수 있을까'라는 제목으로 두 번째 글을 올렸다. 싼이중공업이 '협력을 핑계로 쉬궁을 몰락시키려 한다', '쉬궁의 국영체제 개혁을 3년 더 늦추려는 속셈이다' 등등 루머에 대한 대응 차원이었으며 싼이그룹은 '칼라일이 제시한 방안에 30%의 프리미엄을 더 얹은 가격'으로 쉬궁을 인수하겠다고 밝혔다. 이 글은 평소 건설기계장비산업에 거의 무관심한 국민에게 중국의 업계 메이저가 외국자본에 헐값에 인수되는 참담한 현실을 적나라하게 보여주었다.

6월 12일에 샹원보는 계속해서 세 번째 글을 올렸다. '쉬궁의 인수합병, 아름다운 거짓말'이라는 제목의 글은 쉬궁 인수 건을 당사자들이 만들어낸 아름다운 거짓말일 뿐 결국 국유자산을 헐값에 팔아넘기는 것이라며 일침을 가했다.

이 세 편의 글은 쉬궁의 문제점을 정확하게 짚어냈고 국민들이 해외자본과의 합작에 대해 깊이 고민하는 계기가 되었다.

그 뒤에도 샹원보는 계속하여 블로그에 20여 편의 글을 올렸고 올리는 글마다 높은 조회 수를 자랑하며 큰 이슈가 되었다. 그는 타이핑을 못하는 탓에 매일 자신의 생각과 우려하는 바를 자필로 쓴 후 비서에게 타이핑을 시켜서 블로그에 올렸다. 조회 수는 중국 정상의 여가수 쉬징레이(徐静蕾)를 앞질렀고 경제금융 분야에서 최고의 인기 블로그가 되었다.

2008년 7월 23일, 쉬궁테크놀로지는 쉬궁그룹과 쉬궁기계는 더 이상 칼라일 쉬궁과 상기 합자사업과 관련된 협력을 진행하지 않을 것이라고 발표했다. 이는 칼라일의 쉬궁 인수 건이 끝내 무산되었음을 의미했다.

샹원보는 이와 관련해 곧바로 글을 올렸다.

쌴이그룹이 칼라일의 쉬궁 인수 건을 막기 위해 일련의 행동을 취한 것에 대해 국민들은 일제히 박수를 보냈다. 샹원보 또한 민족 대의의 기치를 높이 든 투사로 추앙받았다.

그동안 이 일과 관련하여 공개적으로 의견을 표출한 적이 단 한 번도 없는 량원건 회장은 2008년 2월에 한 언론 인터뷰에서 자신의 생각을 밝혔다. 당시 량 회장은 이렇게 말했다.

"쉬궁 사건으로 쌴이그룹이 그 어떤 손실이나 피해를 입는다 해도 우리는 절대 후회하지 않는다. 이것은 민족의 이익과 관련된 일이기 때문이다. 그동안 샹원보 사장과도 같이 산책을 하면서 이런 이야기를 했다. 만약 중국의 1위 건설기계업체를 20억 위안의 헐값에 팔아넘긴다면 업계의 모든 기업을 다 합쳐봤자 기업 가치가 얼마나 되겠는가?

쉬궁에 대해 우리는 원래 세 가지 방안을 갖고 있었다. 가장 베스트 방안은 우리 쌴이그룹이 적당한 가격에 쉬궁을 인수하는 것이다. 인수할 자산 중에 대량의 부실 자산이 포함되어 있는 점을 고려해서 너무 높지 않은 적절한 가격에 인수할 수 있다. 차선책은 외자기업이 인수하는 것으로 업계의 악성 경쟁을 상쇄할 수 있다. 그것도 안 되면 마지막 방안으로 쉬궁이 지분 개혁을 하지 않고 현 구조를 유지하는 것이다. 어떻게든 칼라일의 쉬궁 인수를 반드시 막아야 한다고 판단했다."

"오늘날 중국의 산업화를 이끌어가는 중역들은 대부분 혁명가, 농민, 노동자 출신의 경영자이며 사업 전략이 아직 많이 서툴고 부족하다. 그에 비해 우리의 상대는 이미 100여 년 동안 발전 과정을 거쳤기 때문에 매우 노련하고 경험이 풍부하다. 미국의 캐터필러는 몇 년 전부터 중국의 건설기계업체에 대해 대대적인 M&A를 계획하고 있다. 업계에서는 이미 공공연한 비밀이다. 나는 사업에 국민 정서를 이용해서는 안 된다고 생각한다. 하지만 국민 정서와 국익은 엄연히 다른 것이다. 글로벌화가 진전됨에 따라 전 세계가 하나의 지구촌이 되어가고 있는 지금 경제는 더 이상 국경을 나누지 않는다. 그러나 기업가에게는 국적이 있다. 건설기계는 국가 안보와 국력을 보장하는 전략산업이다. 일단 전쟁이 터지면 쉬궁과 싼이중공업 같은 건설기계업체들은 바로 전쟁무기제조업체로 전환할 수 있다. 그래서 싼이중공업이 큰 손해를 입을지언정 국익을 위해서는 나설 수밖에 없었다."

량원건 회장은 자신이 직접 나서기로 했다. 인민 대표의 신분으로 전인대에 칼라일의 쉬궁 인수 건에 대한 제안서를 제출하고 국가 경제와 안보에 대해 체계적으로 논술하겠다는 생각이었다. 이에 대해 량 회장은 나의 의견을 물었고 나는 "이번 사건은 길흉을 예측할 수 없을 만큼 상황이 험난하니, 그룹을 이끄는 총수로서 직접 전투에 뛰어드는 것은 위험하다."고 말렸다.

6년이 지나자 이번엔 오바마 대통령이 직접 싼이그룹의 풍력발전소 사업을 강제 중단시켰고 그로 인해 싼이그룹이 오바마 대통령을 제소하는 사건이 벌어졌다. 오바마 대통령의 이런 결정을 놓고 일부에서는 과거 싼이그룹이 칼라일의 쉬궁 인수를 저지한 것에 대한 복수가 아닐까 하는 추측이 나오고 있다.

당시 중국 네티즌들이 쉬궁을 팔아야 하나 말아야 하나를 두고 뜨거운 논쟁을 벌이고 있을 때 정작 당사자인 칼라일은 침묵으로 일관하며 지극히 현명하고 성숙한 면모를 보여줬다. 그렇기 때문에 칼라일에 비난의 화살을 겨누는 사람은 아무도 없었다. 사실은 칼라일이야말로 이 전쟁의 진정한 주인공인데도 말이다. 칼라일그룹의 고문위원 구성을 보면 화려하다 못해 눈부시다. 전 미국 대통령 조지 부시를 비롯해서 영국 총리를 지낸 존 메이저, 전 필리핀 대통령 피델 라모스 등 세계 각국의 정계 거물들로 구성된 명실공히 '대통령클럽'이다.

칼라일 투자그룹은 1987년에 설립되었고 워싱턴에 본사를 두고 있다. 회사의 설립자인 스티븐 노리스는 상업적인 마인드와 수완이 뛰어난 사업가였다. 그는 카터 정부의 정책보좌관이었던 데이비드 루벤스타인을 영입하여 정부와의 네트워크를 적극 구축했다. 이를 시작으로 칼라일은 '대통령클럽'으로 불리면서 300억 달러 이상의 자산을 굴리는 가장 위력적이고 성공적인 사무펀드가 되었다.

2006년 7월 중순에 칼라일의 최고직책자인 루벤스타인이 미국의 전 국무장관 콜린 파월과 함께 비밀리에 베이징을 방문했다. 하루 동안 그들은 상무부 관원과 관련 부처의 고위급 관원, 왕치산(王岐山) 베이징 시장, 그리고 수도의 경제권을 틀어쥐고 있는 핵심 관원들을 만나는 아주 빡빡한 일정을 계획했다. 루벤스타인의 이번 베이징 방문은 칼라일이 쉬궁을 인수하게 된 동기를 관련 부처에 해명하는 것이 주요 목적이었다. 특히 칼라일의 쉬궁 인수는 절대 악의적 M&A가 아니며 협상 과정에서 많이 양보를 한 것으로 인수에 대한 성의를 충분히 표명했다는 점을 강조했다. 즉 투자를 통해 쉬궁이 국영체제 개혁을 성공적으로 완성하여 훌륭한 기업이 되기를 바란다는 것이다.

7월 하순에 미 상무부 장관 프랭크 래빈이 직접 베이징을 방문하여 칼라일의 쉬궁 인수를 성사시키기 위한 설득 작업을 펼쳤다. 그는 유창한 중국어로 쉬궁 인수의 필요성에 대해 역설했다. 우선 중미 간 경제무역의 거시적인 관점에서 양국 간 경제무역관계의 중요성을 강조하고, 중국이 머지않아 미국의 세 번째로 큰 무역 파트너가 될 것이며 따라서 중국의 시장 개방 수준을 높여 미국 투자자들을 적극 유치하는 것이 양국 간 경제무역의 발전에 매우 중요하다고 지적했다. 이뿐만 아니라 중국이 '불공평'한 시장이라는 인상을 주어서 미국 내의 '반중' 감정을 자극하지 않기 바란다고 덧붙였다. 중국 정부에 압력을 넣어서 인수 건을 통과시키겠다는 속셈이었다.

그러나 미국의 이 모든 노력은 수포로 돌아갔다. 그리고 이런 결과를 도출하는 데 블로그 대전이 지대한 역할을 했다. 일개 민초가 이런 거대한 배경의 글로벌 인수합병 건에 중대한 영향을 미쳤다는 것은 그야말로 정보화 시대의 기적이라고 할 수 있겠다. 만약 블로그가 없었더라면 상원보의 당당하고 정의로운 의거는 결국 휴지통 안의 쓰레기로 전락하고 말았을 것이다.

블로그는 국민들에게 자신의 목소리를 낼 수 있는 플랫폼을 제공해주었다. 상원보가 일으킨 블로그 대전이 도화선이 되어서 상무부와 국자위가 업계 중견업체 및 쉬궁의 공급 업체들을 모아서 청문회를 진행했던 것이다. 결국 관련 부처들은 칼라일의 쉬궁 인수안을 재수정해야 한다는 데 만장일치로 합의했다.

　개혁 개방을 실시하는 정부가 결국은 국민의 뜻을 존중하여 인수 건을 정지시켰다. 그야말로 긴족공업의 행운이자 국가의 행운이다.

① 량원건과 모친, 다정한 모자지간

② 필자(오른쪽에서 두 번째)와 장창디엔(蔣昌典, 왼쪽에서 첫 번째)

③ 왕푸취안(王福全) 공장장의 70세 고희연

④ 롄위안 제3고등학교 스승과 제자의 만남. 마이크를 든 사람이 량원건이고 왼쪽에서 다섯 번째가 마오젠화(毛
  建華)이다.

처음부터 잘나가는 회사는 없다

30년 전의 대학 입시가 없었다면 지금의 싼이그룹은 존재하지 않았
을 것이고, 30년 전 렌위안 제3고등학교에서의 재학시절이 없었다면
오늘날의 이야기도 없었을 것이다.

– 량원건

필자가 본 량원건 회장은 상대방의 작은 은혜라도 잊지 않았다. 항상 더 큰 것으로 보답했으며 자신에게 잘못을 한 사람을 넓은 마음으로 이해할 줄 알았다. 오히려 상대를 도와주기까지 하는 사람이다.

량 회장에겐 이루지 못한 아픈 첫사랑의 기억이 있다.

당시 여자의 부모는 량 회장과 딸 간의 교제를 격렬하게 반대했다. 여자의 부친은 지방 물자국(物資國)의 국장이었는데 당시로서는 굉장히 높은 직급이었다. 량 회장의 아버지는 농촌의 평범한 죽세공(竹細工)에 불과했다.

일반적으로 두 남녀가 헤어지면 집안 간의 관계는 자연스럽게 멀어진다. 하지만 량 회장은 뭐가 달라도 달랐다. 상대의 부모를 원망을 할 수도 있었을 텐데 량 회장은 훗날 여자 집안을 도와주기까지 했다. 몇 년 전 첫사랑의 부친이 세상을 떠났을 때도 량 회장은 필자를 '특사'로 파견했다. 바쁜 그를 대신해 조문을 하고 큰 금액의 부의금을 전달하게 했던 것이다.

사람들은 옛날부터 양쪽 집안의 경제적 격차가 너무 컸다는 말을 한다. 필자가 직접 확인한 내막은 소문과 달랐다.

량 회장의 부친이 죽세공이었던 건 맞지만 농촌자본주의 조직의 끝자락에 속하는 계급이었다. 반면에 여자의 부친은 계급적 신념과 충성심이 강한 공산당 간부였다. 둘 사이에는 빈부의 차이가 아닌 정치 노선의 차이가 있었다.

두 집안은 각각 무산계급과 자산계급에 속했는데 그들 계급 사이엔 정치적 갈등이 있었다. 정치 노선 차이 앞에서는 사랑은 물론 부모 형제도 없는 것이 사회 분위기였다. 량 회장의 첫사랑이 이루어지지 못한 건

역사적 상황의 영향 탓이었다.

　이렇듯 량 회장은 작은 은혜라도 소중히 했다.

　겉으로 보면 량 회장의 인생엔 실패가 없었다. 1983년 7월에 중난대
학을 졸업한 청년 량원건은 당시 병기공업부(兵器工業部) 산하의 국방공
장인 렌위안 훙위안 기계공장에 배정을 받았다. 그는 누구보다도 열심
히 일을 했다. 그 결과 특히 경영관리에서 두각을 드러내기 시작했다.
경영체제 개혁에 대한 제안서를 제출해 당시 공장장의 눈에 들게 됐던
것이다. 그때부터 량원건은 승승장구하여 일 년 만에 공장체제개혁위원
회 부주임으로 승진했다. 농촌 출신의 가난한 젊은이에게 성공의 탄탄
대로가 펼쳐졌다.

　문제는 그 다음이었다. 남다른 포부와 뜨거운 열정으로 의욕이 넘쳤
던 량 회장은 금세 벽에 부딪혔다.

　그는 부주임으로서 매일같이 여러 가지 좋은 제안들을 쏟아냈다. 그
런데 실행단계에서 번번이 좌절하고 말았다. 국유체제 특유의 공장 문
화 탓이었다. 모두들 관성에 젖어 활기와 생명력을 찾아볼 수 없었다.
량원건은 그 폐단에 예민하게 반응했다. 자신의 온갖 아우성이 결국 통
하지 않자 다른 꿈을 꾸게 된다.

　같은 공장에서 근무했던 대학 동창 탕슈궈, 하얼빈 공업대학을 졸업
한 위안진화, 방통대 졸업생 마오중우 등 세 명과 의기투합해 공장을
'탈출'한 것이다. 그들의 행동은 엄청난 비난을 불렀다. 국방을 위한 공
장에서 조국을 위해 열심히 일하는 대신 자신들의 배만 불리기 위해 돈
몇 푼 벌겠다는 발상으로 보인 것이다. 하지만 큰 사업을 이루겠다고 굳

게 결심한 그들은 동요하지 않았다.

1986년 3월 이들 네 명은 십시일반으로 자본금을 모아 함께 '렌위안 특수용접재료공장'을 설립한다. 창업 초기의 공장은 허름하고 초라했다.

옛 직장의 공장장은 량원건과 그 친구들을 무척 아꼈었다. 공장장은 그들이 어떻게 살고 있나 궁금해 그 공장을 방문했다. 열악한 환경에서 일하고 있는 젊은이들을 본 그는 탄식을 내뱉었다.

"이건 공장이 아니라 동네 구멍가게야. 그만 포기하고 지금이라도 공장으로 돌아와라. 그만 고생했으면 좋겠다."

그럼에도 그들은 전혀 흔들리지 않았다. 자신의 '구멍가게'에 모든 열정을 쏟아 부었다.

얼마 후 행운이 찾아왔다. 시장경제의 거센 물결 속에서 후난 성에 있는 모든 국방공장이 위기에 빠졌다. 특히 량원건이 한때 몸 담았던 홍위안 기계공장은 거의 파산 직전까지 갔다. 량원건의 작은 '구멍가게'는 그 공백을 메꾸며 성장가도를 달리기 시작했다. 당시 홍위안의 많은 직원들이 량원건이 돌아와서 공장을 맡아줬으면 좋겠다고 후난 성 국방과학공업위원회에 제안을 했을 정도였다.

이후 싼이그룹이라는 이름으로 성공한 량원건은 옛 공장장부터 찾았다. 정년퇴직했다는 얘기를 듣고 당장 모시러 달려갔다. 경영방식 등이 잘 맞지 않아서 결국에는 함께 못했지만 개인적인 인연은 계속됐다.

2009년 8월 1일, 공장장이 칠순을 맞이했을 때였다. 량원건은 과거 공장장이 자신을 아껴준 것에 대한 감사의 마음으로 현지의 고급호텔에서 칠순잔치를 열어주었다. 싼이그룹 방송국의 메인 아나운서가 사회를 맡았고 후난 지역에서 아주 유명한 개그맨을 초청하여 재미있는 개

그 공연이 펼쳐졌다. 그룹의 부사장급 이상 임원들이 전원 참석했고 과거 홍위안 공장의 중간관리자 이상의 옛 동료들이 다 모여 공장장의 생신을 축하해주었는데 그 장면이 아주 훈훈하고 감동적이었다.

량원건 회장은 스스로 생각하기에 운이 좋았다.

롄위안 제3고등학교 학생 량원건이 중난광야대학에 입학했을 때가 그랬다. 가난한 농민 자제가 드디어 농촌을 벗어나 새로운 길을 선택할 수 있게 됐던 순간이다.

량원건 회장은 늘 이렇게 말한다.

"30년 전의 대학 입시가 없었다면 지금의 싼이그룹은 존재하지 않았을 것이고, 30년 전 롄위안 제3고등학교에서의 재학 시절이 없었다면 오늘날의 이야기도 없었을 것이다."

2008년 7월 10일, 량원건과 함께했던 롄위안 제3고등학교 14반의 동창생 70여 명과 선생님들이 한 자리에 모였다. 30년 만에 이뤄진 스승과 제자들의 첫 만남이었다. 그날 량원건 회장은 선생님과 친구들을 만나기 위해 모든 일을 제쳐두고 모임에 참가했다. 〈싼이그룹신문〉의 황엔(黃艷) 기자는 '30년 만에 스승과 제자가 싼이에서 재회하다'라는 기사를 통해 그때의 만남을 그려냈다.

그날 사제의 만남에는 량원건의 담임교사였던 샤오푸칭(肖福淸)을 비롯해서 국어교사 리지우안(李濟源), 화학교사 장리빙(蔣利兵) 등 각 과목별 담당 선생님 20여 명이 참석했다. 교사들이 도착하기 전에 량원건은 이미 싼이그룹의 본관 앞에서 기다리고 있었다. 차에서 내리는 선생님들과 일일이 악수를 하면서 스승들의 이름을 정확하게 기억해냈다. 량 회장은 마치 그 옛날에 선생님의 숙제 검사를 기다리는 학생 같았다. 선생님들은 아주 만족스러운 눈치였다. 국어 선생님은 즉석에서 시 한 수를 붓글씨로 써서 량원건에게 선물했다. 화학 선생님은 옛 기억을 되살리며 량원건 학생을 칭찬했다.

량 회장도 답사를 했다.

"1977년 첫 해 대학입시에서 떨어진 후 1년을 휴학하고 학비를 벌어서 다시 학교로 돌아왔을 때 샤오푸칭 선생님께서 끊임없이 용기를 북돋아 주었습니다. 리지위안 선생님은 대입 준비 막바지에 저를 사무실로 따로 불러서 국어 문제를 짚어주셨고 그것이 시험에 나와서 좋은 점수를 얻을 수 있었습니다. 저우시추(周喜球) 선생님은 모르는 물리 문제를 질문하러 찾아갈 때마다 항상 친절하게 가르쳐주셨고, 청숭빙(成頌兵) 선생님은 제가 제일 어렵고 힘들 때 집으로 불러서 고기반찬과 따뜻한 밥을 해주셨습니다. 그때 제가 가장 약한 과목이 수학이었는데 한번은 수학 문제 하나를 가지고 4시간 넘게 씨름을 하다가 마침내 문제를 풀어내자 너무 기쁜 나머지 선생님께 알려드리고 싶어서 새벽 다섯 시에 담임선생님 댁의 문을 두드렸습니다."

량원건은 싼이중공업의 부총경리를 맡고 있는 동창 마오젠화와 함께 자리에서 일어나 모든 선생님을 향해 고개 숙여 인사를 올렸다.

량원건은 당시 14반에서 가장 어린 학생이었다. 다시 만난 동창들은 오랜만에 만났음에도 전혀 어색한 기색이 없었다. 화기애애한 분위기 속에서 옛날이야기를 주고받으니 그때의 기억들이 새록새록 떠올랐다. 같이 공부하고 장난치던 과거 시절을 떠올리며 마치 어린아이처럼 웃고 떠들었다. 그리고는 싼이그룹이 매출 1000억을 달성하고 세계 500대

기업에 진입하는 날 쌘이그룹에서 다시 모이기로 약속했다.

모교에 보답하기 위해 량원건은 2002년부터 렌위안 제3고등학교에 '장려기금회'를 설립하여 매년 우수한 선생님과 학생을 선정해 상을 주기 시작했다.

량 회장은 사업 초기 도움을 줬던 이들을 결코 잊지 않는다. 100위안이라는 말도 안 되는 가격으로 로고를 제작해준 장창디엔이란 이름의 시골 출신 무명 예술가도 여기 속한다. 량 회장은 그가 여는 미술전을 발 벗고 나서 후원하고 있다. 쌘이그룹의 회사 로고는 '1' 세 개가 하나의 정삼각형을 이루고 있는데 나선형 모양이 그것을 둘러싸고 있는 원형을 더욱 부각시킨다. 로고는 다음과 같은 세 가지 의미를 내포하고 있다.

첫째, 세 개의 일(一)은 일류 기업, 일류 인재, 일류 공헌을 뜻한다.

둘째, 세 개의 일의 나선형 모양은 쌘이그룹의 응집력을 상징한다.

셋째, 세 개의 일이 둘러싸고 있는 원형을 더욱 돋보이게 하는 것은 쌘이그룹이 반드시 중국을 넘어서 아시아 또는 전 세계로 나아갈 것임을 뜻한다. 또한 업계에서 일류 브랜드가 될 것임을 상징한다.

이 로고 때문에 해외 유명 기업과 지적재산권 소송이 두 번이나 일었지만 모두 승소하거나 합의로 결론이 났다. 그리고 오늘날 이 로고는 량원건 회장이 이끄는 경영진의 눈부신 성적과 함께 세상에 이름을 날리고 있다.

2012년 10월 13일 오전 10시 38분 후난 화원에서 '장창디엔 개인서화 전'이 성대하게 열렸다. 주요 정부인사와 미술협회 관계자를 비롯해 유명한 예술가와 신인 예술가 등이 대거 참석하여 자리를 빛냈다.

나는 행사 주최자 중 하나였던 량 회장을 대신해 특사 자격으로 축사를 했다.

"장창디엔 선생님을 직접 뵌 것은 오늘이 처음이지만 명성은 익히 들어 알고 있었습니다. 저를 비롯한 쌘이그룹의 전체 임직원들은 그룹의 로고를 설계해 주신 장창디엔 선생님을 진심으로 존경하고 있습니다."

나는 말했다.

"20년 전에 렌위안 같은 가난한 시골에서, 이름조차 잘 알려지지 않은 무명의 화가가 어떻게 이런 세계적인 로고를 만들어낼 수 있었는지 저는 항상 궁금했습니다. 당시 우리는 장창디엔 선생님께 설계비용을 겨우 100위안밖에 못 드렸지만 오늘날 이 로고는 1000억 위안에 가까운 매출을 기록하는 쌘이그룹의 상징이 되고 있습니다. 이 얼마나 기적 같은 설계입니까! 저희 회장님이 장 선생님의 개인전을 지원하고 있는데 선생님에 대한 쌘이그룹의 고마움을 표현하기에는 턱없이 부족합니다. 선생님의 개인전이 큰 성공을 거두기를 바라며 만수무강하시길 기원합니다."

축사가 끝난 후 장 선생은 나의 두 손을 꼭 잡고 자신을 그렇게 칭찬해줘서 고맙다며 연신 인사를 했다.

당시 탕슈궈 사장이 장대비 속에서 오토바이를 타고 렌위안 문화관에 로고 디자인을 받으러 갔다. 번개와 같은 속도로 회사로 돌아와 열어보니 세 장 중의 두 장은 길에서 잃어버렸는지 없고 한 장만 남았다. 그것이 바로 지금의 로고였다.

아마도 하늘의 뜻이었던 것 같다. 남은 마지막 한 장의 로고가 쌴이그룹과 함께 숱한 어려움과 비바람을 이겨내고 오늘의 영광을 창조했다.

량 회장은 노력하는 직원들을 끔찍이 아끼며 보상을 할 줄 안다.

2012년 11월 6일, 쌴이그룹의 수석과학자이자 기술의 일인자로서 쌴이중공업의 COO를 맡은 이샤오강의 50세 생일잔치가 그룹의 사장전용식당에서 성대하게 열렸다.

우선, 이샤오강 사장의 축사로 잔치가 시작되었다. 그는 가장 먼저 자신의 능력을 마음껏 펼칠 수 있도록 큰 무대와 기회를 제공해주고 나아가 오늘날의 쌴이그룹과 이샤오강을 있게 해준 량 회장에게 고맙다는 말을 전했다. 그의 진심 어린 말이 사람들의 가슴은 먹먹해졌다.

이어서 량원건 회장이 즉석 발언을 했다. 원래 오늘 오후 18기 전인대의 후난 대표단이 전용기를 타고 베이징으로 가는 일정이었는데 이샤오강 사장의 50세 생일잔치 때문에 같이 가지 않았다고 했다. 량 회장은 이샤오강 사장이 쌴이그룹과 이사회에 크게 기여한 점을 강조하며 그의 공로를 인정했다. "이샤오강 사장이 그룹에 지대한 기여를 한 것은 다들 아는 사실이다. 그가 합류한 이후 그룹이 더욱 유기적이고 효율적인 성장의 길을 걷게 되었다." 그리고 "이샤오강 사장한테 이런 생일잔치를 50번 더 해주고 싶다. 그리고 나도 50년 더 살고 싶다."며 센스 있는 농담으로 발언을 갈음했다.

량 회장의 말이 끝나자 나는 이어서 말했다.

"50년은 너무 짧다. 〈강희왕조〉의 주제곡 '하늘에 오백 년을 더 청한다'처럼 오백 년은 더 사셔야지요."

량원건과 이샤오강은 진심으로 서로를 칭찬했으며 이들의 상호 신뢰
와 협력은 예전과 변함없었다.

몇 개월 전 인터넷 상에 량원건과 이샤오강의 불화설이 떠돌았다. 심
지어 '싼이그룹의 경영진 인사 변동-이샤오강, 권력의 핵심에서 밀려나
다'라는 제목으로 추측성 기사가 대대적으로 보도됐다. 사실 이샤오강
은 싼이중공업의 COO이자 수석과학자일 뿐만 아니라 새로 통합된 싼
이기중기(三一重起)의 회장이기도 하다.

생일잔치에서의 감동적인 광경을 보고 나서 그런 근거도 없는 소문이
왜 도는지에 대해 생각해보았다. 회사의 성장을 질투하는 사람들 때문
일까 아니면 일부 사람들의 어두운 심리 때문일까? 지혜로운 자는 유언
비어에 휘둘리지 않는다고 했다. 진심 가득한 이 광경이 그런 유언비어
에 대처하는 가장 좋은 해답이 될 것이다.

량 회장은 사회적인 논란을 감수하고까지 직원을 감싸곤 한다.

3월 1일은 싼이그룹 직원들이 직접 정한 '싼이의 날'이다. 매년 성대
하게 전야제를 열고 대대적인 경축 행사와 표창 대회를 진행한다. 2008
년 '싼이의 날'에는 무대 중앙에 '100억을 넘어 1000억을 달성하자'라는
플랜 카드를 내걸고 100억 매출 달성에 큰 기여를 한 공로자 여러 명을
선발하여 두툼한 상금을 주었는데 상금의 총 규모가 1억 위안을 초과
했다. 그중에서도 싼이로드머신연구소 리빙(李冰) 엔지니어에게 주어진
3500만 위안이 아주 뜨거운 반응을 불러일으켰다. 리빙 엔지니어는 3년
전에 이미 세상을 떠났기 때문에 미망인이 대신 무대에 올라 상금을 수
령했다. 현장에서 회사 측은 리빙의 유가족에게 평생 경영진 가족으로

서의 대우를 누릴 수 있으며 리빙의 자녀를 중난공대에 장학생으로 추천하여 본인이 원할 경우 학사는 물론 석박사까지 지원할 것이라고 약속했다. 소식이 알려지자 언론이 들끓었다. 싼이그룹의 이 액션은 기업 홍보인가 아니면 약속을 지킨 것인가?

당시 언론에서 이런저런 보도가 쏟아져 나왔지만 사실 진실은 이러했다.

1998년에 리빙은 창안대학(長安大學)을 떠나 싼이그룹에 입사했다. 그는 회사 측에 그 어떤 대우 조건도 요구하지 않은 채 의연히 직장에 헌신했다. 그는 재직 기간 동안 도로기계회사의 업무를 전담하며 로드롤러와 아스팔트 기계 등 7종류의 도로시공기계를 개발했고 글로벌 수준의 품질로 10여 개의 특허를 획득했다. 또한 국내 최초로 아스팔트수송기계를 연구 개발했고 국가 863프로젝트를 여러 차례 진행했다. 리빙은 본인의 업무를 충실히 완성했고 동료와 경영진, 업계에서 높은 평가를 받았다. 2004년에 리빙 등의 훌륭한 업적을 장려하기 위해 량원건 회장이 경영진을 대표하여 그룹의 매출이 100억 위안을 넘길 때 리빙을 비롯해 직원 수십 명을 크게 포상하겠다고 약속했다. 단 포상의 부대조건은 근속 10년이다. 하지만 아쉽게도 수상 후 얼마 지나지 않아 리빙은 병으로 세상을 떠나고 말았다. 그러니 엄밀히 따지자면 리빙은 포상 조건 미달이다. 그런데도 싼이그룹은 리빙에게 거액의 상금을 주었다. 이유는 무엇일까? 샹원보 사장은 자신의 블로그에 '싼이그룹은 왜 이미 세상을 떠난 임원에게 3500만 위안에 달하는 거액의 상금을 주었는가'라는 제목의 글을 발표하고 회사의 신뢰성을 위해 약속을 이행했다고 밝혔다. 논리의 요지는 이렇다.

"책임감 있는 기업은 약속한 것을 반드시 지켜야 한다. 특히 회사에 지대한 공헌을 한 훌륭한 인력에 대해서는 더욱 그렇다."

샹원보 사장은 또 덧붙였다.

"리빙 엔지니어가 포상을 받으려면 원래 근속 10년이라는 조건이 충족되어야 하는데 그때는 당사자가 먼저 세상을 떠날 수 있다는 예외의 상황을 고려하지 못했다. 리빙 엔지니어는 근무 도중에 순직했다. 본인이 마음 놓고 떠날 수 있고 유가족들이 살아가는 데 어려움을 겪지 않도록 하기 위하여 이사회에서는 당초 약속한 금액을 100% 전달하기로 결정했다. 물론 회사의 신뢰성에 금이 안 가게 하기 위한 것도 있다."

샹원보 사장은 특히 쌴이의 날에 발급한 포상금은 상장사인 쌴이중공업이 아니라 쌴이그룹의 자금이라고 강조했다.

회사가 직원과의 약속을 중요하게 생각하고 또 통 크게 포상을 해주는데 직원들이 어떻게 열심히 일하지 않겠는가? 일부에서는 외부에 보여주기 위한 쇼라는 의견도 있지만 설령 쇼일지라도 인재를 중요시하는 쇼라면 인정하겠다. 이번 사건은 쌴이그룹의 성실성과 신뢰성, 그리고 약속을 중요하게 생각하는 량원건 회장의 성품을 잘 보여주는 계기가 되었다.

량원건 회장은 박력 있는 사업가이자 또 정이 많고 가슴이 뜨거운 사람이다. 도움을 준 사람들에게 다양한 방식으로 꼭 보답을 하며 아주 작은 은혜에도 큰 정성으로 보답했다.

과거 회사의 기술문제를 해결해준 스승인 자이덩커가 세상을 떠났을 때 량 회장은 스승의 지분을 그의 아들 자이셴(翟憲 , 현재 싼이중공업 부총경리)과 딸 자이춘(翟純)에게 증여했다. 싼이그룹 같은 대기업의 1% 지분이면 절대로 적은 금액이 아니다.

이러한 사례는 셀 수 없이 많다.

2003년, 싼이중공업이 상하이 증권거래소에 상장했다. 상장을 축하하는 경축 행사에는 공업 담당 후난 성 부성장에서부터 랴오닝(遼寧) 싼이펌프회사의 첫 고객 등이 두루 참석했다. 이렇게 량원건 회장은 자신에게 은혜를 베푼 사람은 신분과 지위에 상관없이 모두 가슴에 새겨두고 기회가 될 때마다 보답하려고 노력한다.

렌위안 현의 양화어(陽花萼) 당서기는 정년퇴직 후 량원건 회장이 행사나 잔치를 열 때마다 항상 귀빈으로 초대되었다. 과거 혈기왕성한 젊은 이 네 명이 직장을 그만 두고 사업하겠다고 창업 전선에 뛰어들었을 때 기본적인 생활비는 물론이고 도시호적까지도 말소되었다. 당시 당서기였던 양화어는 그들의 도전 정신을 가상히 여겨 호적 문제를 적극적으로 해결해주었을 뿐만 아니라 흐난 성의 당서기를 그들의 공장으로 모셔 량원건의 창업에 대한 열정과 확신을 더욱 고취시켜 주었다.

량원건의 양친은 모두 여든이 넘었다. 매년 부모님 생신 때 량원건 회장은 꼭 오성급 호텔에서 친인척과 회사 경영진을 초대하여 생일잔치를 연다.

생일잔치의 고정발언자는 량원건의 다섯 번째 동생인 량창건(梁長根)이고 손주들 중에서는 량원건 회장의 외동아들인 량자이중이 대표로 발언을 한다. 2012년부터는 집안의 장손 즉 싼이그룹의 이사이자 부사장인 량원건의 큰형님 량숭건(梁松根)의 아들 량린허(梁林河)로 발언자가 바뀌었다.

량린허는 이렇게 말했다.

"설날에 할머니 댁에 세배하러 가서 집에서 기른 강아지와 고양이 얘기를 했더니 할머니께서는 '그런 걸 왜 키우느냐, 나는 평생 사람에만 신경을 썼다.'고 말씀을 하셨다."

열악한 생활환경 속에서도 량원건의 어머니는 자식들에 대한 사랑 하나로 7명의 자녀를 모두 훌륭하게 키워냈다.

오늘날 량원건이 중국 최고의 갑부가 되었을 뿐만 아니라 집안의 장손인 량린허도 명문대인 우한대학(武漢大學)을 졸업하고 바닥부터 시작하여 그룹의 걸출한 경영후계자 중의 한 명으로 성장했다. 그가 경영을 맡은 쿤산중장비회사(崑山重機)는 작년에 중국 굴착기 시장의 1등 기업 고마쓰 그룹을 보기 좋게 제쳤다. 량원건의 박력과 패기를 물려받은 것 같다.

부모님은 큰 사랑으로 량원건을 훌륭한 사업가로 키워냈고 량원건은 해마다 이런 방식으로 부모님의 은혜에 보답하며 부모님의 만수무강을 기원한다.

싼이그룹의 본관 빌딩에는 '감사하는 마음을 가져라(心存感激).'라는 거대한 슬로건이 걸려있다. 아마도 량원건 회장의 마음속에 쉬웨이 은행장, 자이 선생님, 양화어 당서기와 같은 고마운 사람이 너무나도 많아서가 아닐까.

① 펌프카 출발식에서 필자가 기자 인터뷰를 하는 모습

② 니시무로 다이조 전 도시바 회장의 싼이그룹 방문, 오른쪽에서 네 번째가 니시무로 다이조

③ 도쿄 전략 엔지니어들의 답방을 환영하는 행사에서 필자가 축사를 했다.

④ 일본 후쿠시마 원전사고의 구조 활동을 무사히 마치고 돌아온 세 명의 영웅을 탕슈궈 사장이 뜨겁게 맞아주는 모습

량원건, 그대는 남경대학살의 원한을 잊었는가?

지진 발생 후 펌프카가 구조 활동에 큰 도움이 된다는 사실을 알고
우리는 즉각 펌프카를 일본 지진 구조현장에 파견하기로 결정했다.
이는 '품질로 세상을 바꾸자'는 기업 사명을 실천한 것이기도 하다.
– 탕슈궈

2011년 3월 11일 일본에 규모 9.0급 지진이 발생했다. 초대형 쓰나미까지 동반하면서 일본 후쿠시마 원자력발전소의 1~4호기에서 방사능이 누출되는 사고가 일어났다. 원자로 몇 개가 동시에 불이 붙으면서 긴급 냉각이 필요한 위기의 순간이었다. 지진 발생 후 도쿄전력회사는 소방차, 군용 헬기, 펌프카 등 설비를 총동원하여 파손된 원자로의 냉각시스템을 복구했다. 방사능 물질의 2차 누출을 막기 위해 총력을 기울였지만 방사선 수치는 전혀 줄어들지 않았다.

싼이중공업이 세계 최장 길이의 펌프카 기록과 강력한 브랜드 파워를 가진 업체라는 사실을 알게 된 도쿄전력회사는 원자로 냉각용으로 SY 5502 THB 모델의 62m짜리 펌프카를 구입하겠다는 요청을 보내왔다. 그보다 앞서 2010년 10월에 '중국 최고의 크레인'으로 불리는 싼이중공업의 SCC 4000 모델이 칠레 광산사고 구조에 참여하면서 세계인의 주목을 받았다. 당시 크레인 두 대가 동원되었는데 그중 하나가 바로 싼이중공업의 제품이었다. 구조 과정에서 높은 품질과 성능으로 중국산 제품의 위상을 떨치며 세계인에게 깊은 인상을 남겼다. 이번에 도쿄전력회사가 싼이중공업의 제품을 선택한 것은 역시 콘크리트기계분야 세계 1위 브랜드의 실력을 높이 산 것이며 특히 싼이 제품의 품질에 대한 믿음이라고 하겠다.

량원건과 경영진은 일본 대지진과 도쿄전력의 상황을 파악한 후 곧바로 펌프카를 무상 증여할 뿐만 아니라 최대한 빨리 엔지니어 세 명도 함께 일본에 보내기로 결정했다. 도쿄전력회사는 감격한 나머지 회장이 직접 감사 편지를 보내오기도 했다.

일본의 건설기계산업은 전 세계에서도 명성이 자자하다. 히타치, 미쓰비시, 고마쓰 등은 글로벌 일류 업체로 오랜 세월 동안 시장을 장악해왔다. 하지만 팔 길이가 56m 이상인 펌프카를 생산하는 업체는 전 세계에 세 곳밖에 없으며 싼이중공업은 그중에서도 유일하게 세계 최장인 72m 펌프카를 보유하고 있다.

싼이그룹이 62m 펌프카를 후쿠시마에 파견한 것은 콘크리트수송 분야에서 탁월한 품질을 보여주었을 뿐만 아니라 중생에 대한 량원건 회장의 큰 사랑을 보여주었다. 그러나 이러한 결정은 일부 네티즌들의 불만을 사기도 했다. 심지어 인터넷 상에서 "량원건, 남경대학살을 잊었는가?"라는 질책이 나오기도 했다. 이것은 지나치게 편협하고 극단적인 사고라고 생각한다.

아쉽게도 그 이후에 조어도(釣魚島, 센카쿠열도) 분쟁이 터지면서 중국 국민이 감정에 상처를 받았지만 당국자들이 역사를 존중하고 미래를 함께 하는 원칙하에 분쟁을 잘 해결하리라 믿는다.

그때의 구조 활동에 대해서는 지금 생각해도 여전히 후회가 없다.

일본 지진 구조에 투입됐던 세 명의 엔지니어들은 50일간 불철주야 노력한 끝에 마침내 방사능 누출과 여진 등 위험을 이겨내고 2011년 5월 10일 오후에 귀국했다. 기계 운전사 교육과 원격조정장치 개발 등 어려운 미션을 성공적으로 마치고 무사히 조국의 품으로 돌아왔다. 그룹에서는 세 명의 엔지니어에게 표창장을 수여했고 〈싼이그룹신문〉의 류후이(劉慧) 기자가 이를 대대적으로 보도했다.

세 명의 '영웅'이 귀국하는 당일, 창사공항 출국장에는 '일본 원전 구조 활동에 투입한 싼이중공업 엔지니어들의 귀국을 환영한다'는 거대한 플랜카드가 내걸렸다. 환영 대열에는 싼이그룹 임직원 외에 일반인도 많이 포함되어 있었으며 사람들은 이구동성으로 "그들은 중국의 자랑이다. TV에서 그들을 보지 못해서 아쉬웠는데 이번에는 꼭 영웅들의 모습을 보고 싶다."며 칭송했다.

세 명의 엔지니어들이 싼이공업성(三一工業城) 본관 앞에 도착했을 때 레드 카펫과 분수, 꽃다발이 그들을 맞이했으며 우레와 같은 박수가 쏟아졌다. 300여 명의 임직원들이 그들을 기다리고 있었던 것이다. 탕슈궈 등 경영진들은 그들과 일일이 악수를 하면서 자기 직원에 대한 자부심과 대견한 마음을 표현했다.

탕슈궈 사장은 일본 구조 작업에 참여한 엔지니어들이 임무를 훌륭하게 완수한 것에 대해 칭찬을 아끼지 않았다. "싼이의 펌프카와 엔지니어들이 일본의 구조작업에 참여한 일은 결코 단독 사건이 아니다. 지난해 전 세계의 이목을 끌었던 칠레 광산사고 구조 활동과 맥을 같이 하는 사건으로 싼이그룹의 국제사회에 대한 책임감과 사명감을 충분히 보여주고 있다. 싼이그룹은 전 세계 고객에게 기계설비를 제공하는 업체로서 이것은 우리의 사명이자 책임이다."

세 명의 엔지니어들은 일본에서 구조 활동을 펼친 경험을 들려주었는데 그것은 '중국 영웅', 그리고 '메이드 인 차이나'의 기적이었다.

"이렇게 영웅 대접을 받을 줄은 예상치 못했다. 일본 구조 활동을 무사히 완수할 수 있었던 것은 회사 임직원들의 관심 덕분이며, 무엇보다도 싼이 제품의 품질이 뛰어나지 않았다면 불가능했다."라고 엔지니어들은 환영회에서 말했다.

약 7개월 전에도 칠레 광산 사고 구조 활동을 마치고 돌아온 구조대원을 이러한 방식으로 열렬히 맞이했다. 칠레와 일본에서의 재난 구조 활동,

이는 평범한 중국인들, 그리고 한 기업이 만들어 낸 기적이었으며 지금도 계속되고 있다.

2012년 6월 21일은 잊을 수 없는 하루였다. 후쿠시마 원전 구조 활동에 참여했던 일본 도쿄전력회사의 엔지니어들이 싼이그룹을 방문했다. 그들은 구조 과정에서 잘 알려지지 않은 감동적인 사연을 들려주었고 일본 재해민을 대표하여 싼이중공업에 고마움의 선물을 전달했다.

나는 행사에 참여하여 축사를 했다. 그리고 성의의 표시로 축사의 시작과 맺음 부분에 30년간 사용하지 않아 서툰 일본어로 인사하여 환영식 분위기를 한층 고조시켰다

중국인들은 흔히 '우환과 고난 속에서 진심이 보인다.'고 말한다. 일본 후쿠시마 방사능 누출 사고 때 량원건 회장이 인도주의 정신으로 62m 펌프카를 구조 활동에 기부했다. 사소한 행동에 일본 여야는 일제히 칭송했다. 중일우호21세기위원회의 일본 측 대표, 전 도시바의 회장 니시무로 다이조가 특별히 싼이그룹을 방문하여 감사의 뜻을 전했고, 중국 측 수석대표이자 전 외무장관 탕자쉬안(唐家璇)은 싼이그룹이 중일 우호관계에 지대한 기여를 했다며 극찬했다.

일본과 칠레 재난 구조 현장에 싼이그룹의 제품이 투입된 것은 '품질로 세상을 바꾸자'는 신념의 위대한 힘을 잘 보여주고 있다. 도쿄전력회사의 엔지니어 두 명이 싼이그룹을 방문한 것은 싼이그룹을 일본 국민에게 널리 알리고 중일 양국의 민간 교류를 촉진하는 데도 중요한 의의가 있다고 하겠다. 이번 방문을 계기로 도쿄전력회사와 싼이그룹이 상호 간의 신뢰를 높이고 우의를 증진하여 중일 간의 민간교류와 협력을 촉진하기 위해

크게 기여하기 바란다.

  싼이그룹의 일본 재난구조 활동은 중국산 제품의 이름을 전 세계에 알렸을 뿐만 아니라 중국의 외교 사업을 확장하는 데도 크게 공헌하여 국가 지도자들에게 큰 호평을 받았다.

  2011년 10월 25일 오후, 제5회 중일우호21세기위원회 3차 회의가 창사에서 막을 내렸다. 위원회의 중국 측 수석위원이자 전 국무위원 겸 외무장관인 탕자쉬안이 후난 성 당서기 저우창(周强)의 안내에 따라 싼이그룹에 시찰을 나왔다. 량원건 회장과의 좌담회에서 탕자쉬안은 62m 펌프카가 후쿠시마 원전 지원 활동에서 큰 역할을 한 것에 대해 "국가와 민족의 자랑이자 전 국민의 자랑이다. 국가를 대신해 훌륭한 일을 해냈다."며 칭찬했다. 그리고 원자바오 총리도 이 일에 대해 크게 칭찬했다고 말했다.

  위원회의 일본 측 수석위원, 니시무로 다이조는 10월 23일에 열린 제5회 중일우호21세기위원회 3차 회의의 베이징 개막식에서 후쿠시마 원전 사고 지원에 대해 먼저 말문을 열었다. 니시무로는 일본 재계의 리더이자 도시바의 전임 회장이다. 그는 감격에 겨운 말투로 감사의 뜻을 전했다. "중국의 싼이중공업은 일본이 가장 어렵고 힘들 때 큰 도움을 주었다. 만약 구조를 제때 받지 못했더라면, 또한 그처럼 강한 위력을 가진 펌프카가 없었더라면 후쿠시마의 방사능 누출 사고가 어느 정도 악화됐을지 아무도 장담할 수 없었을 것이다. 전 국민을 대표하여 진심으로 감사의 말씀을 드린다."

  그 후 니시무로 회장은 싼이그룹을 직접 방문하여 후쿠시마 지원에 대한 깊은 고마움의 뜻을 전했다.

2012년 2월 14일에는 시즈오카 일본 경제인연합회 창립 20주년을 맞이하여 싼이그룹의 탕슈궈 사장이 일본 닛케이신문사의 초청으로 일본을 방문하여 '일본 기업을 따라 배워 위대한 기업을 이룩하자'는 제목으로 멋진 연설을 했다.

2011년에 싼이그룹이 62m 펌프카를 후쿠시마 원전 구조에 무상 증여한 이후로 언론들 특히 일본 언론들이 "기업은 이윤 추구를 근본 목적으로 하는데 싼이그룹은 왜 콘크리트펌프카를 무상으로 일본에 증여했을까?" 하는 질문을 던지곤 했다. 탕슈궈 사장은 이번 연설에서 이 질문에 대해 답변했다.

"사실 이유는 간단하다. 중국과 일본은 가까운 이웃이자 오랜 교류의 역사를 갖고 있다. 벗이 어려움에 빠졌을 때 최대한 도움을 주는 것은 당연한 일이다. 특히 지진과 같은 큰 재난이 닥쳤을 때는 더욱 그렇다. 이는 인류 문명과 산업기술에 대한 자연의 도전이자 인류가 공동으로 직면한 문제로 이미 국가와 기업의 범주를 넘어선 범인류적인 문제이다. 그렇기 때문에 지진이 발생한 이후 우리의 펌프카가 큰 역할을 할 수 있다는 사실을 알게 되자마자 최대한 빠른 시간 내에 무상으로 기계를 제공하여 구조현장에 투입시키기로 결정했다. '품질로 세상을 바꾸자'는 기업의 사명을 행동으로 실천한 것이다."

탕슈궈는 또 이렇게 강조했다. "일본의 우수기업들과 마찬가지로 우리 싼이그룹은 '혁신을 원동력'으로 하는 기업이다. 지역 연고의 영세기업에서 성장하여 오늘날까지 성장할 수 있었던 원동력은 혁신에서 비롯되었다. 현재 우리의 자주혁신 역량은 중국에서 감히 1위라고 자신하며 연간 R&D 투자비용이 전체 매출의 5~7%를 차지한다. 연구 인력만 거의 만 명

수준이며 국내 제품을 비롯해 세계 1위를 차지하는 제품을 여러 개 보유하고 있다. 2011년에 싼이그룹은 기네스북 세계기록을 창조한 암(arm) 길이 86m의 펌프카와 세계에서 가장 큰 3600톤 급 크롤러 크레인 등 대표적인 제품을 출시했고, 이러한 혁신성과들은 싼이그룹에 거대한 시장을 가져다줌과 동시에 산업의 성장과 발전을 선도하고 있다."

"싼이그룹은 성장 과정에서 일본과 일본 기업들로부터 큰 도움을 받았다. 일찍이 십여 년 전부터 우리는 5S(현재는 6S를 적용하고 있음)와 전면적인 품질관리기준 등 경영관리방식을 도입하여 제품의 품질을 대폭 끌어올렸다. 특히 최근 몇 년간 다양한 분야에서 일본과 활발한 교류가 이루어지고 있다. 기술 분야에서는 이스츠모터스, 가와사키 등 기업으로부터 핵심 부품을 구입하는 것 외에도 핵심기술 도입과 공동개발을 적극 추진하고 있다. 인력 분야에서는 일본의 용접기술센터와 손잡고 용접기술자를 양성하고 있으며 가와사키 중공업과 협력하여 유압기술인력을 양성하고 있다. 또한 이스츠모터스와는 IMM 연수 등 활동을 통해 기술과 경영관리 인재를 대량 배출했다. 품질관리 분야에서는 일본과학기술자연맹(JUSE) 데밍상(일본 품질관리의 최고 영예) 심사위원회, 일본품질협회 등과 긴밀히 협력하여 싼이그룹의 품질관리 수준을 한층 더 높였다. 2008년부터 지금까지 일본 기업들의 선진 사상과 혼다의 생산방식 등을 도입하거나 벤치마킹하여 생산관리수준을 대폭 향상했다. 특히 주목할 만한 것은 최근 몇 년 동안 일본에서 50여 명의 각 분야 전문가와 고문위원을 초빙하여 그룹의 각 부서에 배치함으로써 일본의 앞선 기술과 경영철학, 관리 노하우를 도입하여 거대한 가치를 창조했다."

사실, 나라가 강하다는 것은 그 나라의 기업이 강하다는 말이다. 기업은 국가 경쟁력을 구성하는 중요한 요소이다. 세계 500대 기업 중에서 일본 기업이 미국에 이어 두 번째로 많다. 이뿐만 아니라 혼다, 소니, 파나소닉과 같은 위대한 기업들을 탄생시켰다. 그렇다면 위대한 기업이란 무엇인가? 탕슈궈는 이렇게 정의했다.

첫째, 산업적인 측면에서 봤을 때 위대한 기업은 새로운 시대를 열 수 있는 획기적인 제품이나 기술을 창조하여 산업의 발전 방향을 선도할 수 있어야 한다.

둘째, 국가적인 측면에서 봤을 때 위대한 기업은 국가의 기둥이자 국력의 상징이어야 한다.

셋째, 인류적인 측면에서 봤을 때 위대한 기업은 인류 문명의 발전을 촉진하여 인류의 생활과 생산 방식을 변화시킬 수 있어야 한다. 이런 의미에서 일본 기업들은 전 세계 기업들의 성장을 이끌며 거대한 물질적 부와 더불어 소중한 정신적 부를 창조했다고 말할 수 있다.

그에 비해 중국은 지난 30년 동안 연평균 10%의 고속 성장을 기록하며 경제가 급속히 성장하여 오늘날에는 세계에서 두 번째로 영향력 있는 경제주체가 되었다. 하지만 일본과 중국의 제조 기술은 격차가 크다. 중국도 훌륭한 기업과 기업가를 많이 배출했지만 일본의 도요타와 같은 세계적인 기업이 부족하다. 그래서 중국 기업들은 아직도 꾸준히 일본 기업을 벤치마킹하고 열심히 쫓아가고 있다. 일본 기업들의 선진적인 경영관리 방식을 따라 배워야 할 뿐만 아니라 더욱 중요한 것은 끊임없이 개선하고 완벽함을 추구하는 기업정신을 따라 배워야 한다. 기업의 성장 규모를 쫓아갈 뿐만 아니라 세계의 경영관리에 대한 기여와 그에 미친 영향도 쫓아가야 할 것이다.

싼이그룹의 글로벌 화상조찬회 장소

문정공을 따라 배우다

중국 기업가들이 워런 버핏과 한 번 식사하기 위해 265만 달러를 지
불하는데 나는 매일 최고 갑부와 한 밥상에 앉아서 같이 식사를 한다.
그러니 내 몸값은 얼마일까?

– 허전린

싼이그룹 설립 이래 지금까지 꾸준히 이어지는 조찬회는 그룹의 전통이기도 한 아주 특별한 모임이다.

조찬회는 이른바 고위 임원들이 매일 아침 7시 반에 같이 식사를 하면서 회의하는 것을 말한다.

창업 초기에는 멤버가 적어서 임원들끼리 커뮤니케이션을 하는 작은 관례에 불과했다. 그러나 직원 수가 6만 명으로 늘어난 오늘날, 조찬회는 수평적 관리를 위한 가장 좋은 방법이 되었다. 6만 명 직원의 수장으로서 량원건 회장은 매일 엄청난 양의 업무를 처리해야 하기 때문에 나 같은 부사장급 임원도 회장에게 보고를 하려면 최소 1~2주 전에 예약을 해야 한다. 그런 상황에서 조찬회는 긴급한 문제를 즉시 해결할 수 있는 통로를 제공하여 대기업병의 확산을 효과적으로 막아준다.

회사가 빠르게 성장함에 따라 조직도 점점 방대해지고 있다. 따라서 조찬회도 과거 월요일부터 금요일까지 량원건 회장이 직접 주재하던 방식에서 이제는 탕슈궈, 샹원보, 이샤오강이 각자 한 팀을 맡는다. 량 회장은 매주 월요일에 화상회의 방식으로 진행하는 글로벌 조찬회에만 참석한다.

조찬회 외에도 량원건 회장은 매일 이사, 사장, 부사장, 부총경리, 사장 비서실장 등 5개 직급의 관리자들과 점심 또는 저녁식사를 함께 한다. 이는 경영진과 임원들 간의 의사소통을 강화하는 데 큰 도움이 되고 있다.

한번은 교통대학에서 특강을 할 때 이런 수수께끼를 던진 적이 있었다. "여러분, 제 몸값이 얼마일까요? 중국 기업가들이 워런 버핏과 한 번 식사를 하는 데 원래는 65만 달러, 지금은 265만 달러를 내야 합니다. 워런 버핏은 엄청난 재산을 가진 억만장자이지만 최고 갑부는 아닙니다. 그런데 저는 일 년 365일 공휴일과 출장을 제외하고는 매일 최고 갑부와 한 밥상에서 같이 식사를 합니다. 그러니 제 몸값이 얼마일까요?"

나중에 탕슈궈 사장에게 이 이야기를 해주었더니 그는 같이 식사를 할 뿐만 아니라 밥값도 회장님이 낸다는 말도 덧붙여야 한다며 한 술 더 떴다.

비단 싼이그룹의 량원건 회장만 이런 조찬회 습관이 있는 것은 아니었다. 과거 문정공 증국번(曾國藩)과 관련된 역사 자료를 연구했는데 문정공도 군영에서 조찬회를 하는 전통이 있었다고 한다. 문정공의 책사인 리훙장(李鴻章)의 기억에 따르면, 문정공의 군영 조찬회에는 6가지 특징이 있었다.

첫째, 일찍 점호를 한다.

둘째, 6시 정각에 식사를 한다.

셋째, 전원이 도착하면 식사를 시작한다.

넷째, 재미있는 이야기를 많이 해서 좌중에 웃음이 끊이지 않는다.

다섯째, 특별한 안건이나 명목이 없다.

여섯째, 군이 설립될 때부터 시작해서 문정공이 세상을 뜰 때까지 조찬회는 지속되었다.

조찬회와 관련해서 증국번 연구에 세계적으로 명성이 높은 대학자 탕하오밍(唐浩明) 선생님으로부터 더 자세한 대답을 들을 수 있었다.

"군사와 관련된 중요한 사안을 조찬회에서 논의함으로써 긴급한 안건을 제때 해결하고 장수와 참모들 간의 의사소통도 더욱 원활히 할 수 있었다. 특히 증국번은 웃기는 이야기를 해서 사람들을 폭소에 빠지게 해놓고 정작 본인은 언제 그랬냐는 듯이 아무렇지 않게 밥을 먹고 있어 모든 사람들이 배꼽을 잡았다고 한다. 창칼이 오가는 전쟁터에서 증국번은 자신만의 방식으로 스트레스를 풀고 있었는지도 모른다."

싼이그룹의 조찬회도 문정공 증국번의 조찬회와 맥락을 같이 한다. 문화의 전승과 연장인 것이다. 나는 싼이 문화의 근원을 설명할 때 늘 오랜 역사와 깊이를 자랑하는 중국 문화와 시대가 바뀌어도 언제나 적용 가능한 후상 문화, 우수한 외국 문화 등을 언급한다.

탕하오밍 선생님은 증국번의 후난대군을 이야기하며 오늘날 문학과 미디어, 제조업 등에서 후난대군이 다시 부흥하고 있다고 말했다. 싼이그룹의 부상 또한 후난대군의 역사와 전통을 이어가고 있는 것이라고 볼 수 있겠다.

① 싼이그룹의 첫 공청단 대표대회. 오른쪽부터 후난 성 공청단위원회 리후이(李暉) 서기, 필자, 량원건 회장의 외
　아들인 량자이중(梁在中)
② 공청단 제16차 전국대표대회에서 투표하고 있는 량자이중
③ 리후이 서기가 량자이중에게 깃발을 수여하고 있다.

PART
12

재벌 2세의 사랑

싼이그룹을 청년들의 취업과 성장의 토양이자 사업을 펼치는 무대, 더 나아가 꿈과 이상을 이룰 수 있는 정신적인 터전으로 만들어야 한다.
– 허전린

량원건 회장이 후룬바이푸와 포브스 억만장자 리스트에 최고 갑부로 동시에 선정된 이후 그의 외동아들인 량자이중(梁在中)은 28세의 나이에 1000억 위안 자산의 유일한 후계자가 되었다. '보수적인' 량 회장은 아들이 빨리 결혼해서 사업을 이루기를 바라지만 '1000억 가문의 며느릿감'을 아직 찾지 못하고 있어 초미의 관심사가 되고 있다. '공자'의 연애 생활에 대한 온갖 보도가 난무하면서 근거 없는 추측들이 쏟아져 나왔다.

나에게 혹시 아는 것이 없는지, 기사 내용이 정말인지 물어오는 사람들도 많았다. 중국인들의 호기심은 정말 놀라울 따름이다.

그룹 어른들의 눈에 량자이중은 진중하고 겸손한 젊은이다. 그런 그가 어떤 아가씨와 결혼을 하게 될지 모두의 관심이 집중되었다. 량자이중 본인도 "아버지의 흰 머리를 볼 때마다 빨리 결혼해서 근심을 덜어드리고 싶다."고 말한다.

한번은 사내 연회에서 량원건 회장의 부인인 리리화 여사와 같은 테이블에 앉게 되었는데, 아들의 결혼 문제에 대해 묻자 자기보다 아는 사람이 많을 테니 좋은 사람 좀 소개시켜달라며 지나가듯 말했다.

량 회장과의 친분도 있고 또 도련님에 대한 기대도 있고 하여 나는 그 말을 흘려듣지 않았다. 베이징에 있는 친구를 통해 칭화대학(淸華大學) 디자인학과에 재학 중이며 유명 여배우 리빙빙(李冰冰)과 닮은 외모에 기품 있는 미모의 재원을 소개 받았다.

회사에 돌아와서 량 회장의 부인에게 사진을 보여줬더니 예쁘다며 감탄을 연발했다. 얼마 후 량자이중도 사진을 보았고 마음에 드는 기색이 역력했다. 심지어 언제 베이징에 갈 거냐면서 농담을 건네기도 했다. 그 때 갑자기 사모님이 "아버지의 의견을 먼저 여쭤봐야지."하며 정색했다. 결국 량 회장 선을 통과하지 못하고 아웃 되었는데 그 이유가 무엇인지는 정확히 모르겠다.

최고 갑부의 며느리 선정 기준은 아무래도 일반인이 모르는 특별한 기준이 있을 것 같다. 자고로 대단한 가문일수록 어떤 며느리가 들어오느냐에 따라 가풍의 전승과 사업의 흥망 등에 큰 영향을 미치기 때문에 신중에 신중을 기할 수밖에 없다.

쏸이그룹은 경영자 후계뿐만 아니라 젊은 인재가 마음껏 능력을 펼칠 수 있도록 하는 데도 무척 신경을 쓴다.

쏸이그룹의 전체 직원 중에 젊은 직원은 전체에서 4분의 3을 차지한다. 그들이 의욕적으로 일할 수 있도록 관리하기 위해 회사에서는 중국공산주의청년단(이하 '공청단')위원회를 설립하기로 결정했다.

2008년 3월 18일에 공청단위원회 창립대회가 성대하게 열렸다. 공청단의 성(省)위원회 리후이 서기가 친히 현장을 찾아주었고 탕슈궈 사장이 회사 대표로 참석했다.

새로 당선된 공청단위원회 서기 량자이중이 창립대회에서 열정적인 연설을 했고 나는 공산당위원회를 대표하여 청년들에게 덕담을 해주었다. 나는 특별히 다음과 같은 내용을 강조했다.

"쏸이그룹을 청년들의 취업과 성장의 토양이자 사업을 펼치는 무대, 더 나아가 꿈과 이상을 이룰 수 있는 정신적인 터전으로 만들어야 한다."

공청단위원회가 설립되고 얼마 지나지 않아 원촨(汶川) 대지진이 일어났다. 당시 쏸이그룹은 32명으로 구성된 청년돌격대를 구조 현장에 투입시켰다. 리후이 서기가 직접 돌격대에게 깃발을 수여했고 량자이중이

총지휘를 맡았다. 재난 구조 과정에서 싼이그룹의 청년돌격대는 선봉부대 역할을 톡톡히 해냈다. 위험을 무릅쓰고 피해자를 구조하기 위한 생명의 통로를 뚫어내는 등 젊은이들의 열정과 패기를 유감없이 보여주었다. 량자이중은 다음과 같이 자신 있게 말했다.

"재난의 시련을 통해 우리 젊은이들은 더욱더 성숙해질 것이며 민족부흥의 막중한 책임을 기꺼이 짊어질 것이다."

이번 구조 활동을 통해 량자이중의 리더십과 능력이 외부에 알려졌다. 그의 활약상이 〈중국청년보〉에 한 지면 통째로 보도되면서 외부의 시선 속에 본격적으로 모습을 드러내기 시작했다.

얼마 후 량자이중은 민영 기업 공청단위원회 서기의 신분으로 제16기 공청단 중앙위원으로 선정되었다.

공산당위원회 건설을 통해 공청단 조직을 육성 및 확장하는 것은 당의 기본 지식이다. 당 위원회 업무를 담당하는 나로서는 우리 공청단 조직에서 중앙위원이 탄생했다는 사실이 참으로 영광스럽다.

량자이중은 세상을 향한 큰 사랑을 가진 젊은이다.

한번은 량자이중이 탕슈궈 사장의 아들 탕리화와 함께 대학생들을 데리고 악록서원에서 나에게 강학을 부탁했다. 당시 나는 '성격이 운명을 결정한다'라는 주제로 량원건과 기타 사업가들의 성공 사례를 들어 성공을 결정짓는 가장 중요한 요소는 지식이나 재능이 아니라 성격이라는 논리를 역설했다.

학생들이 열심히 공부해서 지식을 쌓고 능력을 키우는 것도 중요하지만 강인한 성격을 기르는 것이 더욱 중요하다고 생각한다. 베푸는 마음과 완강한 의지, 한번 결심하면 그 어떤 유혹과 어려움이 있어도 절대 포기하지 않는 끈기와 그집, 집중력 그리고 용기가 있어야 하며 패기와 책임감, 희생정신이 있어야 진정으로 성공할 수 있다.

나는 또 악록서원의 원장인 저우한민(周漢民) 교수와 후샹 문화의 대가인 탕하오밍 선생님을 초청하여 중국번과 후샹 문화 등을 주제로 학생들에게 특강을 해주었다.

알고 보니 그 대학생들은 모두 량자이중이 개인적으로 후원하는 학생들이었다. 물론 형편이 어려운 학생을 경제적으로 도와주는 것도 중요하지만 성현의 영혼이 깃든 배움의 성지, 천 년의 서원에서 성현의 역사와 정신을 몸과 마음으로 직접 느끼게 하는 것은 그야말로 깊은 의미가 있는 일이다. 량자이중이 신경을 많이 쓴 흔적이 보인다.

그날 내 강의를 들은 학생이 30~40명 정도이고 거기에 이런저런 이유로 오지 못한 사람까지 합치면 량자이중이 후원하는 학생은 약 50명 정도이다.

악록서원에 머무는 동안 량자이중은 시종일관 젊은 학생들과 함께 강의를 들으면서 잡일도 자진해서 하는 등 고생을 마다하지 않았다. 탕슈궈 사장의 아들 탕리화까지 데리고 와서 직접 보고 느끼게 했다.

스물네 살밖에 안 되는 젊은이가 이렇게 깊이 생각하기가 쉽지는 않았을 것이다.

량자이중은 같은 이섭 대들에 비해 훨씬 더 진중하고 침착해 보인다. 또래들보다 단련이 되었기 때문일 것이다.

량원건 회장은 외동아들의 교육에 모든 심혈을 기울였다. 열세 살 때부터 이사회에 배석시켜 어른들의 지혜를 배우고 사업에 대한 예민한 촉각을 키우게 했다. 영국의 워릭대학교 컴퓨터학교를 졸업하고 귀국한 량자이중은 후난대학에서 몇 개월간 재무 수업을 받았다.

한번은 중국의 역사 명작인 《만력 십오년》에 대해 궁금한 점이 있다며 가르침을 청하는데 어린 나이에 벌써 그런 책을 읽다니 좀 놀라웠다. 평소에도 종종 시사에 대해 나와 토론을 하곤 했다. 언젠가는 아주 진지한 태도로 역사와 철학에 대해 강의를 부탁하기도 했다. 그뿐만 아니라 베이징에서 전문가를 모셔다가 사회학, 정치학, 철학 등 강의를 들으면서 향후 중임을 맡기 위한 여러 가지 정신적 영양분을 스펀지처럼 쑥쑥 빨아들였다.

쌴이그룹에 입사한 후에는 바닥부터 시작하여 경영자가 되기 위한 길을 차근차근 밟아나갔다. 생산직에서부터 운행관리원, 재무관리, 재무팀장, 그리고 CFO, 부사장, 이사 등 실천 속에서 자신의 능력을 끊임없이 키워나갔다.

세상 모든 것을 마음껏 누리며 즐겁게 살아야 할 젊은이가 부친의 큰 기대 때문에 심지어는 밤잠을 이루지 못하는 경우도 많았다고 한다. 그래서 서양의 철학자들은 부잣집 자녀로 태어난 사람들을 불행한 사람이라고 했단다. 대부분 사람들은 부귀영화의 눈부신 측면만 보일 뿐 사업을 이루고 지키기 위해 얼마나 큰 부담을 이겨내야 하는지는 잘 모른다. 설문조사에서 80% 이상의 재벌 2세들이 가족 사업을 물려받고 싶지 않다고 대답했다는데 그 이유가 바로 여기에 있는 것 같다. 그러나 대다수 재벌 2세들과는 달리 량자이중은 주저하지 않고 의연하게 고난의 길을 선택했다.

량자이중을 보며 나는 맹자의 교훈이 떠올랐다. '하늘이 큰 뜻을 내

리려 할 때는 마음과 뜻을 고통스럽게 하고 뼈와 근육을 힘들게 하며…….' 미래의 중국 경제가 지속적으로 발전하기 위해서는 량자이중 같은 재벌 2세들이 현실을 직시하고 민족의 부흥을 위해 용감하게 나서야 할 것이다.

량자이중이 하버드 케네디 스쿨에 입학했다는 소식이 외부에 알려지자 사람들은 정말 실력으로 시험을 봐서 입학한 것인가, 최고 간부 아버지가 영향력을 행사하지 않았나 하는 의심의 눈초리를 보냈다. 물론 이는 중국인들의 잣대로 세계 명문스쿨을 오해한 것이다.

하버드, 옥스퍼드, 케임브리지 이런 세계 명문 대학은 오로지 성적 기준으로 학생들의 합격 여부를 판단한다. 설령 한 나라의 대통령이나 총리일지라도, 또한 세계 최고의 억만장자일지라도 성적 미달인 학생은 받아주지 않는다.

량자이중의 친구 중에 취쥔후이(瞿軍暉)라는 사람이 있는데 '릴레이 차이나' 클럽의 부이사장이자 나의 팬이며 망년지교이다. 우리는 '릴레이 차이나'의 창립 대회에서 서로를 알게 되었다. 그때 나는 주최 측의 요청에 의해 '인재를 얻는 자가 세상을 얻는다.'라는 제목으로 연설을 했다. 그날 이후로 취쥔후이를 비롯하여 많은 재벌 2세들이 나의 팬이 되었다. 내가 상하이에 갈 때마다 꼭 식사를 대접하면서 인격 테스트를 해달라고 한다.

나는 취쥔후이를 통해 량자이중이 하버드에 입학하게 된 경위를 알게 되었다. 량자이중은 하버드에 가고 싶다는 결심을 굳힌 그날부터 베이징에서 두문불출하고 1년 반 동안 열심히 공부만 했다고 한다. 매일 아침 새벽에 일어나 밤이 깊어서야 잠자리에 들 정도로 독하게 공부를 했는데 의지와 끈기가 그의 부친과 견줄 만했다고 취췬후이는 감탄했다.

젊은 재벌 2세가 사회의 온갖 유혹을 뿌리치고 열심히 공부를 한다는 것은 생각보다 쉬운 일이 아니다. 이런 의지와 정신은 일반인이라도 쉽지 않을 텐데 한창 청춘기에 있는 최고 갑부의 아들은 오죽했을까? 그런 의지와 성품은 아마도 부친을 닮았나 보다.

하버드에 지원하여 처음에는 시험에 떨어졌고 두 번째 재도전하여 합격했다고 한다. 아들의 합격 소식을 전해들은 량원건은 기쁨을 금치 못했다.

사업적으로 엄청난 성공을 거두었고 최고 갑부까지 된 량원건이다. 부와 명예를 모두 갖춘 그에게 아들이 세계적인 명문대에 합격하여 집안 대대로 독서와 예악으로 가문을 이어가게 된 것보다 더 뿌듯한 일이 어디 있으랴?

① 서로 선물을 교환하는 량원건 회장과 카를 슐레흐트 회장
② 국가행정학원에서의 초청강연
③ 일본 기업가들과 리셉션에 참가한 필자
④ 카를 슐레흐트 회장 환영만찬에서 싼이그룹의 량원건 회장과 카를 슐레흐트 회장이 러브 샷을 하며 영원한 파
　트너십을 약속했다.

글로벌화의 시작

싼이그룹의 프츠마이스터 인수는 중국 선종의 5대조 홍인이 법먹을
6대조 혜능에게 전수한 것과 같은 것이다.

– 허전린

2008년, 금융 쓰나미가 휩쓸고 간 서양 각국은 경제 상황이 갈수록 악화되는 반면에 중국 경제는 여전히 안정적으로 성장하며 홀로 선전했다. 그로 인해 중국 기업들 사이엔 서양 기업 인수 붐이 일었지만 '세계 최고 미인을 품에 안은 자'는 싼이그룹이었다고 자부한다.

세계 콘크리트업계의 공룡기업인 독일의 프츠마이스터는 1958년에 설립된 회사로 전 세계에 판매네트워크를 갖추고 있다. 플런저식 유압 펌프 분야에서 송출량, 송출 거리, 제품 종류, 송출 재료의 다양성 등에 대한 세계기록을 다수 보유하고 있다.

2012년 1월 31일에 싼이중공업은 다음과 같은 내용의 공고문을 발표했다.

> 당사의 자회사인 싼이독일유한회사(이하 '싼이독일')와 CITIC PE Advisor(中信産業投資基金(香港)顧問有限公司)(이하 '중신')는 2012년 1월 20일에 독일 프츠마이스터회사(Putzmeister Holding GmbH, 이하 '프츠마이스터')의 주주인 Karl Schlecht Stifung(프츠마이스터의 지분 99% 소유) 및 Karl Schlecht Familienstifung(프츠마이스터의 지분 1% 소유)과 양도 및 구매 계약을 체결했다. 계약 내용에 따라 싼이독일과 중신은 프츠마이스터의 지분 100%를 공동 인수하며 그중 싼이독일이 90%, 중신이 10%를 인수한다. 싼이독일의 출자금액은 3억 2400만 유로화로 가장 최근에 진행한 회계감사 기준 순자산의 13.5%를 차지한다. 이로써 싼이중공업은 '코끼리'로 통하는 독일의 기계제조업체 프츠마이스터를 완전히 인수했다.

싼이그룹은 18일 만에 프츠마이스터 인수를 완료했다. 세계 M&A 역사로 볼 때 '번개 결혼'에 가깝다. 한 회사의 재무 상황을 파악하는 것만 해도 턱없이 부족한 기간에 싼이그룹은 왜 이렇게 무모한 결정을 내렸을까?

그럴만한 이유가 있었다.

프츠마이스터는 싼이그룹이 1994년 건설기계산업에 진출할 때부터 벤치마킹 대상이자 롤 모델로 정했던 기업이다. 지난 십여 년 동안 프츠마이스터를 대상으로 수많은 스터디를 해왔기 때문에 그의 상황에 대해서는 눈금 보듯 훤했다.

주지하다시피 독일인들은 보수적이다 못해 약간은 오만한 민족이다. 부득이한 상황이 아니면 절대 자신이 아끼는 물건을 남에게 내주지 않는다. 다시 말해서 만약 5년 전이었다면 200억 위안을 준다고 해도 인수하지 못했을 것이다. 그런데 오늘 우리는 26억 5400만 위안에 파트너인 중신펀드의 2억 9500만 위안까지 합쳐서 29억 4900만 위안에 프츠마이스터를 인수했으니 그야말로 성공적인 거래였다.

프츠마이스터의 카를 슐레흐트(Karl Schlecht) 회장은 54년 동안 심혈을 기울여 프츠마이스터를 업계 최고의 브랜드로 키워놓았다. 80세를 바라보는 나이에 두 아들은 사업을 이을 생각이 전혀 없다. 그렇다면 평생을 바쳐 정상에 올려놓은 이 사업을 누구에게 맡길 것인가?

량원건 회장과의 짧은 만남을 통해 카를 회장은 량원건 회장이야말로 사업을 믿고 맡길 수 있는 유일한 적임자라는 확신이 들었다. 량 회장도 자신처럼 세계 최고가 되겠다는 꿈과 포부를 갖고 있었기 때문이다. 카를 회장은 오직 량원건 회장만이 자신이 평생 동안 노력해온 꿈을 이어나갈 수 있을 것이라 믿었다.

2012년 1월 30일, 카를 회장은 직접 싼이그룹을 방문했다. 200여 명의 임원들이 그를 뜨겁게 맞아주었고 당일 저녁에 카를 회장과 부인을 위한 성대한 환영회가 열렸다.

연회에서 량원건 회장이 전체 임직원을 대표하여 카를 회장과 부인에 대한 열렬한 환영의 뜻을 전하며 18년을 기다려온 만남이 드디어 이루어졌다고 말했다. 그는 1994년 싼이그룹이 콘크리트기계제조업에 진출할 당시 이미 카를 회장과 그가 만들어낸 기업왕국의 명성을 익히 알고 있었다고 고백했다. 콘크리트기계산업의 역사상 가장 위대한 기업으로서 '코끼리'의 기술과 제품은 인류 문명의 발전사에 길이 남을 흔적을 새겨 놓았다고도 역설했다.

량원건은 그날을 미래를 여는 만남이라고 의미를 부여한다.

프츠마이스터는 54년의 역사를 가졌고 싼이그룹은 창업한 지 불과 26년밖에 되지 않았다. 그런데 두 기업의 역사를 합치면 딱 80년이다. '코끼리'와 싼이그룹은 비록 서로 수만 리나 떨어져 있지만 고품질의 제품과 서비스로 세상을 더 아름답게 만들겠다는 하나의 목표를 향해 80년이라는 시간을 달려온 셈이다. 그런 의미에서 싼이그룹과 '코끼리'의 결합은 세계 콘크리트장비업계의 새로운 절대 강자의 탄생을 의미하는 것만은 아니다. 그보다 더 중요한 것은 같은 꿈과 이상을 추구하는 두 기업이 드디어 서로 뜻이 맞는 파트너를 찾았으며 7만 명의 직원들이 공통된 의지와 신념으로 더 밝은 미래를 열어갈 것이라는 데 큰 의미가 있다.

축사를 마무리하며 량원건 회장은 진심이 가득 담긴 말투로 강조했다.

"카를 회장님과 나는 모두 우리의 사업을 깊이 사랑합니다. 우리에게

'코끼리'는 돈으로 가늠할 수 없는 소중한 존재입니다. 카를 회장님이 '코끼리'를 우리에게 맡김으로써 우리는 더 빠른 시일 내에 꿈을 실현하여 인류 사회에 더 큰 기여를 할 수 있게 되었습니다."

카를 회장은 쌘이그룹에서 자신이 국왕이 된 듯한 대접을 받았다며 농담을 했다. 또, 자신이 50여 년을 공들여 이루어낸 성과를 쌘이그룹이 불과 20여 년이라는 짧은 기간에 완성했다고 칭찬했다. 량 회장을 비롯하여 자리에 참석한 모든 임직원에게 진심으로 경의를 보였다.

그는 말했다. "'인간'이 강한 것은 머리가 똑똑해서가 아니라 강한 마음을 갖고 있기 때문입니다. 앞으로 쌘이그룹이 더 많은 기적을 창조하기를 진심으로 기대합니다."

축사가 끝난 후 량원건 회장과 카를 회장은 쌘이그룹과 프츠마이스터의 행복한 결합을 기원하는 의미에서 러브 샷을 했다. 서로 자신이 아끼는 물건을 교환하기도 했다. 카를 회장은 사랑하는 아내가 25년 전에 선물한 롤렉스시계를 량 회장에게 선물했고 량 회장은 아들이 첫 월급으로 사준 시계를 카를 회장에게 선물함으로써 기업 합병 역사상 아름다운 한 페이지를 함께 만들었다.

쌘이그룹의 프츠마이스터 인수에 대해 샹원보 사장은 "쌘이그룹의 글로벌화 전략을 5년에서 10년 앞당겼다."고 말했다. 쌘이그룹의 콘크리트 생산 캐파 1위, 저렴한 원가, 앞선 통합과 혁신 역량 등 경쟁력에 프츠마이스터의 R&D 능력, 국제 시장 판매네트워크, 브랜드 파워 등이 합쳐지면 세계 1위 브랜드의 경쟁력을 최고로 끌어올릴 수 있을 것이라며 자신감을 내비쳤다.

글로벌화 움직임은 멈출 수 없는 대세다. 이는 내가 각종 포럼과 고위급 회의에서 가장 많이 연설하는 주제 중의 하나이다. 2011년 12월 13일 충칭에서는 WTO 가입 10주년을 기념하여 상무부 고위급 포럼이 개최되었는데 나는 기계산업분야의 강연자로 초대받았다. 당시 나는 '글로벌 자원으로 글로벌화 수준을 높인 싼이그룹 - WTO 가입이 싼이그룹에 가져다 준 거대한 변화'라는 주제로 연설했다.

나는 주로 네 가지를 강조했다.

첫째, 룽융투(龍永圖) 대외경제무역부 수석 협상대표가 싼이그룹의 글로벌화 수준을 극찬했다는 사실이었다.

룽융투 협상대표는 2010년 싼이그룹에 특강을 왔다. 당시 벤츠와 이스즈모터스의 섀시가 우리의 핵심 제품인 펌프카에 조립된 것을 보고 룽 장관은 크게 칭찬을 했다.

글로벌화의 본질은 무엇일까? 우선, 단순히 수출을 통해 외화를 벌어들이는 것만은 아니다. 우리의 머릿속에 뿌리 깊게 자리 내린 좁은 의미의 글로벌화는 거액의 수출 흑자를 가져왔다. 그런데 이런 흑자는 결국 선진국의 국채로 둔갑을 하면서 우리는 '이중 공헌'의 딜레마에 빠져버렸다. 쉽게 말해 한편으로 질 좋은 제품을 저렴한 가격에 제공하면서 한편으로는 그것으로 힘들게 벌어들인 돈을 다시 그들에게 '마이너스 소비'를 하도록 빌려주는 꼴로 전체 경제가 흘러간다. 이것도 모자라 때론 그들로부터 반덤핑 제재까지 당한다. 싼 값으로 수출 흑자만을 향해 달려가는 정책은 그래서 문제다.

싼이그룹의 경우는 그렇지 않았다. 글로벌화 움직임을 공급 사슬을 다변화해 품질을 높이는 데 활용했다. 글로벌화의 본질이란 싼이인들의 말로 하자면 '글로벌 자원으로 글로벌화 수준을 높이는 것'이다.

이런 철학을 실행에 옮긴 결과 세계 최고 품질을 자랑하는 벤츠의 새시, 도이츠의 디젤엔진, 렉스로스의 유압부품 등에 싼이의 기술력이 합쳐졌다. 혁신을 통해 세계에서 가장 선진적인 펌프카를 만들어 냈다. 기네스북 신기록을 갈아치운 66m 펌프 암에서 다시 72m, 86m까지 수차례 도전을 거듭하면서 펌프수송기술의 정상에 우뚝 올라섰다. 이러한 경쟁력을 바탕으로 2010년에 4500대의 매출을 기록하여 다른 나라의 전 세계 매출 2000대의 두 배 이상을 판매하는 기염을 토했다.

2011년 7월 1일에 싼이그룹은 탁월한 통합 혁신 성과와 세계적인 브랜드 파워, 눈부신 매출실적에 힘입어 글로벌 상장회사 중 500대 기업에 진입했다. 지금까지 중국의 기계장비산업에서 시가총액 기준 세계 500대 기업에 든 것은 싼이가 유일하다. WTO 가입 10년 만에 싼이그룹은 비약적인 성장을 이루었다. 매출이 WTO 가입 전의 수억 위안에서 2011년에는 800억 위안 이상으로 10년 만에 200배 이상 성장했다. 이뿐만 아니라 칠레 광산사고와 일본 후쿠시마의 원전 구조 활동에 참여함으로써 브랜드가 전 세계적으로 널리 알려지게 되었다.

중국이 세계 속에 녹아들고 세계가 중국 속에 녹아들어야만 진정한 글로벌화를 이룰 수 있다. 싼이가 그렇게 했기에 중국 측 수석 협상대표인 룽융투가 싼이그룹 량원건 회장의 글로벌화 전략을 극찬한 이유도 바로 여기에 있을 것이다.

그러니 원자바오 총리가 싼이그룹을 세 번째 방문했을 때 시찰을 끝내고 돌아가면서 말했다.

"다시 여러분을 보러 올 겁니다. 그것이 창사일 수도 있고 선양일 수도 있고 해외일 수도 있습니다. 싼이그룹은 이미 세계로 나아가고 있으니 말입니다!"

둘째, 실력을 높이고 핵심 경쟁력을 키워서 글로벌화를 위한 사전 준비를 철저히 한다는 주장이다.

세계 최대 시장은 어디인가? 중화권이다. 그동안 중국의 대부분 고급 제품시장은 외국 기업들이 독점해왔다. 펌프카시장도 예외는 아니었다. 독일, 미국 등 선진국들의 시장점유율이 95%를 웃돌았고 로컬기업은 설 자리를 잃었다. 그런 험난한 상황 속에서 싼이그룹이 우뚝 일어섰고 중국의 건설기계산업을 선도하며 경쟁판도를 완전히 바꾸어 놓았다. 내수시장에서의 쾌거는 싼이 직원들의 민족적 자부심을 고취시켜 주었고 그런 자신감이 바탕이 되어 인도, 미국, 독일, 브라질 등 해외시장으로 사업을 확장시켜 나갈 수 있었다. 량원건 회장은 "싼이그룹이 만약 세계로 뻗어나가지 못했다면 결국 규모가 조금 큰 개인사업체에 머물고 말았을 것이다. 우리에게 글로벌화는 세 번째 창업이었다."면서 감개무량해 했다.

셋째, 합병 활동에 대한 확고한 철학이 있다는 사실이다.

싼이그룹은 글로벌화를 실현하는 데 있어 무리한 인수합병 활동은 멀리했다. 이는 일본의 경우를 참고한 결과다. 1980년대 일본 경제는 미국을 삼켜버리기라도 할 것 같은 기세로 기업 사냥에 나섰다. 당시 그들의 인수합병 사례를 돌이켜 보면 성공률이 20%에도 못 미친다. 가장 큰 함정은 바로 문화적 차이였다. 동양권에서 서양문물이 가장 잘 전파된 일본도 이 정도인데 이제 막 걸음을 떼기 시작한 중국에는 문화적 차이뿐만 아니라 관리, 법률, 생산 능력, 법인 경영 등 여러 가지 함정이 도사리고 있다. 그래서 우리는 느리지만 착실하게 현지 공장을 건설하는 방식으로 사업 규모를 확장시켜 나갔다. 사실 인수합병은 규모를 늘리는 것이 아니라 기존의 사업을 활성화시키는 방향으로 나아가야 한다.

넷째, 단점은 피하고 장점을 살리는 싼이그룹 특유의 글로벌화를 추진한다는 점이다.

싼이그룹이 독일에서 공장을 짓는 것에 대해 승산이 없는 일이라며 반대하는 사람들이 많다. 사실 우리 제품은 거의 50% 이상의 부품을 독일에서 수입하고 있다. 렉스로스 같은 경우는 1년 치 대금을 선지급해야 하며 심지어 납기 보장도 없다. 그래도 그들의 제품이 세계 최고이기 때문에 중국의 건설기계업체들은 끌려 다니는 것 외에 별다른 대체 수단이 없다. 그런데 만약 우리가 독일기업이 되면 발언권이 그만큼 높아질 수 있다. 그리고 전략적 협력파트너가 되기도 훨씬 수월하다. 무엇보다 독일은 세계 장비업계의 일인자로서 일류 수준의 기술자를 대량 확보하고 있다. 엄격하고 논리적인 민족문화 속에서 성장한 독일의 블루칼라들은 그야말로 세계제조업의 희소자원이다. 미국의 경우는 건설기계산업의 공룡기업인 커터필러가 있고 그들의 기술과 관리, 인재는 세계 최고 수준을 자랑한다. 인도와 브라질은 브릭스 시장으로 무한한 성장잠재력을 가지고 있다.

최소한의 해외 R&D 인력이 현대적인 통신수단을 이용해 대량의 총명하고 부지런하지만 원가는 훨씬 저렴한 국내 R&D 인력과 효과적인 협업을 진행하여 현지 맞춤형 제품을 개발해낸다. 다시 그것을 국내에서 저렴한 가격으로 생산하여 독일, 미국 등 나라로 가져가 현지에서 조립을 한다면 지역자원 통합의 시너지효과를 극대화할 수 있다.

이처럼 현지화와 국산화의 완벽한 결합, 산업의 특징에 부합하며 단점은 피하고 장점을 살리는 싼이그룹 특유의 글로벌화를 개척해나가는 것이다.

중국은 WTO 가입 후 10년 동안 엄청난 변화를 겪어왔다. 그리고 그 파란만장한 역사의 물결 속에서 싼이그룹은 작은 물방울 하나에 불과하다.

2012년 7월 5일에 나는 량원건 회장의 특명으로 '보아오 일본서밋 – 중일 기업가 우호포럼'에 참석했다. 서밋의 이사장이자 전 일본총리 후쿠다 야스오, 부이사장이자 전 국무원 부총리 쩡페이옌(曾培炎), 전 발전개혁위원회 자원국장 장궈바오(張國寶), 주일 중국대사 청융화(程永華) 등이 회의에 참석했다. 중국 측은 참가업체로 18개 기업(중국은행, 바오스틸, 하이얼 등)을 특별히 선정했고 일본 측에서는 정부인사 외에도 미쓰비시, 미쓰이, 스미토모 등 일류 기업들이 대거 참여했다.

회의에서는 양측의 정ㆍ재계 인사 30여 명이 연설을 했다. 비록 국제포럼이고 쟁쟁한 실력자들이 많았지만 싼이그룹은 여전히 가장 주목받는 기업 중의 하나였다. 나는 '글로벌 인수합병에 관한 싼이의 지혜'라는 제목으로 연설을 했다.

연설은 주로 다음과 같은 세 가지 내용에 초점을 맞췄다.

첫째, 인수합병 중에서의 문화적 차이를 합병에 대한 합의와 공감대로 풀어나가야 한다.

1980년대에 일본 기업들이 대대적으로 해외 기업에 대한 인수합병을 시도했지만 성공률이 낮았던 이유는 바로 문화적 차이 때문이었다. 그러나 프츠마이스터 인수합병을 추진하는 과정에서 량원건 회장과 카를 회장은 첫 만남부터 서로 증표를 주고받을 만큼 뜻이 통했고 공동의 사명감과 비전으로 마음이 하나가 되었다. 이것이 바로 합의이고 공감대다.

일본 보아오 포럼에서 필자와 전 일본총리 후쿠다 야스오

둘째, 인수합병은 반드시 초대형 합병(Mega-merger)이어야 한다.

싼이그룹이 프츠마이스터를 인수하는 것은 뱀이 코끼리를 삼키는 것이라고 말하는 사람들이 있다. 사실은 그렇지 않다. 싼이그룹의 생산 능력은 프츠마이스터의 16배이며 인수 자금도 금융 레버리지가 아닌 자체 자금이다. 이번 건은 호사가들이 말하듯 뱀이 코끼리를 삼킨 것이 아니라 제자가 스승을 인수한 것이라고 보면 적절하다.

프츠마이스터는 브랜딩과 판매 채널, R&D 등에 있어서 싼이그룹이 벤치마킹해야 할 롤 모델이다. 따라서 이번 인수합병을 통해 싼이그룹은 세계 건설기계업계 정상의 지위를 확고하게 다질 수 있을 것으로 믿어 의심치 않는다.

셋째, 인수합병 과정에서 양측 모두의 이익을 함께 보장하고 상대방의 경쟁력을 높이는 것은 합병 후의 통합에 있어서 매우 중요하다.

인수합병에서 가장 중요한 것은 무엇인가? 인재다.

합병을 한 후에 어떻게 하면 독일의 인력들을 잘 통합할 수 있을 것인가? 바로 독일인에게 경영을 맡기는 것이다. 따라서 합병 후 우리는 원래의 조직을 그대로 흡수했다. 프츠마이스터의 CEO를 싼이그룹 부사장 겸 이사로 승진시키고 모든 임직원을 한 명도 해고하지 않고 전부 다 받아들였다. 오히려 인원을 늘리고 가치사슬을 확장시켜 기존의 경쟁력을 한층 업그레이드시켰다. 프츠마이스터는 원래 펌프카만 생산할 뿐 운송설비, 브랜딩 설비 등은 취급하지 않았는데 우리가 인수한 후 이 부분의 업무를 추가하여 매출 50% 신장과 함께 이윤을 대폭 늘리는 효과를 가져왔다. 카를 회장의 말을 빌리자면 프츠마이스터와 싼이그룹의 결합은 중국과 독일 역사상 가장 성공적인 협력사례가 될 것이다.

2012년 11월 3일, 중국과 독일 간 협력 포럼으로 '산업 개혁과 혁신의 생태시스템' 푸장(浦江) 혁신포럼이 상하이에서 열렸다. 과학기술부가 주최한 이번 포럼은 과학기술부의 전임 장관 쉬관화(徐冠華)가 회장직을 맡았으며 현 장관 완강이 참석하여 축사를 했다.

완강 장관은 싼이그룹에 큰 관심을 갖고 있었다. 폐막식에서 완강 장관은 나에게 이렇게 당부했다.

"과거 힘이 약하여 해외 메이저들이 아예 거들떠보지도 않았던 싼이그룹이 점차 성장하여 그들이 조금은 의식할 만큼 어느 정도 실력을 갖추었고 지금은 라이벌로 의식하며 촉각을 곤두세울 만큼 강자의 지위에 올라섰다. 오늘날의 싼이그룹은 이미 세 번째 발전 단계에 진입했다. 미래의 시장 경쟁은 더더욱 치열해질 것이니 끊임없이 혁신을 강화하고 정진하여 민족 브랜드의 부흥을 위해 크게 기여하기 바란다!"

완강 장관의 칭찬에 나는 감사하다는 인사를 드렸고 당부한 내용을 반드시 량원건 회장과 경영진에 전달하여 기대에 어긋나지 않도록 최선을 다하겠다고 약속했다.

① 《자미리더학》 표지
② 장성수가 필자에게 선물한 책에 직접 적은 글귀

명리학자가 본 싼이그룹

량원건은 탁월한 지혜와 매력적인 인품으로 그룹 내부에 영향력을
발휘하여 결속력을 강화하였다. 거기에 탕슈궈의 실행력과 샹원보의
전략적 능력, 이샤오강의 기술 혁신 능력이 팀워크를 이뤄내어 싼이
그룹의 리더십이 완벽히 형성되었다.
-《자미리더학(紫微領導學)》에서

2012년 4월 5일 따뜻한 햇살과 살랑살랑 봄바람이 느껴지는 어느 날, 대만의 유명한 학자인 장성수(張盛舒)가 대만에서 후난 성 창사까지 찾아왔다. 그의 목적은 오로지 나에게 책을 가져다주기 위한 것이었다. 책 이름은《자미리더학자미두수, 중국의 도교에서 시작한 점술-옮긴이》이었는데 속 표지에 단정한 글씨로 '허 선생의 올곧고 바른 성품에서 많은 가르침을 받았습니다.'라고 쓰여 있었다. 급한 일정 탓에 그는 점심식사만 한 뒤 부랴부랴 대만 행 비행기에 올랐다.

대만에서 장성수는 대단한 신통력을 지닌 사람으로 통한다. 대통령 선거 때마다 방송국에서는 장성수를 초청하여 현장에서 선거결과를 점치게 하는데 예측결과가 한 번도 빗나간 적이 없다고 한다. 이 때문에 대만 전역에서는 그의 이름을 모르는 사람이 없을 정도로 명성이 자자하다.

장성수는 국립대만대학교 수학과를 졸업하고 베이징대학에서 기업지도자 과정을 연수했다. 졸업 후 정부기관에서 근무했고 베이징대학 글로벌리더십연구센터 상임이사 및 특별강사를 역임했다. 현재는 Hero IT.com의 회장 겸 사장이며 상하이교통대학 신유상(儒商) 국학당 특별 초대 역학 교수로 활동 중이다. 주요 저서는《사람 보는 법閱人有術》,《영업하는 법 銷售有力》,《사랑하는 법愛情有方》등이 있다.

장성수는 내가 '인재평가' 분야를 연구하는 과정에 알게 된 기인 중의 한 명이다. 이 분야에서는 많은 사람들이 자신만의 독특한 시각으로 인류의 잠재력을 발굴하여 사회발전을 추진하기 위해 노력하고 있다.

장성수와의 인연은 후난대학에서 발행하는 〈인상印象〉이라는 잡지에

실린 나의 인터뷰 내용을 장성수가 보게 되면서 시작되었다. 당시 〈인상〉의 편집장인 전거(枕炎)가 '싼이그룹의 인재 운영과 후상 문화의 혁신'이라는 제목으로 수만 자 분량의 기사를 썼다. 그것을 계기로 나와 장성수는 대화를 여러 번 나누었고 이때 나는 인재의 평가와 발견에 대한 견해를 체계적으로 역설했다. 그것이 장성수에게 영감을 주었고 이 책이 탄생하는 계기가 되었다.

장성수는 《자미리더학》이라는 책에서 량원건을 이렇게 묘사했다.

"700억 위안의 재산을 가진, 2011년 최고 갑부에 선정된 싼이그룹의 량원건 회장은 타고난 리더이다. 량원건은 후난 사람 특유의 용감하고 강인한 성격으로, 일류 기업을 만들고 일류 인재를 양성하며 일류 공헌을 하겠다는 일념 하에 1989년에 기업을 설립했다. 후난 지방의 작은 용접재료공장에서 시작한 기업을 세계 최대의 콘크리트기계제조업체로 키워냈다. 가난한 시골 출신에다 대학도 명문대가 아닌 일반 대학을 졸업했지만 량원건은 대학시절 때부터 이미 중국의 현실과 문제점을 날카롭게 꿰뚫었다. 중국에는 세계적으로 존경받는 기업이 없고 기업 경영을 다룬 세계적인 대작이 없으며 모든 사람이 인정하고 우러러 보는 훌륭한 기업가 또한 없다. 이런 점을 파악한 량원건은 평생직장인 국영기업을 뛰쳐나와 창업의 길로 들어섰다. 그 당시만 해도 경영관리체계가 낙후되었기에 그의 행동을 거만 방자하다 생각하며 질타하는 사람들이 많았다. 하지만 량원건은 불과 22년 만에 자신의 말이 허풍이 아님을 증명했다."

장성수는 내가 말한 것을 그대로 인용하여 싼이그룹의 성공요인을 분석했다.

"싼이그룹은 량원건 회장 외에도 그를 든든하게 지탱해주는 3인방이 핵심 경영진을 구성하며 최대의 시너지효과를 내고 있다. 그 3인방은 바로 싼이그룹의 사장 탕슈궈, 싼이중공업의 사장 샹원보, 싼이중공업의 CEO이자 수석과학자인 이샤오강이다. 량 회장은 이들 셋을 각각 '경영의 일인자', '전략의 일인자', '기술의 일인자'라고 극찬했다. 량원건은 탁월한 지혜와 매력적인 인품으로 그룹 내부에 영향력을 발휘하여 결속력을 강화시켰다. 거기에 탕슈궈의 실행력과 샹원보의 전략적 능력, 이샤오강의 기술 혁신능력이 팀워크를 이뤄내어 싼이그룹의 리더십이 완벽히 형성되었다. 이런 야망과 리더십은 후천적으로 길러지는 것이 아니라 그야말로 타고나는 것이다."

장성수는 나의 이런 말도 인용했다.

"인재의 성공에는 세 가지 경지가 있다. 가장 기본은 지식적인 측면에서 기술에 정통하여 높은 수준에 오르는 것이다. 여기에서 더 발전하여 지혜적인 측면에 도달하면 우수한 인재가 될 수 있고 더 나아가 인격적인 측면까지 달성해야만 탁월한 경지에 이를 수 있다. 인격적인 측면에는 가치관, 의지, 감정, 기품, 성격 등이 포함된다. 지식에서 지혜, 그리고 인격적인 면까지 꿰뚫어야지만 한 사람을 정확하게 파악할 수 있고 그 사람의 핵심적인 성공요인을 찾아낼 수 있다."

"가장 간단한 예로, 중국 최고의 명문대는 베이징대학, 칭화대학이다. 량원건은 베이징대, 칭화대가 아닌 중난대를 졸업했고 대학시절에도 공부를 잘하는 모범생이 아니었다. 그런 그가 어떻게 오늘날 중국 최고의 갑부이자 가장 위대한 기업가 중의 한 명이 되었을까?"

"그의 성공은 학교 성적이나 지혜가 아닌 성격에서 비롯된 것이다. 핏속에 흐르는 뚝심과 강인한 의지, 한번 마음먹으면 그 어떤 어려움과 시련이 닥쳐도 절대 포기하지 않는 불굴의 정신, 이런 성격이 가장 큰 성공요인이었다."

량원건이 첫 중장비업계 출신의 최고 갑부가 된 것은 절대 우연이 아니다. 그것은 천부적으로 탁월한 통찰력과 리더십, 즉 '명'을 타고난 데다 폭발적인 경제성장기를 맞아 좋은 시기에 '운'까지 더해져서 싼이그룹의 전설이 만들어진 것이다.

싼이그룹은 량원건 혼자 고군분투하는 것이 아니라 그를 비롯해 여러 사람이 함께 싸우고 있다는 느낌이 강하다. 량원건은 휘하에 훌륭한 인재가 많다. 중국에서 부호 순위를 통계하는 여러 리스트에 싼이그룹 임원들의 이름이 대거 올라와 있기에 싼이그룹은 '부를 찍어내는 공장'이라 불리고 있다.

① 탕슈궈(오른쪽)와 관퉁셴

② 전화기계회사를 방문한 필자(왼쪽 두 번째)

③ 애만정에서 필자와 관퉁셴 일행

국영 기업이냐? 민영 기업이냐?

국영 기업의 경영을 맡은 공산당원으로서 성과와 보수, 그리고 엄청
난 금전의 유혹 앞에서 넓은 가슴과 훌륭한 성품, 높은 지조를 어느
정도로 지녀야지만 '59세 현상'의 함정을 피해갈 수 있을까? 관퉁셴의
안전 착륙은 사람들에게 많은 생각거리를 안겨주고 있다.

－허전린

2012년 11월 3일, 상하이 중국-독일 고위급 포럼의 '푸장-레인강의 밤' 만찬 연회에서 오랜만에 관퉁셴(管彤賢)을 우연히 만났다. 관퉁셴은 중국의 건설기계장비 역사상 전설적인 인물이다. 그날 그가 건네 준 명함에는 '전직 상하이전화중공업회사(上海振華重工公司) 사장'이라는 직함이 찍혀 있었다. 그는 여든이 넘는 고령에도 정열적인 모습을 보이며 노익장을 과시했다.

교통부 수운사 공정처 부처장을 지냈던 관퉁셴은 정년퇴직 나이인 59세 직전에 100만 위안을 빌려 전화기계회사를 창립했다. 싼이그룹의 매출이 처음으로 100억 위안을 돌파했던 2007년도에 전화기계의 매출은 이미 200억 위안을 넘어섰다.

관퉁셴이 처음으로 전화기계의 경영진을 이끌고 싼이그룹을 방문할 때의 광경이 아직도 기억에 생생하다. 당시 탕슈궈와 내가 일행을 접대했다. 관퉁셴은 기골이 장대하고 목소리가 우렁찬 전형적인 몽골족 사나이다. 담소를 나누는 과정에서 내가 독서를 즐긴다는 것을 알고 집에 돌아가자마자 《전쟁론》, 《국부론》, 《군주론》, 《사회계약론》 등 세계 역사의 발전에 지대한 영향을 미친 명작 40여 권을 보내왔다.

그 후에도 관퉁셴은 부사장급 이상 임원들을 이끌고 싼이그룹에 견학을 왔다. 당시 전화기계의 임원들은 싼이그룹과 비교하면서 회사 수익에 비해 자신들의 대우가 너무 낮다며 나더러 관퉁셴 사장에게 진언해달라고 부탁했다. 이에 나는 관 사장의 생각이 현명하다며 오히려 그들을 설득했다. 국유 기업의 재산권은 국가 소유이고 회사의 주인은 노동자계층이다. 임원들의 급여가 지나치게 높으면 노동자들의 반발을 사고 정부의 '주목'을 받게 된다.

후난 성에도 그런 사례가 있었다. 모 국유 기업의 사장이 회사 수익에 비해 훨씬 높은 연봉을 받았고 직원들과의 급여 차이가 엄청나게 커서 결국 직원들의 고발로 철창신세를 지게 됐다.

그때 당시 국유 기업 임원들의 소득은 경제적인 문제를 넘어서 까딱 잘못하면 정치적인 문제로 확대되어 여론의 질타를 받는 상황이었다. 관퉁셴은 바로 그런 정치적 통찰력이 있었기 때문에 여든을 앞둔 나이에도 국유 기업의 경영 일선에서 활약하는 것이다.

내가 국유 기업의 사장을 맡았을 당시에도 급여 인상의 기회가 여러 차례 있었지만 다른 직원들에게 양보했고 그로 인해 직원들의 존경과 상부의 인정을 받았다. 같은 위치에 있어봤기 때문에 관퉁셴이 왜 스스로 엄격한 잣대를 적용하는지 충분히 이해한다.

얼마 후 내가 전화기계를 답방했을 때 관퉁셴 사장이 직접 나와 맞이해주었다. 수십m 높이의 설비 위를 가볍게 걸어 다니는 민첩한 몸놀림을 보면서 여든을 앞둔 노인이라는 사실이 믿기지 않았다.

특히 후진타오 주석 탕미 당시, 금문대교를 지나는데 마침 다리 밑으로 전화기계의 수출장비를 실은 화물선이 기적을 울리며 지나가고 있었다. 이 상황이 후 주석의 체면을 제대로 세워주었다는 전설적인 일화가 있다. 훗날 후진타오 주석이 상하이를 시찰하면서 꼭 전화기계를 가봐야 한다고 강조한 것도 그 때문이었다고 한다.

당시 전화기계는 글로벌 시장에서 70% 이상의 점유율을 자랑하며 중국의 위상을 한층 드높였다.

2009년 12월 6일에 관퉁셴은 77세의 나이에 경영자의 자리에서 물러났다. 소문에 의하면 그때 퇴직금으로 2000만 위안을 호가하는 주택과 현금 600만 위안을 받았다고 한다. 그러나 내가 관퉁셴 본인에게 직접 확인해본 결과 400만 위안 상당의 주택 한 채와 기사를 포함한 차량 한 대, 그리고 매달 퇴직금 외에 일정금액의 보조금이 주어진다고 했다.

그리고 2년 뒤에 량원건 회장이 개인 재산 700억 위안으로 후룬바이푸와 포브스가 선정한 중국 최고의 갑부에 등극했다. 만약 당시 관퉁셴이 설립한 회사가 국유 기업이 아니라 민영 기업이었다면 어땠을까? 유명 국유 기업의 경영자들이 뇌물수수와 비리 등으로 철창신세를 지는 사건들이 심심찮게 터지고 있다. 국영 기업의 경영을 맡은 공산당원으로서 성과와 보수, 그리고 엄청난 금전의 유혹 앞에서 넓은 가슴과 훌륭한 성품, 높은 지조를 어느 정도 갖춰야만 '59세 현상'의 함정을 피해 갈 수 있을까? 관퉁셴의 안전 착륙은 사람들에게 많은 생각거리를 안겨주고 있다.

전화기계가 영원하기를, 그리고 관퉁셴 사장이 오래오래 장수하기를 마음속으로 빈다.

샹원보

드림 온(Dream On)!

창사를 중국, 나아가 세계 건설기계장비의 도시로 만들겠다.

– 샹원보

중국의 건설기계장비 역사에서 싼이그룹의 성공은 업계는 물론 외부에서도 놀라운 기적으로 회자되고 있다.

중국 건설기계장비업계의 공룡기업인 쉬궁그룹은 1989년에 창립되어 오랫동안 높은 명성을 자랑해왔다. 싼이그룹이 건설기계 분야로 사업 영역을 전환한 직후 량원건 회장은 샹원보 사장과 함께 쉬궁그룹에 '성지 순례'를 갔었다. 또 다른 건설기계업체 류궁그룹(柳工集團)의 50주년 창사기념행사가 2009년에 열렸는데 내가 량원건 회장 특사 자격으로 참석했다. 장대하고 압도적인 스케일의 축하행사는 대형 국유 건설기계업체의 위풍을 다시 한 번 느끼게 했다.

이런 굴지의 기업들에 비하면 싼이그룹은 이제 업계에 발을 들여놓은 지 십여 년밖에 안 된 애송이다. 그런데 무엇을 믿고 샹원보가 감히 '창사를 중국, 나아가 세계 건설기계장비의 도시'로 만들겠다고 호언장담했을까?

2011년 7월 30일, 아름다운 악록산 기슭에 위치한 후난대학에서 창사 동문회 제1기 '악록의 별' 포럼이 성대하게 열렸다. 포럼에서 샹원보가 후난대학 졸업생으로서 '세계 일류 기업이 있어야 세계 일류 대학이 있다'라는 제목으로 강연하면서 그런 호언장담을 한 이유를 설명했다.

2005년 장춘셴(張春賢) 서기가 후난 성에 부임한 후 지역의 정보산업화에 관한 첫 간담회를 열었다. 그 자리에서 나는 장 서기에게 후난 창사를 '세계 건설기계장비의 도시'로 만들자고 건의했다. 당시 회의 참석자들 대부분이 너무 터무니없고 요원한 생각이라며 고개를 내저었다. 싼이중공업은 2003년에 상장할 당시 매출액이 십여 억 위안에 불과했고 2005년 장서기가 후난에 부임할 때도 50억 위안이 안 되는 미미한 수준이었다. 그렇기 때문에 당시 내가 그런 도전적인 목표를 제시했을 때 사람들은 일단 중국의 건설기계장비 도시부터 되고 보라며 냉랭한 반응을 보였다.

당시 사람들은 나의 제안을 한갓 우스갯소리로 생각했다. 3년 전 우리의 매출액이 100억 위안 미만일 때 1000억을 달성 목표로 내걸자 업계에서는 하나같이 '불가능하다', '샹원보가 허풍을 치고 있다'는 반응을 보였다. 하지만 3년이 지난 오늘날 사람들은 모두 1000억 이상의 더 공격적인 목표를 외치고 있다.

그때의 우스갯소리가 오늘날 현실이 되었다. 우리가 함께 힘을 합쳐 노력한다면 분명 창사를 세계 건설기계장비의 도시로 만드는 목표를 더 빨리 이룰 수 있을 것이다.

'국가 간의 싸움은 기업의 싸움이고 기업 간의 싸움은 기업가의 싸움이다.'라는 말이 있다. 창사 지역에는 건설기계장비 분야 상장사가 3개 있다. 바로 싼이중공업, 중롄중커(中聯重科), 산허즈넝(山河智能)이다. 그런데 이 세 기업 리더들의 출신이 무척이나 흥미롭다.

싼이중공업의 량원건 회장은 기업 출신이고 중롄중커의 잔춘신(詹純新) 회장은 연구소 출신이며 산허즈넝의 허신화(何新華) 회장은 학계 출신이다. 전형적인 산학연의 결합으로 보기 드문 희한한 조합이다. 만약 서로의 장점을 살리고 시너지 효과를 극대화한다면 놀라운 역량을 발휘할 수 있을 것이다.

한 지방 도시에서 같은 업계의 대형 상장사가 무려 세 개나 있다는 것은 무엇을 의미할까?

이는 산업의 부화와 육성능력이 뛰어나다는 뜻이다. 클러스터 효과는 산업화 발전의 추세이다. 산업 클러스터는 일종의 사회화 생산의 조직 형태로 나라와 지역 경제의 지속적인 성장을 지탱하는 핵심적인 성장 축이다. 사람들은 '디트로이트' 하면 가장 먼저 자동차의 도시, '실리콘 밸리' 하면 첨단과학기술단지를 떠올린다. 마찬가지로 '창사' 하면 건설 기계장비의 도시를 떠올리게 될 것이다.

미국은 산업화 과정에서 글로벌 500대 기업 중 3분의 2를 차지하는 기업들을 탄생시켰다. 산업화의 발달로 인해 선진국들의 도시화가 80% 에 육박하고 있지만 전 세계의 도시화율은 25%에 그치고 있으며 중국 또한 45%의 낮은 수준에 머무르고 있다. 중국의 경우 도시화가 1% 진 전될 때마다 1300만 명의 농촌인구가 도시로 유입된다. 얼마나 거대하 고 역동적인 시장인가!

량원건 회장의 말을 빌리면 전 세계 건설기계장비산업에는 아직도 최 소한 20년의 호황기가 이어질 것이다. 거기에다 건설기계장비산업은 전 통산업으로서 대부분 기술특허들이 거의 효력을 상실했다. 이로써 우리 의 기술 혁신을 가로막는 장애물이 사라졌고 성장의 탄탄대로를 달릴 수 있는 초석이 마련되었다.

위안화 평가절상은 대다수 산업에 '근심거리'이지만 우리에게는 '희 소식'이다. 우리는 공급사슬 중 50% 이상을 수입에 의존하고 있는 반면 제품의 수출가격은 내수가격보다 50%가 높다. 그러니 우리는 위안화 평가절상에 걱정할 필요가 없다. 긍정적인 요인들이 이렇게 많은데 창 사가 세계 건설기계장비업계의 새로운 별로 성장하지 못할 까닭이 무 엇인가!

그 어떤 산업보다도 건설기계장비는 창사에서 가장 큰 비교우위를 가추었다.

첫 번째는 혁신능력이다.

장쩌민은 '혁신은 민족의 혼'이라고 말했다. 싼이중공업과 증롄중커, 산허즈닝 모두 혁신을 통해 빠르게 성장한 기업이다. 싼이의 경우 연구개발비가 매출수익의 5~7%를 차지하는데, 이는 업계 평균보다 약 3~5배 높은 수준으로, 연간 매출규모를 충분히 뒷받침해주고 있다. 또한 자주적인 기술 혁신을 추진하여 12년 동안 25개 시리즈에서 제품 120여 개를 개발했고, 특허 479개와 인증 283개를 확보했다. 자주적인 기술 혁신을 지적재산권, 브랜드, 수익성으로 이어지게끔 신속하게 전환시켰다.

두 번째는 브랜드 파워이다.

브랜드가 없는 제품은 높은 값을 받을 수가 없다. 예를 들어 브랜드가 없는 와이셔츠를 8억 개쯤 팔아야 에어버스 한 대를 구매할 수 있다. 이런 기업은 브랜드업체의 가공공장 역할을 하며 고된 노동의 대가로 받은 아주 적은 수익에 만족해야 할 뿐만 아니라 '덤핑'이라는 무역마찰의 대상이 되기도 한다. 싼이그룹이 이렇게 급속한 성장과 고수익을 창출할 수 있었던 것도 '세계 펌프의 왕'이라는 브랜드 파워를 가졌기에 가능했다.

세 번째는 자금조달 능력이다.

싼이중공업, 중롄중커, 산허즈닝 이 세 기업은 모두 상장회사로서 자금조달 능력이 뛰어나며 주가가 업계 선두를 달리고 있다. 싼이그룹이 그동안 자금을 넉넉히 확보할 수 있었던 것은 브랜드 파워로 인해 많은 자금이 모여들었기 때문이다. 2007년에 싼이그룹의 수중 통화자금은 약 10억 위안이었고 거기에 국가개발은행이 한 번에 50억 위안의 여신 한도를 주었다. 창사의 건설기계장비 업계에 자금은 한계가 아니라 성장을 드라이브하는 강력한 엔진이다.

네 번째는 풍부한 인재풀이다.

창사는 자고로 인재가 많기로 유명한 도시이다. 싼이중공업을 비롯한 세 기업은 모두 인재를 확보하는 자기만의 루트가 있다. 중롄중커는 연구소를 통해 인재를 공급 받고 산허즈넝은 대학교에서 훌륭한 인재를 확보한다. 특히 싼이그룹의 연구소에는 업계의 3분의 1에 해당하는 1000여 명의 우수인력들이 모여 있다. 이는 그 어떤 도시도 따라올 수 없는 강력한 경쟁력이다.

다섯 번째는 풍부한 노동력이다.

건설기계장비산업은 기술집약형 산업이자 노동집약형 산업이다. 중국 노동시장의 인건비는 유럽과 미국 등 선진국의 20분의 1에 불과하지만 종합적 역량은 개발도상국 중에서 최고수준이다. 이처럼 가격 대비 뛰어난 노동력은 우리의 장점이자 승리의 비결이다.

여섯 번째는 체제의 경쟁력이다.

세 기업 모두 체제개혁을 거쳐 현대화 기업체계와 법인 경영구조를 갖추었다. 민영 기업이라는 혈통을 타고났기 때문에 시장과의 거리를 최대한 좁히고 경쟁 우위를 선점할 수 있다.

일곱 번째는 정보화 역량이다.

싼이그룹은 작년에 ERP(전사적 자원관리) 통합시스템을 구축 완료했다. 이로써 전통제조업의 개선과 산업화 능력의 제고를 통해 기업 경영을 더욱더 효율적으로 하게 되었다.

여덟 번째는 글로벌화 역량이다.

쌍이그룹은 이미 글로벌 경영을 넘어서 글로벌 기업의 대열에 진입했다. 2006년에 글로벌 기업 12개를 설립하면서 쌍이그룹의 글로벌화가 한층 더 가속화될 것으로 예상된다.

마지막으로 정부의 추진력을 꼽지 않을 수 없다.

창사 시는 산업화를 추진하기 위해 6대 산업 클러스터 조성이라는 목표를 설정하고 우대정책을 잇달아 내놓고 있어 지역의 건설기계산업이 큰 탄력을 받고 있다.

간밤에 봄바람이 불어와 수많은 배꽃들이 흐드러지게 피어나듯이, 우리 모두 자신감을 갖고 창사가 세계 건설기계장비의 도시로 부상하는 그날을 기대해 보자.

탕슈궈

싼이의 숨은 고수, 탕슈궈

우리는 업종 중에서도 수익률이 가장 좋고 물론 기술적 요구도 가장 높은 세분시장에 진출하여 뛰어난 품질과 탁월한 서비스를 무기로 고객을 확보하는 방식을 선택했다. 처음부터 꾸준히 가격이 아닌 가치 주도형의 경쟁전략을 추진하며 브랜드 이미지를 구축해왔다.

- 탕슈궈

어떤 사람이 이런 말을 했다. 총명한 아이일지라도 놀 줄 모르고 매일 공부에만 빠져 산다면 결국 바보가 되고 말 것이다. 일리 있는 말이다.

대뇌가 발달한 사람은 원래 IQ가 높은데 거기에 놀기까지 잘하면 소뇌도 같이 개발된다. 대뇌와 소뇌가 조화롭게 잘 움직여야 인간의 지혜가 샘솟는다. 성공한 사람들의 경우 대부분이 그렇다. 위대한 발명가 아인슈타인은 바이올린을 잘 켰고 중국 최고의 수학자 첸쉐썬(錢學森)은 음악을 좋아했으며 아내는 유명한 음악가였다.

현재 싼이그룹의 이사이자 사장인 탕슈궈는 량원건 회장과 함께 싼이그룹을 창업했던 원년멤버 세 명 중의 한 명이다. 대학시절의 탕슈궈는 공부도 잘하고 놀기도 잘하는 활발한 청년이었다. 사업에서 큰 성공을 이룬 지금도 여전히 시간 날 때마다 가장 좋아하는 스포츠카를 타고 바람을 가르며 질주의 스릴을 만끽한다.

이런 탕슈궈는 싼이그룹이 창설된 그날부터 지금까지 줄곧 '이인자'의 자리를 굳건히 지켜왔다. 하지만 대외적인 업무보다는 '집안 살림을 맡아 하는 집사'의 역할인데다 일처리가 워낙 신중하고 겸손한 지라 외부에 많이 알려지지 않았다.

탕슈궈는 지난 20여 년 동안 량원건 회장과 함께 사업을 대대적으로 확장시키며 수만 명의 직원을 보유한 기업왕국을 건설했다. 량원건 회장은 그를 '경영의 일인자'라며 칭송했다. 그는 도대체 어떤 탁월한 능력을 가졌을까? '경영의 일인자'라는 칭호는 과연 명실상부한가?

탕슈궈 사장은 중국 기업가연합회로부터 '중국우수기업가'로 선정되었고 창사 시에서 '중국 특색의 사회주의사업 건설자' 칭호를 받았다. 그는 수상 확정을 위한 실사에서부터 시상식 수상소감에 이르기까지

탕슈궈와 싱가포르 총리 리센룽(李顯龍, 왼쪽 첫 번째)

수상과 관련된 모든 일을 나에게 일임했다. 당시 탕슈궈 사장에 대한 인터뷰 요청이 쇄도했지만 워낙 신중하고 자신을 드러내기 싫어하는 사람이라 결국 내가 그를 대신해 인터뷰에 응했다.

 싼이그룹의 경영진들은 수상경력이 아주 많다. 량원건 회장은 전국 노동모범이자 2005년 CCTV에서 선정한 올해의 중국 경제인상 등을 수상한 바 있다. 샹원보 사장도 화려한 수상경력을 자랑한다. 량원건, 탕슈궈, 샹원보 이들 세 명은 화려한 수상 경력 외에도 한 가지 공통점이 있다. 바로 언론과 인터뷰를 거의 하지 않는다는 점이다. 량원건 회장이 제17기 전인대 인민대표에 당선되었을 때도 그랬다. 이런 경사가 있으면 여기저기 자랑할 만도 했을 텐데 량원건 회장은 해외 체류 중이라는 핑계로 모든 인터뷰를 나에게 맡겼다. 탕슈궈 사장과 샹원보 사장도 마찬가지다. 내가 그들을 대신해 인터뷰를 한 것도 여러 번이다. 이번에 탕슈궈 사장이 또다시 수상을 했는데 여느 때와 다름없이 겸손한 태도로 나한테 대리수상을 부탁했다. 이는 결코 그들이 속세를 초탈해서가 아니라 워낙 처세가 신중하고 조심스럽기 때문이며 싼이그룹의 전통이 원래 이러하다.

나는 그룹에서 주로 기업홍보와 관련된 일을 하고 있으며 탕슈궈의 마인드와 일처리방식 그리고 기타 여러 가지 상황에 대해서도 비교적 잘 알고 있다. 따라서 사실에 입각하여 '경영의 일인자' 탕슈궈의 진면목을 재현하겠다.

싼이그룹에서 탕슈궈의 신분은 사뭇 흥미롭다. 그는 네 가지 신분을 지닌 유일한 사람이다. 량원건 회장의 대학시절 같은 반 동창이고 과거 홍위안 기계공장에서 같이 일했던 동료이며 국영 기업을 뛰쳐나와 싼이그룹을 창업한 4명의 원년멤버 중 한 명이자 현재 싼이그룹 경영진 중 서열 2위에 그룹 사장직을 맡고 있는, 량원건 회장의 동지이자 파트너이다. 언젠가 탕슈궈 사장이 무심코 이런 말을 한 적이 있다.

"싼이그룹의 사업은 량원건 회장의 동창과 동료들이 함께 이루어 낸 것이다. 량 회장과 나는 동창이자 동료다."

그 말은 아직도 귓가에 생생하다.

탕슈궈는 량원건 회장이 인정한 '경영의 일인자'이다. 싼이그룹이 대기업으로 성장할 수 있던 것은 '세 명의 일인자' 및 그 팀들이 있기에 가능했다. 경영의 일인자로서 탕슈궈는 오래 전부터 꾸준히 싼이그룹의 경영 현대화를 추진해왔다. 도요타의 생산방식을 도입한 것이 대표적인 예이다. 주지하다시피 이 생산방식은 테일러(Taylor)의 과학적 관리법에서 비롯되었다. 1911년에 테일러가 《과학적 관리법》이라는 책을 내놓음으로써 경영이 비로소 이론의 전당에 오르게 되었다. 도요타의 생산관리방식은 테일러의 동작 분석, 시간 분석 등 저명한 경영관리철학을 효과적으로 전승했다. 그리고 그것을 더 연장시켜서 개체 분석이 한정되었던 테일러의 분석이론을 공법과 요소에 대해 분석하는 것까지 확장시켜 최고의 효율과 품질을 자랑함과 동시에 낭비를 최소화하는 도요타만의 독특한 생산방식을 구축했다. 싼이그룹은 오래 전부터 이런 생산방식을 벤치마킹하여 전사 차원에서 광범위하게 추진하고 있으며 그것을 도입한 사람이 바로 탕슈궈이다.

ERP는 현대 경영의 마우 중요한 툴로서 현재 ERP를 제대로 실행하고 있는 기업은 전국에서 손에 꼽힐 정도이다. 그러나 감히 독자들에게 자신 있게 말하건대, 싼이그룹의 ERP 수준은 중국의 건설기계장비업계에서 최고라고 자부한다.

정보화 관리는 현대적인 관리수단이고 도요타의 생산방식은 전통적인 관리수단이다. 그런게 이 두 가지를 모두 탕슈궈가 맡아서 추진했다. ERP를 도입함으로써 과거 주먹구구식이었던 생산방식을 획기적으로 바꾸었다. 정보화 수단을 활용하여 제조에서부터 마케팅, 구매, 서비스에 이르기까지의 전 과정을 고학적으로 관리했다. 싼이그룹의 ECC는 GPS를 이용해 모든 제품을 엄격하게 모니터링하고 관리하며 유지보수와 컨설팅까지 제공한다. 전국에서 이런 작업이 가능한 유일한 기업이며 이 역시 탕슈궈가 직접 진두지휘하여 완성했다. ECC를 본 사람들은 모두 놀랍다는 반응이었다. ECC 시스템에 고객의 코드를 입력하면 그

고객이 구매한 기계의 운영기록과 상황을 조회할 수 있고 문제가 발생하자마자 우리에게 피드백이 온다. 그러면 우리는 즉시 문제를 진단하고 원격으로 유지보수를 실시한다. 그 외에도 부품 관리와 사용방법 컨설팅 등도 가능하다.

탕슈궈는 전통적인 관리방식의 효율을 높임으로써 규범화 생산관리를 실현하고 이를 통해 낭비를 줄이고 생산성과 수익성을 대폭 향상시켰다. 이와 동시에 현대적인 정보화 관리를 도입하여 원격방식으로 제품에 대한 모니터링과 관리, 컨설팅까지 제공함으로써 사업을 더욱 성장시켰다. 량원건 회장이 탕슈궈를 경영의 일인자라고 칭찬한 이유가 바로 이 때문이다.

그는 시대와 함께 발전하고 변화하는 혁신적인 사람이다.

1970년대에 일본 기업들이 품질관리(TQC)를 도입하면서 품질신화 창조와 함께 일본의 국력이 크게 증가했다. 싼이그룹은 성장과정에서 TQC를 일관성 있게 추진해 왔고 그 중심에는 언제나 탕슈궈가 있었다. 그러나 시대가 변함에 따라 TQC의 한계가 점차 드러났다. 예를 들어 자원의 분산, 의사결정의 분산, 그리고 정성분석만 있고 정량분석은 없는 자체적 결함 등이 부각되었다. TQC의 대중성이 자신들의 엘리트문화에 부합되지 않는다고 판단한 미국인들은 TQC를 한 단계 더 업그레이드시킨 6시그마(세계 최고의 CEO로 칭송 받는 잭 웰치의 세 가지 성공비결 중 하나)를 도입하여 현재 전반적으로 확대시키고 있다. 6시그마는 불량률을 3.4% 수준으로 유지해주는 거의 무결함인 최고 수준의 관리목표이다. 과거의 대중적인 관리모델을 엘리트들이 중심이 되어 리드해나가는 방식으로 전환함으로써 기업의 다양한 자원을 하나로 집중시켰을 뿐만 아니라 프로젝트에 대한 정확한 품질감정도 가능해졌다. 관리적인 측면에서 봤을 때 그야말로 비약적인 발전이었다. 이렇게 싼이그룹은 시대의 발전과 변화에 발맞춰 관리방식에 대한 과감한 혁신을 단행했고 그 개혁을 이끈 사람은 역시 탕슈궈였다.

　싼이그룹은 이미 중국의 일류 기업이자 글로벌 기업의 대열에 진입했다. 탕슈궈는 여기에 안주하지 않았다. 그는 물질적인 부를 축적하는 것 외에 산업 발전과 사회의 진보를 위해 싼이그룹이 추종 받는 패러다임과 위대한 사상을 창조하여 산업과 사회에 기여해야 한다고 생각한다. 즉 1등 기업을 넘어서 세계적인 경영관리철학과 최고 품질의 제품을 제공하는 것, 이러한 역할이 바로 싼이 모델이다. 탕슈궈는 이것을 추진하기 위해 싼이그룹 사보에 두 번이나 특별 기고를 했다.

　싼이그룹에는 새로운 시대를 여는 중요한 의의를 가진 사건이다. 그는 탁월한 경영자일 뿐만 아니라 깊은 철학과 사상을 가진 학자이기도 하다.

　사실, 글로벌 500대 기업에서 사용되는 전 세계적으로 인정받는 바이블 같은 경영관리철학은 마이클 피터, 도요타 생산방식 등 몇 개에 불과하다. 싼이그룹은 끊임없는 탐구와 실천을 통해 싼이만의 생산방식을 만들어내고자 한다. 싼이그룹은 고객의 요구에 따라 제품을 맞춤 제작해서 납품하는 업체로, 대량으로 도매하는 경우가 극히 드물다. 또한 자동차 생산라인과 달리 숙련공을 대거 투입하여 제품을 조립 및 설치하는 방식으로 생산한다. 이러한 산업적 특징에 맞는 관리모델은 무엇일지에 대해 탕슈궈는 오래전부터 끊임없이 고민하고 정답을 찾기 위해 노력해왔다.

현재 우리는 '싼이 생산시스템'을 만들기 위해 부단히 노력하고 있으며 언젠가는 우리의 싼이 모델이 예전의 '도요타 모델'처럼 사회문명의 진보와 발전에 새로운 시사점과 영향을 가져다주기 바란다. 싼이 모델의 핵심을 한 마디로 요약하면 바로 싼이의 기업 이념, 즉 품질로 세상을 바꾸는 것이다.

그렇다면 '싼이 모델'은 무엇인가? 그룹 사장을 맡고 있는 탕슈궈에 대한 설명이 '싼이 모델'의 성장로드맵을 이해하는 데 도움이 될 것이다.

2009년 8월에 진행한 〈남방주말〉 잡지와의 인터뷰에서 탕슈궈는 이같이 말했다.

중국의 제조업체들은 과거 30년 동안 주로 두 가지 방식으로 성장을 해왔다. 하나는 낮은 원가와 단기 내에 규모의 경제를 형성함으로써 가격경쟁력을 바탕으로 수출량을 늘리거나 수입제품을 대체하는 것이다. 가전업체가 가장 대표적이다. 또 다른 방식은 '농촌부터 공략한 후에 서서히 도시를 포위하는' 전략으로, 중국 내륙시장이 엄청나게 큰 대신 소비능력은 당분간 한계가 있는 특징을 이용하여 2선과 3선 도시에서 빠른 성장을 이루었다. 로컬 자동차업체들이 대부분 이런 경우이다. 이 두 가지 방식 모두 높은 브랜드 프리미엄을 확보할 수가 없고 고객의 요구수준이 높아지고 경쟁이 치열해질수록 마진율이 점점 축소되는 지경에 이르게 된다. 하지만 싼이그룹은 다른 길을 택했다. 우리는 업종 중에서도 수익률이 가장 좋고 기술 수준이 가장 높은 세분시장에 진출하여 뛰어난 품질과 탁월한 서비스를 무기로 고객을 확보하는 방식을 선택했다. 처음부터 낮은 가격을 앞세우는 것이 아니라 가치 주도형의 경쟁전략을 추진하며 브랜드 이미지를 구축해왔다.

〈남방주말〉은 싼이그룹의 이런 전략적 선택을 건설기계산업의 특징과 관련지었다. 대규모 생산라인을 통한 대량 생산이 특징인 가전산업이나 자동차산업과 달리, 건설기계산업은 두 가지 특징이 있다. 하나는 소량화와 다양화이다. 수요층이 다양하고 자주 변하기 때문에 서비스를 중요시하고 고객에게 적극적으로 다가가는 후발업체들이 높은 부가가치를 창출하고 세분시장에서 빠른 시일 내에 경쟁력을 확보할 수 있는 기회가 충분히 존재한다. 또 다른 특징은 제품 자체의 기술적 요구수준이 높고 복잡한 기반기술이 필요하다는 것이다. 그래서 기술개발과 적용에 대한 설계능력이 필수조건이고 그로 인해 시장진입의 문턱이 비교적 높다. 싼이중공업이 초기에 콘크리트펌프와 도로용 다짐기계 등 영역에서 거둔 급속한 성장이 이러한 분석을 뒷받침하고 있다.

이런 전략을 선택했기 때문에 싼이그룹은 높은 성장과 함께 높은 수익률을 유지할 수 있었다.

과거에 시장 주도형의 혁신을 통해 품질 위주의 가치경쟁전략을 추진해온 것에 비해 최근에는 점점 시장(서비스)과 기술의 더블트랙의 구도를 보이고 있는 것은 매우 바람직한 변화이다.

예를 들면 에너지절감 특허기술을 제품에 적용하여 펌프카 한 대당 연간 디젤유 20톤 절약, 아스팔트살포기 한 대당 연간 디젤유 10톤 절약, 그레이더 한 대당 연간 디젤유 12톤 절약이 가능하다. 이 기술을 다른 건설기계에도 적용한다면 일 년에 연료비가 적어도 수십 억 위안 정도 절약될 것이다. 탕슈궈는 또 이렇게 말했다.

"우리의 설비가 고객에게 얼마나 큰 가치를 창조해주는지 가치 계량화 작업을 할 것이다. 좋은 품질이라는 것은 결국 고객에게 돈을 벌어다 주는 것이기 때문이다."

탕슈궈는 아주 매력적인 사람이다.

우선 그는 부지런하다. 하루에 14시간 동안 일하며 그룹의 일상적인 업무를 처리한다. 방대한 업무량을 소화해내며 량원건 회장이 다른 일에 신경 쓰지 않고 기업 전략과 문화 연구에만 몰두할 수 있도록 확실하게 '내조'한다. 그는 선비처럼 점잖고 고상한 성품을 지녔다. 일과 공부, 자기관리 등 모든 면에서 이런 기질이 드러난다. 과학과 철학, 생산관리 등 여러 분야에 대해 자신만의 독특한 견해를 갖고 있고 언변도 뛰어나다. 이뿐만 아니라 탕슈궈는 사회적 책임의식이 아주 강한 사람이다. 대형 사고나 재해가 발생하여 싼이그룹이 구조 활동에 참여할 때마다 늘 탕슈궈의 모습을 볼 수 있었다.

위의 내용을 종합해보면, 탕슈궈는 량원건을 도와 작은 묘목이었던 싼이그룹을 하늘을 찌르는 아름드리나무로 키워낸 공신이자 보기 드문 훌륭한 경영관리 인재라고 할 수 있다.

① 2008년 6월 17일 량원건 회장은 기자회견을 열고 비유통주 거래제한이 풀려도 자사 주식을 유통시키지 않겠
　다고 약속했다.
② 량원건 회장이 2005년 CCTV가 뽑은 '중국 경제계 올해의 인물'에 선정되었다.

자본의 신통력

중국에 싼이그룹은 없어도 되지만 강력한 자본시장이 없어서는
안 된다.
- 량원건

2008년 중국의 주식시장은 먹구름이 잔뜩 드리운 암울한 하락장세가 이어졌다. 상하이종합지수가 단기간에 5000, 4000, 3000선까지 속절없이 무너지면서 증시는 마치 거센 파도 속에 요동치는 쪽배처럼 위태로웠다. 특히 6월 3일 단오절 이후부터 10일 연속으로 약세 장세가 이어지면서 주식투자자들을 극도의 공황에 빠트렸다.

게다가 6월 17일에 '대형 비유통주의 거래제한'이 풀리면서 주식투자자들에게 엄청난 재앙으로 여겨지는 비유통주가 시장에 대량 쏟아져 나왔다. 순식간에 주가가 급락했다.

싼이중공업은 중국 주식 유통화 개혁의 1호 주식으로 비유통주 거래제한이 풀리면 당연히 주식시장에 나오게 된다. 전 중국의 투자자들이 모두 싼이중공업의 주가가 어떤 모습을 보여줄지 주시하고 있었다.

싼이중공업은 6월 17일 오후에 기자회견을 열었다. 회사는 다음과 같은 약속을 했다.

첫째, 비유통주 거래제한이 풀릴 다량의 주식을 2년 간 회사가 보유하기로 했다.

둘째, 2년이 지나더라도 싼이중공업의 주가가 2008년 6월 16일 종가의 두 배 이하일 경우 보유 주식을 유통시장에 매물로 내놓지 않을 것을 공약했다.

사실 투자자들은 비유통주 거래제한이 풀리면 주식시장의 60% 이상을 차지하는 비유통주가 시장에 쏟아져 나와서 증시가 폭락할까봐 두려워했다. 우리는 이 부분의 우려를 불식시켰다. 사실 실적이 좋고 성장성도 크며 재무상황도 건전한 기업은 주가 흐름에 자신이 있다.

6월 18일, 개장하자마자 싼이중공업의 주가는 상한가를 쳤고 상하이

증권지수는 5.24%로 폭등했다. 스스로를 묶어둠으로써 주식시장의 안정을 되찾게 했다.

한 언론과의 인터뷰에서 기자가 이런 질문을 했다.

"싼이중공업이 스스로 주식을 2년 동안 묶어두겠다고 약속한 것은 혹시 정부의 지시를 받았기 때문인가?"

나는 이렇게 대답했다.

"정부의 지시는 전혀 없었다. 하지만, 정부의 기대에 부합하는 조치인 것은 분명하다."

필자는 〈싼이그룹신문〉에 '창공을 가로지르며 훨훨 날아오르다'라는 제목의 글을 발표했다.

싼이그룹이 이런 결정을 내린 것은 주식시장의 안정화를 위한 산업자본의 입장에서 비롯된 것이다. 중국에 싼이그룹이 없어도 되지만 강력한 자본시장이 없어서는 안 된다는 게 량원건 회장의 평소 철학이다. 우리는 이런 철학에 따라 움직인 것뿐이다.

주식 유통화 개혁이 성공함에 따라 주식시장에 새로운 변화가 일어났다. 과거에는 비유통주 거래제한 때문에 비유통주를 보유한 대주주들이 주가가 떨어지든 말든 별로 관심이 없고 오로지 순자산을 늘리는 일에만 신경을 썼다. 하지만 이제는 시가총액 관리가 도입되어 그들의 실적과 경영능력, 융자 원가와 규모, 잡혀 먹히느냐 아니면 집어삼키느냐, 브랜드 프리미엄, 특히 재산이 많아지느냐 적어지느냐가 모두 시가총액에 달렸다. 진정한 글로벌 스탠더드와의 접목이다. 세계의 권위 있는 언론과 기관들 모두 시가총액을 기업의 실력을 평가하는 기준으로 삼고 있다. 그러니 이제는 대주주들이 그 누구보다도 증시의 상황을 긴밀하게 살피게 되었고 그에 따른 관리 인력의 활성화가 이루어졌다.

유통주를 보유한 일반주주들도 이제는 단기이익뿐만 아니라 회사의 장기적인 발전에 더 많은 관심을 갖게 되었다. 과거에는 앞으로 회사가 어떻게 되든 지금 당장 주가만 높으면 된다고 생각했지만 이제는 워런 버핏과 같은 이성적인 투자자가 되었다. 회사의 주가 외에도 내적인 역량 즉 가치 창조 능력에도 주목했다.

따라서 투자자가 이성적이어야 주식시장이 이성적이다. 그래야만 우수한 자원을 우수한 기업에 배정하는 제도적 장치가 제대로 작동하여 주식시장이 경제의 번영과 발전을 촉진하는 요술봉의 역할을 잘 해낼 수 있을 것이다.

강력한 자본시장과 탁월한 기업가 집단, 훌륭한 기업들이 일어선다면 '대국 부흥'의 꿈도 반드시 이루어질 것이다.

'국익이 기업의 이익보다 우선이다'라는 이념 하에 쌴이그룹은 중국의 주식시장 개혁을 위해 큰 부담과 희생을 감내했다. 10주당 3.5주를 증여하고 6000만 위안 상당의 현금을 배당금으로 지불했으며 계획했던 조정방안을 소주주들의 이익을 높이는 방향으로 수정했다. 이러한 노력은 헛되지 않았다. 93.44%라는 높은 지지율로 투자자들의 동의를 얻어내며 국가의 기대에 어긋나지 않게 주식 유통화 개혁을 순조롭게 완성했다.

사실 무엇을 바라고 이러한 희생을 감내했던 것은 아니다. 국가에 보답하고자 하는 순수한 마음에서 이러한 조치를 취했다. 창업 초기부터 산업을 일으켜 나라에 보답하자는 '산업보국'의 기치를 높이 내걸었고, 사업의 성공을 거둔 오늘날에도 여전히 '국익이 기업의 이익보다 우선이다'라는 기업의 취지를 잊지 않았다. 싼이그룹의 이러한 희생과 공헌을 높이 산 사회에서는 큰 보상을 주었다. 2005년 CCTV가 뽑은 중국 경제계 올해의 인물에 량원건 회장이 선정되었고 싼이그룹의 시가총액은 30억 위안에서 360억 위안으로 급증했다. 량원건의 개인 재산도 130억 위안으로 크게 증가하여 중국 부호 순위에서 30위에 오르며 후난 지역 최고 갑부로 등극했다. 량원건 의에 3명의 창업 멤버 역시 부자 리스트에 새롭게 이름을 올렸다. 나라에 충성한 것에 대해 사회가 아낌없이 보상을 해준 것이다. 이것을 어찌 단순한 부라고 하겠는가? 바야흐로 신흥기업가들이 일어서고 있다.

싼이그룹은 건설기계업계에 진입한 지 12년밖에 안됐지만 매출은 초반의 1억 위안 미만에서 거의 100배 이상 신장했다. 그렇다 해도 매출액, 이윤, 자산총액, 순자산 등 기존의 지표로 바라보면 업계 1위가 되기에는 역부족이었다. 하지만 성공적인 주식개혁을 거치면서 상황은 달라졌다. 1999년에 마이크로소프트 사의 매출규모는 148억 달러에 불과했지만 시가총액은 4340억 달러에 달했다. 마찬가지로 시가총액으로 따지면 싼이그룹은 365억 위안으로 275억 위안인 2위 기업과 큰 격차를 보이며 업계 1위의 자리를 확실하게 다졌다.

2011년, 영국 〈파이낸셜타임스〉가 선정한 시가총액 기준 세계 500대 기업에 싼이그룹이 당당히 입성했을 때 나는 또 '경이로운 변화 – 싼이 인들의 위대한 역사적 순간'이라는 제목의 글을 언론을 통해 발표했다. 전문의 내용은 다음과 같다.

중국공산당 창당 90주년을 맞아 량 회장이 가슴 벅찬 소식을 발표했다. 싼이그룹이 영국 〈파이낸셜타임스〉가 선정한 세계 500대 상장회사에 진입했다! '인간은 꿈이 있어 위대하다'는 신념하에 부단히 노력해온 싼이인들의 꿈이 드디어 현실이 되는 위대하고도 역사적인 순간이다. 싼이그룹은 '11.5' 기간에 글로벌 경쟁력 제고, 시장점유율 제고, 통상적 수준을 훨씬 뛰어넘는 비약적인 발전, 수익과 속도 두 마리 토끼 동시에 잡기, 브랜드 파워 향상, 증시에서의 신화 등 6가지 기적을 달성했는데 그중에서도 가장 자랑스러운 성과가 바로 이것이라고 생각한다.

개인적으로 글로벌 500대 기업에 드는 것보다 시가총액 기준 500대 기업에 드는 것이 더 자랑스럽다고 생각한다. 이유는 다음과 같다.

1. 글로벌 500대 기업 순위는 사실 기업의 수익성이 아닌 규모를 기준으로 한다. 2010년 순위를 보더라도 글로벌 500대 기업 중 69개 기업이 적자를 기록했다. 가장 대표적인 사례가 패니메이(Fannie Mae)다. 글로벌 500대 기업 중 270위에 랭크되었지만 시가총액 기준 500대 기업에는 들지 못했다. 영업수익 290억 6500만 달러에 적자규모가 719억 9000만 달러, 영업수익의 248％에 달하는 수준이다. 규모만 클 뿐 강한 기업이

라고 할 수 없다. 강하기는커녕 허약하기 그지없다. 글로벌 500대 기업의 불편한 진실이라고 할 수 있겠다.

2. 시가총액 기준 500대 기업 중 적자 기업은 10개에 불과하다. 가장 큰 적자를 낸 회사는 37위를 차지한 영국 브리티시 페트롤륨(BP)으로 글로벌 500대 기업 중에서 4위이다. 적자규모가 37억 6000만 달러로 영업수익(3004억 4000만 달러)의 1.25 % 수준이다. 따라서 시가총액 기준 500대 기업이 글로벌 500대 기업보다 훨씬 더 내실이 있다고 볼 수 있다.

3. 특히 대서특필할 만한 것은 비록 싼이그룹이 아직 글로벌 500대 기업에는 들지 못했지만 시가총액과 매출액의 비율을 기준으로 놓고 보면 월등히 높은 수준이다. 시가총액 대비 매출액의 비율은 글로벌 500대 기업 중 1위를 차지한 월마트(시가총액 기준 500대 기업에서 19위)가 43.37 %, 시가총액 기준 500대 기업에서 1위를 차지한 엑슨 모빌(글로벌 500대 기업에서 3위)이 122.13 %인 데 비해 싼이그룹은 418.95 %로 각각 10배와 3.5배나 높다.

지금의 싼이그룹은(2011년 7월 11일 마감 기준 시가총액 1419억 우안) 상하이와 선전 증시의 2000여 개 주식 중에서 17위에 우뚝 섰다(민영 기업 중 1위, 주가수익률 13.2배). 우리 앞에 랭크된 회사들은 중국석유천연가스집단공사(CNPC), 중국석유화공집단공사(SINOPEC), 중국공상은행, 중국은행 등 독점사업 형태의 거대한 국영 기업들이다. 지방도시의 작은 민영 기업에서 오늘날 주식시장의 거물로 성장했으니, 어찌 감격스럽지 않겠는가?

4. 시가총액은 기업의 가치, 다시 말하면 기업의 몸값이고 재산 규모이다. 회사의 경영실적과 미래 성장성에 대한 투자자들의 긍정적 평가와 신뢰를 가장 직접적으로 보여준다. 싼이그룹은 새로운 시각에서 접근하여 기업 경영의 목표를 기존의 매출 극대화에서 자산 증가치의 극대화로, 이윤 극대화에서 가치 극대화로 전격 변환함으로써 오늘날과 같이 시가총액이 급증하는 눈부신 성과를 달성했다. 1999년에 빌 게이츠는 회사의 매출액이 148억 달러에 불과했으나 시가총액이 4340억 달러에 달하여 세계 최고 갑부에 등극했다. 마찬가지로 싼이그룹의 시가총액이 크게 증가하면서 량원건 회장을 최고의 갑부 자리로 올려놓았다.

5. 2010년에 싼이중공업의 이윤이 8억 5200만 달러였으나 시가총액 215억 8400만 달러에 비하여 겨우 25분의 1 수준밖에 되지 않는다. 싼이그룹의 시가총액은 2006년 6월 13일 기준으로 419억 위안에서 지금은 1419억 위안으로 1000억 위안이 증가했다. 5년 동안 창출한 이윤이 109억 7200만 위안이니 자산 증가치가 5년 동안의 이윤을 합친 것의 10배 정도이다. 부를 만들어내는 자본시장의 위력은 가히 거대하다고 하겠다.

6. 중국 건설기계산업의 최대 기업인 쉬궁은 2010년 매출이 660억 위안이었다. 단순히 매출규모로만 보면 싼이그룹이 502억 위안이니 쉬궁이 더 많다. 그러나 시가총액으로 보면 쉬궁은 515억 9000만 위안(2011년 7월 11일 기준), 싼이그룹(1419억 위안)이 쉬궁의 2.75배이다. 규모는 쉬궁이 더 크지만 누가 더 내실 있는 기업인지는 단번에 판가름이 난다. 따라서 자산으로 따지자면 중국 건설기계산업의 진정한 일등은 싼이그룹이다. 샹

원보가 2005년에 '창사 시를 중국, 나아가 세계의 건설기계산업도시로 만들겠다'고 선언했는데, 이제 창사 시는 명실공히 '중국의 건설기계산업도시'가 된 것이다. 그러니 어찌 자랑스럽지 않겠는가?

몇 년 전에 참석한 전국 시가총액 관리 고위급 포럼에서 모 컨설팅회사의 사장이 "언젠가 싼이그룹이 세계적인 중장비회사인 캐터필러를 인수하게 될지도 모르는 일이다."라고 예측했다. 자원, 제품, 기술, 브랜드 등 전통경제학의 범주에서 보면 터무니없는 소리가 분명하다. 하지만 량원건 회장의 원대한 포부와 전략이 제대로 실행된다면 '12.5' 규획이 끝나는 2015년에는 매출이 3500억 위안, 시가총액이 1조 위안에 달하게 된다. 시가총액 기준 94위인 캐터필러는 매출이 426억 달러(2756억 2200만 위안 상당), 시가총액이 711억 달러(4600억 위안 상당)이다. 이렇게 비교하면 캐터필러 인수가 가능할 수도 있는 일이다.

또 다른 시각에서 보면, 싼이는 캐터필러와 매출 격차가 8.27배(캐터필러는 426억 달러, 싼이는 51억 5300만 달러)로 비교적 크지만 시가총액은(캐터필러는 711억 달러, 싼이는 215억 8400만 달러) 3.29배밖에 차이가 나지 않는다. 그러니 시가총액을 키워서 추월속도를 더 높일 수 있다.

일부에서는 시가총액이 변화와 기복이 너무 심해서 기준으로 삼기에 부적합하다고 보는 시선도 있다. 그러나 사실 시가총액은 관리가 가능하다. 즉 가치 창조 능력을 제고하여 가치(외부 주가)를 실현할 수 있다. 시가총액 관리에는 가치 관리와 시장정서 관리가 포함된다. 가치 관리에는 혁신, 브랜드, 자원 배분 등이 포함된다. 즉 기술 선진화와 혁신을 통해 이윤과 브랜드 가치를 제고함으로써 시가총액을 높일 수 있다. 시장정서 관리는 투자자 관계, 관리감독부서, 언론, 증시연구기관과 연구 인력 등에 대한 관리를 말한다.

쌍이그룹의 시가총액이 5년 동안 1000억 위안이나 급증한 것도 이러한 논리를 증명하고 있다.

금융경제와 실물경제가 서로 균형을 이루며 잘 움직여야 기업의 경영이 활성화된다. 굉장히 복잡하고 어려운 과제이다. 우리가 그동안 자본시장에서 어떻게 해왔는지, 독자들의 이해를 돕기 위해 2007년 6월에 필자가 량원건, 탕슈궈, 샹원보 세 사람에게 '내부참고용' 자료로 보낸 문장을 찾아냈다. 제목은 '역사적 기회를 활용하여 500대 기업 진입전략을 강화할 것에 대한 구상'이다.

주식 유통화 개혁이 성공하면서 강력하고 거대한 자본시장이 형성되고 새로운 금융시대가 열렸다. 쌍이그룹에 절호의 역사적 기회가 찾아온 것이다.

산업경제 차원에서 볼 때 2006년에 쌍이그룹은 연간 수익 7억 2000만 위안(쌍이중공업이 5억 5800만 위안)을 기록하며 가장 눈부신 실적을 창조했다. 자본시장에서의 활약은 더욱 두드러졌다. 1년도 안 되는 사이에 쌍이중공업(쌍이그룹이 경영권을 갖고 있는 상장회사)의 시가총액이 16.12배가 증가했고 절대치도 26억 위안에서 393억 위안이나 증가하여 419억 위안(2006년 6월 13일 마감 기준)으로 껑충 뛰어올랐다. 이는 그냥 종이에 적힌 숫자가 아니라 바로 현금화할 수 있는 진짜 '머니'이다.

주식유통시장에서도 대풍년이었다.

주식투자수익이 10억 위안 정도로 영업수익을 초과했다. 자랑스러운 성과이지만 자본시장에서의 자산증가액에 비하면 39분의 1 수준으로 새 발의 피다.

대체원가 관점에서 보면, 싼이중공업의 2006년 말 고정자산은 14억 위안이다. 다시 말해서 올 6월 25일에 만기 도래하는 현금화 가능 자산(10%) 42억 위안을 투자하면 지금과 같은 싼이중공업을 3개 더 만들 수 있고 시가총액 전체를 다 투자하면 싼이중공업 30개를 만들 수 있다.

이는 우리의 진정한 잠재력과 기회가 어디에 있는지를 분명하게 보여주고 있다. 중국 자본시장의 이 절호의 기회를 잘 활용한다면 분명 장밋빛 미래가 펼쳐질 것이라 확신한다.

이러한 형세에 맞춰서 우선 人 각부터 바꿔야 한다. 기업 경영의 목표를 매출 극대화에서 자산 증가치 극대화, 이윤 극대화에서 가치 극대화로 바꾸어야 한다. 전략적 목표도 글로벌 500대 기업에서 중국 내지는 세계제조업계의 공룡기업으로 한 단계 더 높여야 한다.

글로벌 500대 기업은 전통경제학의 평가방식이다. 2위인 월마트도 2006년 매출이 3156억 달러에 달했지만 이윤은 113억 달러에 그쳤다. 그런데 빌 게이츠는 1999년에 매출이 148억 달러로 낮은 수준임에도 불구하고 시가총액 4340억 달러로 세계 최고 갑부가 되었다. 미국의 〈비즈니스 위크〉, 영국의 〈파이낸셜타임스〉와 〈포브스〉 등 잡지가 시가총액 순위를 기업의 실력을 평가하는 기준으로 삼는 이유도 바로 여기에 있다.

국내 동종업계의 쉬궁그룹을 우리와 비교해 보자. 2006년 싼이그룹의 매출은 81억 1000만 위안이고 쉬궁그룹은 매출 172억 위안에 이윤이 7억 8600만 위안이었다. 그런데 6월 13일 증시 마감 기준으로 쉬궁그룹의 상장사인 쉬궁테크놀로지의 시가총액이 86억 위안에 그친 반면 싼이중공업의 시가총액은 419억 위안에 달했다. 전통경제학의 관점에서 본다면 쉬궁이 당연히 넘버원이다. 그러나 현대경제학의 관점에서 보면 쉬궁테크놀로지는 싼이중공업의 5분의 1에 불과하고 그룹 대 그룹은 이윤, 유통시장에서의 주가수익, 시가총액 증가치 등 전체 자산 증가치를 놓고 보면 격차가더욱 크다. 따라서 자산규모를 기준으로 보면 싼이그룹이 중국 건설기계업계의 진정한 넘버원이다. 이렇게 놀라운 초월속도는 또 무엇을 말해주는 것일까?

싼이그룹은 자본시장에서의 활약을 통해 동종업계 1위 기업인 쉬궁그룹을 뛰어넘었을 뿐만 아니라 중국 최고의 민영 기업인 화웨이까지 제쳤다. 2006년 화웨이의 매출은 656억 위안으로 무려 싼이그룹의 8배이지만 이윤은 41억 위안으로 낮은 수준이다. 따라서 자산규모를 놓고 보면 싼이그룹이 화웨이를 제쳤다고 말할 수 있다. 이는 화웨이가 비상장회사라서 시가총액 평가를 하지 않은 전제 하에 비교한 것이라는 점을 밝혀둔다.

중국 자본시장의 절호의 기회를 잘만 활용한다면 세계 건설기계산업의 절대강자인 캐터필러를 추월하지 못하라는 법도 없다. 기술, 제품, 브랜드 등 전통경제학의 범주에서 보면 거의 꿈같은 얘기지만 자본시장은 기적을 탄생시키는 요술봉과도 같다. 그러니 그 힘을 최대한 활용해야 한다.

1. 가치 창조를 통해 가치(주가)를 실현한다.

산업과 자본의 상호 촉진 작용을 통해 통상적 수준을 뛰어넘는 비약적인 발전을 실현해야 한다.

그러기 위해서는 우선 시가총액의 개념부터 확실하게 알아둬야 한다. 시가총액 관리에서 가장 중요한 것은 가격이다. 해외의 선진자본시장을 보면 가격을 결정하는 요소 중에서 실제 가치는 겨우 20％를 차지하고 나머지 80％는 시장정서가 결정한다. 전형적인 2 대 8의 파레토 법칙이다. 이하 두 가지 측면에서 논술하겠다.

우선 가치적 관점에서의 전략 구상은 이렇다.

첫 번째, 주요사업영역을 강화한다. 내부의 자원구조를 조정하여 수익성이 좋고 수요 대비 공급이 부족한 제품 중심으로 자원을 집중 투자한다.

두 번째, 내부투입전략을 실시한다. 내부의 새로운 우량자산을 투입하여 수익성을 높인다. 그룹 내의 경쟁력 있는 새로운 사업을 상장사인 싼이중공업으로 넘겨서 수익성을 제고하는 등 현재 자사에서 추진하고 있는 부분이다.

세 번째, 큰 경쟁력을 가진 사업을 따로 떼어 내어 업계 최고로 키운다. 지난해(2005년)에 선양석탄기계를 싼이중공업으로부터 분사시킨 것이 그런 경우이다.

네 번째, 내부에서 지분과 스톡옵션 등 격려방식을 통해 가치사슬 전반에 걸쳐 하드웨어와 소프트웨어 등 모든 부분을 강화한다. 현재 그룹 차원에서 이미 그렇게 추진하고 있으나 아직은 커버리지가 약하다.

다섯 번째, 경영자에 대한 평가를 기존의 방식에서 시가총액 위주의 평가방식으로 바꾼다. 현재는 상장회사가 1개밖에 없기 때문에 아직 전면적으로 실시하기는 어렵다.

여섯 번째, 제한적인 유통시장 주식투자를 통해 수익률을 조절하고 재무제표를 유지하는 등 재무적 투자의 보조수단으로 활용한다. 작년 한해 이 부분의 운영이 비교적 성공적이었고 다만 사회자원 통합에서는 조금 미흡했다.

일곱 번째, 다른 우량 상장사와 주식 스와프를 통해 수익성을 높이는 이른바 콤비네이션 전략을 실시한다.

여덟 번째, 국내외 최우수 인재들을 영입하여 최강 조직을 구성한다. 독일의 건설기계장비 엔지니어들과 국내외 최고수준의 전문가들, 특히 독일 문화에 익숙한 중국계 독일인들을 외부에서 영입한다.

아홉 번째, 기존의 글로벌 경영에서 진정한 글로벌 기업으로 한 단계 전진하여 독일과 산업차원의 협력을 추진한다.

열 번째, 디젤기, 유압부품 등 핵심 부품이 자체기술이 아니기 때문에 큰 제약을 받고 있는 실정이다. 외국의 관련 기업, 일류업체가 안 되면 2류(Second tier) 업체라도 인수하여 핵심기술을 확보하거나 기술인력 영입 등 방식을 통해 기술문제를 해결한다.

열한 번째, 상장 예정인 회사에 지분 참여 방식으로 투자한다.

열두 번째, 풍부한 노하우와 실력을 갖춘 컨설팅회사에 전반적인 통합기획을 의뢰한다.

시장정서는 다음과 같은 측면에서 유도할 수 있다.

첫째, 효과적인 투자자관계 관리체계를 구축한다. 기관투자자들이 정기적으로 회사를 방문하그 보유주식을 늘리도록 유도하는 등 이미 이 부분에서는 잘하고 있다.

둘째, 감독관리 부처에 대한 관리를 효과적으로 진행한다. 싼이그룹이 주식 유통화 개혁의 첫 타자가 되고 또 이후 여러 가지 위기를 매끄럽게 해결할 수 있었던 것도 여기서 덕을 많이 봤다고 할 수 있다.

셋째, 언론에 대한 관리를 효과적으로 진행한다. 지금까지 잘해왔지만 앞으로도 계속 강화해야 한다. 좋은 이미지와 평판은 시가총액을 5~20%나 높여준다.

넷째, 연구기관과 인력에 대한 효과적인 관리를 진행한다. 이것은 우리가 가장 취약한 부분인데 전문가들이 시장정서와 투자자들의 선택에 미치는 영향을 절대 간과해서는 안 된다.

가끔 자사 주식이 증시흐름과 반대로 등락하는 상황을 보고 당혹스러웠을 텐데 잘 분석해보면 결국 답은 바로 위에서 말한 이 네 가지 요소 안에다 들어 있다.

시장정서를 완벽하게 관리 또는 통제할 수는 없지만 이상 네 가지 관계를 잘 처리하고 흐름에 따라 움직인다면 그 어떤 변화에도 여유 있게 대응할 수 있을 것이다.

2. 가치를 활용한 급속 확장 실현, 그리고 인수합병을 통해 업계 자원을 통합하여 국내 나아가 국제 시장의 절대강자로 등극한다(긍정적인 상호 작용을 통해 공룡기업으로 성장).

그동안 싼이그룹은 적극적인 인수합병 없이 고속 성장을 이루어왔다.

하지만 자본시장의 가장 큰 매력은 바로 인수합병이다. 마치 핵분열과정에서 거대한 에너지가 생성되는 것처럼 쌴이그룹의 시가총액이 엄청나게 증가하면서 인수합병을 통한 산업의 수직계열화를 추진할 수 있는 '밑천'이 생긴 것이다.

첫째, 주요사업 위주로 인수합병을 추진한다. 국내 기업 중 적합한 대상 기업의 시가가 아직은 낮은 편이어서 시장기회가 크다.

둘째, 제한적인 업무 다각화를 실시하여 부동산과 투자를 양쪽 날개로 키운다. 구글의 글로벌 인수합병 경험을 참고하여 첨단과학기술분야에 진출할 수 있다.

셋째, 만약 가치 창조의 주체, 즉 우량자산 자원과 상장회사의 외형 자원을 효과적으로 통합시킨다면 자본금을 한 푼도 들이지 않고도 확장이 가능하다. 이 부분은 챵즈(智)그룹의 사례를 벤치마킹할 수 있다.

3. 논의해야 할 문제점

첫째, 불 마켓(강세장)과 베어 마켓(약세장)의 인수 환경

불 마켓에서의 인수는 비용이 많이 들지만 증시가 4.34배 상승한 것에 비해 쌴이의 주가는 16.12배 상승했으니 그래도 유리하다. 반대로 베어 마켓에서는 인수비용은 적게 들지만 자사의 주가도 그만큼 낮다. 상하이종합지수가 998.03일 때 쌴이의 주가도 5.41위안으로 대폭 하락했다.

둘째, 주요 사업 인수 대상

① 유통시장(시장가격으로 거래되며 5% 이상 지분을 보유하면 바로 신고해야 한다.)

② 재산권 거래시장(Property Rights Market, 순자산가치로 인수 가능하며 향후 상

장하면 엄청난 창업이윤을 얻을 수 있다.)

③ 군수업체 매물이 민간 대상으로 나오는 경우(절호의 기회가 될 것이다.)

④ 내실은 좋은데 일시적으로 자금줄이 끊겨 곤경에 빠진 기업(자금만 투

입하면 곧바로 회생이 가능하다.)

셋째, 더룽(D'Long) 실패의 교훈

더룽은 시가총액 관리의 선구자라고 불릴 만큼 풍부한 경험과 노하우를

자랑하는 글로벌 전략투자회사이다. 하지만 안타깝게도 베어 마켓이 오래

지속되었고 또 실물산업의 바탕이 없는 상태에서 주가를 이용해 시가총액

을 유지하는 수익모델이기 때문에 은행이 돈줄을 조이자 꼼짝없이 무너지

고 말았다.

4. 전략 실행 지원을 위한 조직, 기구와 인력

쏸이의 경우 산업경제에서도 인재 부족이 가장 큰 문제였는데 금융경제

에서는 오죽하랴? 따라서 갖은 수단과 방법을 동원하여 효과적이고 강력

한 조직을 구성하는 것이 급선무다. 이와 동시에 조직의 실적 창출을 드라

이브하고 시가총액 관리를 진행할 수 있는 장기적이고 효과적인 시스템을

구축해야 한다.

마지막으로 강조하고 싶은 것은 자본시장의 철학이다. 즉 상장회사는

펀딩을 잘 하는 것보다 돈을 쓰는 능력이 더 중요하다. 돈을 어디에 어떻

게 잘 쓰느냐에 따라 더 많은 자금을 조달 받을 수 있다.

① 장우창의 강연
② 판강의 강연
③ 탕하오밍의 강연
④ 랑셴핑의 강연

PART
19

살고자 한다면 끊임없이 공부하라

싼이그룹을 학습형 조직으로 만들 것이다.

– 량원건

2012년, 세계경제의 불확실성과 함께 중국 경제가 하향세를 보이면서 쌘이그룹 임직원들도 불안감이 엄습했다. 이런 시기에 경제학 대가들의 분석과 견해를 들어보는 것 그 자체는 미래를 준비하고 대응하는 큰 의미가 있었다.

량원건은 학구열이 강한 사람이다. 해마다 유명한 경제학자를 초청하여 특강을 하고 이런 대가들의 지혜를 빌려 거시 경제 환경에서 건설기계장비산업이 나아가야 할 길을 모색했다.

2012년 6월 21일에 저명한 경제학자 류웨이(劉偉) 교수가 쌘이그룹에서 초청강연을 했다. 중국 경제가 직면한 도전과제를 심층적으로 분석했다.

요약하자면 첫째는 내수와 투자, 그리고 소비의 부진이고 둘째는 원가 상승과 인플레이션, 실업 등이 설상가상으로 겹친 상황, 마지막으로 셋째는 제도 혁신의 미진, 심각한 부패와 저효율성 등이다. 이러한 문제를 해결하기 위해서는 인적 자원을 중요시하고 혁신역량을 강화해야 한다는 게 해답이었다.

중국의 경제발전 현황과 형세에 대한 류웨이 교수의 강연이 귓가에서 채 가시기도 전에 곧이어 보름쯤 지난 7월 18일에는 판강 교수가 쌘이그룹을 찾았다. 판강 교수는 과거에도 여러 번 쌘이그룹에서 특강을 했었다. 판강 교수는 경제학계의 '경성 4공자' 중의 한 명이다.

중화민국 시절에 베이징에는 민국 4공자가 있었다. 베이징 상류층의 풍류신사 장보쥐(張伯駒), 장쭤린(張作霖)의 장남 장쉐량(張學良), 선통(宣統) 황제의 사촌형님인 푸퉁(溥侗), 위안스카이(袁世凱)의 차남 위안커원(袁克文) 등 네 명이다. 이들은 모두 당시 최고 가문의 자제였고 준수한 외모

와 풍류를 즐길 줄 아는 호남이었다. 그에 비해 경제학계의 '경성 4공자'
는 개혁 개방 과정중 경제학 분야에서 탁월한 공헌을 하면서 얻게 된 명
성이다. 베이징대학교 류웨이 부총장, 웨이제(魏杰) 칭화대 교수. 유명 경
제학자인 중평룽(鐘朋榮), 그리고 판강 교수가 그들이다.

　유명학자들의 초청강연을 들을 때마다 나는 늘 상세하게 기록한다.
그 속에서 영감과 아이디어를 많이 얻을 수 있기 때문이다. 이번 강연에
서 판강 교수는 현재 중국의 경제상황과 전망에 대해 역설했다.
　판강 교수는 현재 중국 경제가 서서히 상승하고 있으며 과거의 피크
수준으로 돌아갈 것이라고 분석했다. 또한 그는 "중국은 지난 몇 년 동
안 2005~2007년, 2009~2010년에만 10% 이상의 높은 성장률을 기록했
고 그 외에는 대부분 7~8%의 성장에 그쳤다."고 강조했다.
　판강 교수는 이렇게 달했다.
　"역사적인 데이터를 보면 중국은 GDP 증가속도가 9%를 넘기면 바로
인플레이션이 발생했고 10%를 넘기면 인플레와 디플레가 같이 발생했
습니다. 8%로 돌아와야 정상적인 성장이라고 말할 수 있습니다. 향후
몇 년간 8%의 성장속도를 안정적으로 유지한다면 중국 경제와 중소기
업 모두에 반가운 소식이 될 것입니다. 경제가 안정되어야 환율과 세율
도 안정될 것이고 더 많은 발주가 가능합니다. 그래야 정부도 거시조정
시간을 아껴 개혁을 진행할 수 있습니다."
　맞는 말이다. 중국은 GDP 고속 성장의 시기(GDP 성장률 10%)를 고별한
후 다가오는 8%대의 안정적 성장 시기를 잘 활용해야 한다.
　중국의 발전에 대하여 판강 교수는 투자수요를 주요 성장측면으로 꼽

았다. 그 이유는 중국의 도시화 수준이 산업화 수준에 훨씬 미치지 못하기 때문이다. 산업화율은 전체 노동인구에서 비농촌 노동력이 차지하는 비중을 기준으로 계산하고 도시화율은 거주인구를 기준으로 계산하는데, 도시화가 50%, 산업화가 70% 정도 진행되었다. 도시화율이 산업화율보다 낮다 보니 안 그래도 산업노동자가 부족한데다 이제는 노동임금까지 대폭 올라 제조업이 경쟁력을 잃어가고 있다. 이와 동시에 농촌에서는 넘쳐나는 노동력들이 아주 낮은 수입을 받으며 일하는 아이러니한 현상이 벌어진다. 중국은 도시화를 격려하고 사람들이 도시에 자리를 잡고 산업화의 혜택을 누리게 해야 한다. 그런 의미에서 산업기업들이 내륙지역으로 이전하는 것은 중국의 중등소득함정(중진국 함정)을 피할 수 있는 바람직한 현상이다. 만약 내륙지역의 인프라와 투자환경, 정책 등이 개선된다면 풍부한 자원을 바탕으로 물류비용을 상쇄할 수 있으니 기업들은 여전히 경쟁력을 갖출 수 있다.

중국 경제의 성장 전망에 대해 묻자, 판강 교수는 중국 경제는 분명 장기적 성장의 잠재력을 갖고 있다고 자신 있게 말했다.

강연의 마지막에 나는 판강 교수의 발언내용을 간단하게 정리 요약하고는 화제를 돌려 말했다.

"얼마 전에 류웨이 교수께서도 이 강단에서 강연을 해주셨는데, 강연이 끝나자 량 회장님이 '역시 베이징대학이다.'라고 재미있게 평가를 했습니다. 저도 오늘 량 회장님의 말을 좀 빌리겠습니다. 역시 경성 4공자입니다!"

쉬샤오녠(许小年)도 쌴이그룹에 자주 초청되는 강사 중의 한 명이다.

그는 꽤 논란이 있었던 경제학자이다. 일찍이 중국국제금융유한회사에서 수석 이코노미스트로 재직할 당시 중국주식시장을 완전히 엎고 처음부터 다시 시작해야 한다고 주장하여 만인의 질타를 받은 적이 있었다.

그가 처음 특강을 왔을 때는 이미 중국국제금융유한회사를 떠난 후였다. 오찬자리에서 나는 궁금한 것을 그에게 물었다.

"회사를 떠난 이유가 혹시 사회의 여론 때문입니까?"

그는 아니라고 했다. 나는 계속해서 물었다.

"국민들이 선생님을 어떻게 생각하는 것 같습니까? 칭찬이 더 많다고 생각하십니까 아니면 질타가 더 많다고 생각하십니까?"

그러자 그는 약간의 망설임도 없이 대답했다.

"물론 질타가 더 많다고 생각합니다."

냉철한 분석이며 어느 정도는 맞는 말이라고 할 수 있다.

2010년 12월 5일에 쉬샤오녠 교수는 〈중국 기업가〉 연례회의에서 '강력한 정부가 기업가 정신을 쇠락하게 만든다'는 제목으로 날카롭고 신랄하게 정부 정책을 비판했다. 그의 연설 내용은 다음과 같다.

요즘 사회에는 두 가지 열풍이 불고 있다.

대학생들의 공무원 시험과 해외이민 열풍이다. 이 두 가지 열풍은 중국 안에서의 기업가 정신이 쇠락하고 있음을 확실히 보여준다.

여기서 먼저 기업가에 대해 정의를 내리고 싶다. 내가 말하는 기업가는 민영 기업가이다. 국영 기업에도 훌륭한 경영인은 많지만 기업가는 없다.

시장경제에서의 기업가는 이런 사람들을 말한다. 그들은 날카롭고 예민한 촉감으로 사회적 수요를 먼저 발견하고 심지어는 사회적 수요를 창출하기도 한다. 그들은 리스크를 감당하는 용기와 능력이 있어서 전망이 불확실한 상황에서도 자원을 조달해 사회에 필요한 제품과 서비스를 개발하고 생산하여 공급한다. 그들은 개인의 명성과 재산을 담보로 실패 뒤에 따라오는 결과를 감당하고 또한 개인의 명예와 재산을 바탕으로 성공을 이뤄내어 수익을 손에 거머쥔다. 이런 의미에서 봤을 때 국유 기업에는 경영자만 있을 뿐 기업가는 없다.

중국에서 기업가 정신이 쇠락하는 모습을 보면서 그 이유가 궁금할 것이다. 사실 답은 이미 모두의 마음속에 있다. 바로 강력한 정부가 현재 기업가 정신이 쇠락하게 된 가장 근본적인 원인이다. 시장경제의 주인공은 기업과 국민이고 기업의 영혼은 기업가이다. 최근 몇 년 동안 개혁이 진전되지 않고 거대한 경제적 이익의 유혹 앞에 정부가 게임의 룰을 집행하는 심판에서 게임 참여자로 역할이 바뀌었다.

(중략)

내 학생들 중에는 해외 영주권을 취득하는 부류와 취업은 갈수록 하기 힘들다며 투자만 하는 부류, 이렇게 두 가지 부류가 대세를 이룬다. 사회적 지위가 소리 소문 없이 변화하면서 기업가 정신도 갈수록 쇠락하고 있다. 과거 부러움의 시선을 한 몸에 받던 시장경제의 풍운아에서 이제는 세상의 불공평에 불평만 하는 존재로 전락하고 있다. 소득분배의 양극화가 갈수록 심각해지면서 사람들은 과정은 무시하고 결과에만 주목하는 것에 익숙해졌다. 소득분배 불균형의 결과만 볼 뿐 그런 결과를 초래한 근본적인 원인에 대해서는 제대로 파악하지 못하고 있다는 얘기다.

(중략)

기업가 정신과 권력문화는 서로 상반된 관계이다. 이런 관계는 우리 민족에게 어떤 의미일까? 혁신능력의 쇠퇴와 사회의 불안정을 의미한다. 사회가 더 이상 가치를 창조하는 기업과 국민을 포상하지 않고 사람들의 재능과 시간, 노력 등을 가치의 재창조가 아닌 부의 재분배 쪽으로만 흘러간다면 어떤 결과를 초래하게 될까?

가치 창조는 사회의 수요를 제대로 만족시키는 것이다. 이런 관점에서 봤을 때 정부 부처는 가치를 창조하지 못하고 있는 것이 분명하다. 정부의 모든 수입은 민간에서 발생하고 고유자산도 납세자의 투자로 형성된다. 대학졸업생들은 정부 부처에 취직하기 위해 피 터지게 경쟁한다. 사회의 엘리트들은 가치를 창조하는 부서보다 부의 재분배가 이루어지는 부서를 선호하며 그 과정에서 눈에 불을 켜고 자신의 이익을 챙기는 것에 급급하다. 이러한 현상이 계속된다면 사회에는 기생충이 넘쳐나고 더 이상 성장하지 않고 경제가 점점 활력을 잃게 된다. 가치를 창조하는 부문의 규모와 속도가 급격하게 위축된다.

기업가 정신이 다시 살아나기 위해서는 정부는 더 이상 경제에 개입하지 말고 시장이 자원배분의 기본역할을 발휘하도록 하고 기업과 국민이 다시 무대의 중심으로 돌아오게 해야 한다. 정부의 문건에도 보면 '시장이 자원배분의 기본역할을 발휘하도록 해야 한다.'고 거듭 강조하고 있다. 이렇듯 기업가 정신을 되살리려면 반드시 정부의 통제력을 낮추고 시장의 기능을 강화하여 정부 관료들의 지대 추구 행위와 능력을 약화시켜야 한다. 물론 일부 기업가들도 그러한 지대 추구 행위에 참여했고 국민들의 비난과 질타를 받았다. 그러나 자발적으로 관료들과 손잡는 기업인들은 소수에 불과했고 그 외에는 상황 때문에 어쩔 수 없이 동참하는 경우가 대부분이었다. 그들도 실제로는 더욱 투명하고 공평하며 규범화된 법치적 상업 환경에서 사업하기를 원한다.

국민도 기업가가 시장경제에서 차지하는 역할을 이해해야 한다. 기업가들은 일반인보다 훨씬 큰 심적 부담과 리스크를 감당하고 혁신을 통해 사회에 거대한 수익을 가져다준다. 그리고 시장과 사회는 다시 기업가에게 커다란 보상을 준다. 이것은 비교적 합리적이고 공평한 메커니즘이며 적어도 부정부패와 비리를 통해 부를 축적하는 것보다는 훨씬 합리적이고 공평하다.

(중략)

정부 관료들은 덩샤오핑 동지처럼 민간의 지혜가 자신보다 훨씬 뛰어나다는 사실을 인식해야 할 것이다. 그래서 민간 자체의 혁신과 창조를 존중하고 격려하며 정부의 역할을 시장경제활동의 참여와 통제에서 제도 구축과 유지로 전환해야 한다. 그래야만 중국 경제의 새로운 성장방식을 통해 또 한 번의 경제성장의 기적을 만들어낼 수 있을 것이다.

강연이 끝난 후 량원건 회장이 예전과는 달리 강단에 올라 쉬샤오녠 교수의 일부 급진적인 관점에 대해서는 동의하지 않는다며 완곡하게 자신의 관점을 짧게 설명했다. 필자는 의아한 나머지 회사에 오랫동안 몸을 담은 다른 부사장한테 오늘 회장님이 왜 그런 말씀을 했는지를 물었다. 그러자 그는 대답했다.

"회장님은 제17기 전인대 인민대표이니 정부의 정책에 반하는 소리를 듣고 가만히 있을 수가 없었을 것이다."

그날 저녁 쉬샤오넨 교수와 함께 식사를 하는데, 이 같은 사실을 쉬 교수에게 귀띔했다. 그러자 "진작 알았으면 그렇게 말하지 말 걸 그랬다."면서 다소 후회하는 모습을 보였다.

경제학 전문가들 외에 기타 분야의 전문가들도 자주 싼이그룹의 초청 대상이 되고 있다.

나의 벗이기도 한 탕하오딩 선생은 증국번 연구 분야에서 세계적인 권위자이다. 그도 싼이그룹에 와서 두 차례 특강을 했다.

탕하오밍은 1980년대 초기에 《증국번전집》의 편찬을 맡아 장장 11년에 걸쳐 30권으로 구성된 1500만 자 분량의 전집을 출간했다. 편찬과정에서 그는 중국현대사에서 논쟁의 대상이 되는 증국번이라는 인물에 대해 더 깊이 알게 되었다. 그에게 증국번은 완벽한 성인도 아니고 만고의 죄인도 아닌, 중국 근대역사상 가장 비극적인 인물이었다. 그래서 역사소설 《증국번》을 창작할 생각을 하게 되었고 멸망의 위기에 처한 청 왕조에서 중신이지만 국운이 다한 조정을 살려내기에는 역부족이었던 인간 증국번을 생생하게 그려냈다. 이렇게 탄생한 장편역사소설 《증국번》은 전국에서 엄청난 반향을 일으켰다. 후난 성의 주요 간부들은 이 책을 중앙의 고위 간부들에게 선물하기도 했다. 탕하오밍은 학술분야에서도 증국번 연구에 관한 권위 있는 학술저작을 여러 편 발표했다.

탕하오밍은 매우 친절하고 겸손한 사람이다. 그의 언행에서는 '거물급' 작가의 티를 전혀 발견할 수 없고 대인관계도 아주 좋다. 그렇기 때문에 후난 성 작가협회 총회에서 협회 측의 지명이 없었음에도 불구하고 모든 작가들이 만장일치로 추대하여 작가협회 회장으로 당선되었다.

탕하오밍 선생의 첫 번째 강연제목은 '증국번을 통해 보는 후상 문화'였다. 강연이 끝난 후 내가 탕하오밍에게 말재주가 글재주를 따라가지 못한다고 놀렸던 기억이 난다.

그 이후에도 그의 강연을 여러 번 들었고 갈수록 좋아지고 있다는 것을 느낄 수 있었다. 그러다 한번은 내가 "하오밍, 실력이 정말 일취월장하고 있소. 회를 거듭할수록 더 훌륭해지고 있어요." 하고 진심으로 칭찬을 했다.

"여러 번 하다 보니 그런 것 같네."

그는 담담한 말투로 이렇게 대답했다. 대학자답게 더없이 겸손하고 침착했다.

후상 문화 저변에는 세상을 가슴에 담고 세상을 위한 일에 앞장서며 학문을 통해 실제 사회에 이바지하고 사실을 토대로 진리를 추구하는 가치가 있다. 탕하오밍 교수는 어디에도 기대지 않는 독립의식, 경세치용의 업적 추구, 목숨도 기꺼이 버릴 수 있는 혈기, 고집을 부리는 일처리방식으로 후상 문화를 해석한다. 싼이그룹에는 후난 지역의 토박이 기업으로서 후상 문화가 곳곳에 깊숙이 스며 있다.

싼이그룹에 모셨던 강사들 중엔 세계적인 경영학자도 있다. 2011년에 싼이그룹을 찾았던 마케팅의 아버지 필립 코틀러와 그의 동생인 밀턴 코틀러가 대표적이다. 필립 코틀러의 저서《마케팅관리》는 전 세계에서 널리 사용되고 있는 마케팅학 교과서로 현대 마케팅학의 초석을 다진 걸작으로 손꼽히고 있다. 알려진 바에 의하면 글로벌 기업 중에 필립 코틀러를 초청하여 특강을 한 기업은 싼이그룹이 유일하다고 한다. 그룹 경영진과 고위 임원, 사업부 담당자 등 핵심 멤버 수십 명이 본사의 1호 회의실에서 당대 최고 대가인 필립 코틀러의 풍채를 목도하고 마케팅학의 풍성한 진수성찬을 맛보았다.

필립 코틀러는 강연장에서 기업이 사회적 책임을 착실하게 이행함으로써 소비자의 인정을 받고 이를 통해 브랜드가치를 향상시켜야 한다고 말했다. 그는 특별히 미국의 페이스북과 중국의 바이두를 언급했다. 이들 기업은 모두 강한 영향력을 가진 새로운 마케팅의 토양을 만듦으로써 소비자의 마음을 얻는 데 성공한 대표적인 기업이다.

필립 코틀러는 마케팅을 세 개의 시대로 구분했다.

제품 중심의 마케팅 1.0세대, 고객 중심의 마케팅 2.0시대, 그리고 소비자가 진정 무엇을 원하는가에 초점을 맞추는 마케팅 3.0시대이다. 가장 높은 단계인 3.0시대의 마케팅은 시장에 영향을 주는 것을 넘어서 소비자들의 관심분야 즉 소비자의 문제를 비롯해 지구에 어떤 혜택을 줄 수 있는지를 식별하여 세계 전체에 영향을 주어야 한다. 그렇기 때문에 마케팅 3.0시대에서는 기업들이 환경보호, 빈곤 해소 등 더 많은 사회적 책임을 감당해야 한다. 싼이그룹 차원에서도 귀담아 들을 만한 내용이었다.

싼이그룹은 이런 큰 행사들을 자주 개최한다. 량원건 회장 스스로 '직원들에게 가장 좋은 복지는 바로 교육이다.'라고 생각하기 때문이다. 덕분에 우리 직원들은 국내외 유명학자들의 멋진 강연을 들으며 대가들의 지혜와 경험을 접하면서 많은 것을 얻고 배울 수 있었다.

싼이그룹의 이런 행사를 부러워하는 사람들이 참 많다. 후난방송국의 스타 MC인 장단단(張丹丹)은 자신도 대가들의 강연을 청강하고 싶다고 싼이그룹에 이런 행사가 있을 때 꼭 좀 불러달라고 여러 번 요청했다.

강좌나 특강 외에도 량원건 회장은 종종 유명한 학자를 모시고 특별 개인수업을 받기도 한다.

한번은 후난사범대학의 철학과 교수를 초청하여 개인수업을 받았는데 나와 탕슈궈 사장, 인력자원 담당 등이 옆에서 같이 수업을 들었다.

그런데 수업내용이 별로 마음에 들지 않아서 그 다음번에는 중산대학 철학과의 취전밍(瞿振明) 교수를 초청했다. 취전밍 교수는 철학 분야에서 굉장히 권위적인 학자로 유명하다. 그의 저서는 미국에서 출판하자마자 학계에 엄청난 반향을 일으켰고 그 유명세로 인해 역으로 중국 국내에 소개되었다.

아쉽게도 량원건 회장이 초청한 철학가들은 너무도 박식한데다 아마도 량원건을 자신들과 같은 철학가로 양성하고 싶었던 것 같다. 그래서 철학의 근원과 역사, 심오한 개념과 용어들을 쉬지 않고 쏟아내는데 그것을 듣는 우리는 도대체 무슨 말을 하는 건지 완전히 오리무중이었다.

수업이 끝나자 량 회장이 나에게 물었다.

"철학가들은 원래 저렇게 특이한가?"

이에 나는 웃음을 터뜨렸다.

"특이하지 않으면 철학가가 아니지요. 철학은 사고와 변론의 학문입니다. 중국 역사상 '백마는 말이 아니다(白馬非馬)'라는 명제가 수많은 철학가를 좌절하게 했던 것처럼 말입니다."

사실 량원건 회장이 철학을 공부하는 것은 철학적인 지혜로 기업가의 두뇌를 무장하고 싶었던 것이지 철학 자체에 관심이 있어서가 아니었다. 그런데 철학교수들은 방대한 교수계획을 짜고 철학의 모든 분야를 다 가르치려고 했으니 량원건 회장이 마음에 들어 할 리가 없었다.

결국 철학수업은 이것으로 끝났다. 지금 생각해도 참 재미있는 일이다.

① 수상대에 오른 필자
② 아시아 브랜드대회에서의 연설

메이드 인 차이나

나는 일출과 일몰을 보는 습관이 있다. 웅장함이 느껴지는 아름다운
일출, 찬란하고 화려한 일몰을 보고 있으면 가슴속에 감동이 몰려온
다. 때로는 이름 모를 부담감이 내 가슴을 짓누른다. 바로 이런 부담
감이 있기 때문에 나와 싼이그룹에는 영원히 마르지 않는 샘물과 같
은 원동력이 자연스럽게 솟아난다. 이런 원동력은 중국 산업의 '시험
대'를 만들겠다는 완강한 신념과 온갖 어려움을 이겨내고 세계 최고
품질의 제품을 만들겠다는 자신감에서 비롯된 것이다.

– 량원건

아시아브랜드협회가 홍콩문회신문사, 환구시보사, 한중일경제발전협회 등 기관과 공동주최한 '제7회 아시아브랜드' 대회는 영광의 자리였다. 2012년 9월 8일부터 10일까지 홍콩에서 성황리에 개최된 이번 대회에서 싼이그룹이 '아시아 500대 브랜드' 중에서 36위에 랭크됐다. '아시아에서 가장 영향력 있는 10대 브랜드'에도 이름을 올렸다. 이뿐만 아니라 량원건 회장도 '아시아 브랜드 올해의 인물'에 선정되었다.

아시아 500대 브랜드 순위는 기업들의 시장 퍼포먼스, 성장잠재력, 품질 수준, 수익성 수준 등 4가지 핵심지표를 기준으로 아시아 전역의 브랜드 기업을 대상으로 종합적인 평가를 진행하여 최종 명단을 선정한다. 아시아에서 가장 영향력 있고 권위 있는 리스트로 인정받고 있으며 국내외 언론들로부터 '최고의 아시아 브랜드 리스트'로 불리고 있다.

량원건 회장이 '아시아 브랜드 올해의 인물'로 당선되자 언론들은 이를 앞다투어 대서특필하며 보도에 열을 올렸다. 〈중국품질보中國質量報〉의 슝치(熊琦) 기자는 '싼이 브랜드의 영향력 대폭 향상, 량원건 회장 아시아 브랜드 올해의 인물에 선정'이라는 제목으로 관련 기사를 작성했다. 그는 이렇게 썼다.

2012년 상반기, 중국의 건설기계장비산업의 전체 성장률은 20% 하락해 최초의 마이너스 성장이 예상되었다. 이 가운데 싼이그룹의 브랜드 영향력은 오히려 상승했다. 작년에는 아시아 500대 브랜드에서 48위를 차지했던 것이 올해는 36위로 껑충 뛰어올랐다. 이는 싼이 브랜드의 실력과 매력을 보여줄 뿐만 아니라 기업 브랜드의 진정한 역량을 여실히 보여주는 것이다.

업계 전문가들은 싼이 브랜드의 영향력이 급성장하는 배경에는 강력한 경영성과가 있다고 분석한다. 올 상반기 싼이펌프카는 여전히 시장점유율 1위를 굳건히 지키며 승승장구하고 있고 그중 롱 암 펌프카가 전체 펌프카의 매출에서 차지하는 비중이 전년 동기 대비 20% 증가했다. 굴착기도 마찬가지로 국내시장에서 선두를 달리며 2위와의 격차를 더욱 높여 시장점유율을 18%까지 끌어올렸다. 자동차기중기도 안정적으로 매출 신장을 달성하고 있으며 특히 50톤급 이상 대형제품의 시장점유율이 30%까지 증가했다. 이와 동시에 서비스 만족도도 여전히 업계 1위를 차지하며 고객들의 신뢰와 칭찬을 받고 있다.

싼이그룹은 량원건 회장과 경영진의 통솔하에 위기 속에서 기회를 포착해 국제무대에도 성공적으로 진출했다. 이를 통해 글로벌 브랜드로 발돋움하고 있다. 올해 초에 싼이그룹은 '코끼리'로 통하는 독일의 유명한 건설기계업체 프츠마이스터를 성공적으로 인수하여 세계를 놀라게 했다. 이와 동시에 공동출자 형식으로 오스트리아의 팔핑거(Palfinger)와 조인트 벤처를 설립해 다시 한 번 이목을 집중시켰다.

아시아브랜드 대회에서 나는 '품질로 세상을 바꾼다 – 세계 최고 브랜드로 가는 길'이라는 제목으로 연설을 했다. 연설의 마지막에 나는 이렇게 말했다.

"나라가 일어서려면 먼저 브랜드가 일어서야 한다. 마치 소니의 이미지가 'Made in Japan'의 전체 이미지를 높였듯이 말이다. 싼이그룹은 중국 브랜드가 세계무대에 우뚝 서는 그날까지 선봉대가 되어 'Made in Sany'에서 'Made in China'를 이루어 나갈 것이다!"

싼이그룹의 브랜드 팀은 높아진 위상을 대외에 홍보하기 위해 〈싼이 브랜드 스토리〉 총서를 만들었다. 책에는 다음과 같은 10가지 핵심을 담았다.

① 세계적인 싼이: 시가총액 기준으로 글로벌 500대 기업
② 팔 길이 86m짜리 펌프카: 싼이가 제조한 세계 제일의 제품
③ 전 세계에서 가장 높은 타워크레인: 세계의 정상에 우뚝 서다
④ 칠레 광산사고 원조
⑤ 후쿠시마 구조 활동: 큰 사랑으로 원전 재난을 이겨내다
⑥ 시가총액 관리: 민족의 기둥이자 자본의 총아
⑦ 품질편: 고객만족도 여덟 가지 항목에서 1위 차지
⑧ 서비스 1위 브랜드: 업계의 기준, 서비스의 모범
⑨ SAC 12000 기중기: 최강의 천하장사
⑩ 중국 대학생들이 가장 선호하는 고용주: 4회 연속 최고의 고용주로 선정

그중 일부 내용을 다음과 같이 발췌한다.

총리가 친히 테이프 커팅을 하다

2010년 7월 2일에 원자바오 총리가 싼이그룹 닝샹(寧鄉)산업단지 디지털 사업장을 찾았다. 원 총리가 큰 기대를 건 기업인 만큼 5년 동안 네 차례나 직접 싼이그룹을 방문하여 상황을 살피고 업무를 지시했다. 이번 방문에

서는 아시아 최초로 1000톤급 기중기 SAC12000가 탄생하는 현장을 직접 목격했다.

원 총리는 감격스러운 목소리로 말했다.

"5년 전에 나는 싼이중공업을 세계적인 기업으로 만들겠다고 말했었다. 그리고 오늘 내 손으로 직접 세계에서 가장 큰 기중기의 테이프 커팅식을 하게 되어 정말로 기쁘다. 싼이중공업의 경영진과 모든 직원들에게서는 일류 기업이 되어 세계로 나아가겠다는 굳은 각오와 의지가 보인다. 그대들은 이미 세계의 싼이다."

고객 마음속의 일등

중국품질협회와 전국고객위원회가 공동으로 '고객만족도평가'를 실시했다. 이번 조사는 건설기계제품을 직접 사용하는 3000여 명의 고객을 대상으로 자체 보유 브랜드와 해외 브랜드를 포함한 국내시장의 주요 브랜드 제품에 대해 평가를 진행했다. 만족도지수 평가 툴을 사용해 평가를 진행하고 결과를 공개 발표한다. 현재 중국의 건설기계산업에서 가장 포괄적이고 권위적인 고객만족도조사로 인정받고 있다.

이번 평가에서 싼이그룹은 여덟 가지 항목에서 1위와 네 가지 항목에서 2위를 차지하는 훌륭한 성적표를 받았다. 소식이 전해지자 전체 임직원들은 기쁨을 금치 못했다. 그룹의 제조품질부문 총 담당자의 말은 모든 임직원의 속마음을 대변했다.

"여덟 가지 항목에서 일등을 했다는 소식을 들으니 온몸에서 힘이 불끈불끈 솟아납니다. 고객이 직접 우리에게 준 상이기에 더욱 그렇습니다. 싼이그룹은 설립 초기부터 고객에게 더 많은 가치를 창조해주기 위해 노력해왔습니다. 지성이면 감천이라, 드디어 고객들이 우리의 노력을 인정하는 것 같습니다."

서비스의 정량화와 약속은 칼같이 지킨다

'211', '123', '311', 얼핏 보기에는 간단해 보이는 숫자지만 여기에는 서비스에 대한 싼이그룹의 천금 같은 약속이 들어 있다.

2011년 연례서비스대회에서 싼이그룹의 량원건 회장은 다음과 같이 말했다.

"약속을 철저하게 지키는 서비스 브랜드와 서비스 약관을 명확하게 구축해야 한다. AS 신고 접수 후 서비스 직원이 도착한 시간, 고장 해결시간, 총비용 등 서비스 내용을 정량화하여 약속된 내용대로 서비스를 제공함으로써 철저한 약속을 기반으로 싼이의 서비스 브랜드를 만들어 나가야 한다."

싼이그룹은 곧바로 서비스 대응속도, 고장 해결속도, 부품 공급속도, 이 세 가지 방면에서 정량화 약속을 내걸었다. 약속을 칼같이 지키는 서비스 브랜드를 구축하고 눈에 보이는, 그리고 수치로 평가 가능한 서비스 약속을 통해 고객의 수요를 충족시켜주는 전략을 실시했다. 이를 토대로 '211' 서비스가 탄생했다. 서비스 담당직원이 신고 접수 후 주요 시장은 서비스 직원이 2시간 내에 고객의 현장에 도착하고 1일 내에 일반적인 고장과 결함을 해결하며 1일 내에 일반부품을 정확하게 배송 완료한다. 이뿐만 아니라 각 사업부의 서비스 약속도 해당 기준보다 낮아서는 안 된다고 명확히 요구하고 있다. 실제 싼이그룹의 각 사업부는 고객 서비스 약속에 있어서 언제나 최고기준을 적용하고 있다. 이와 동시에 이런 서비스 약속이 구호에 그치는 것을 예방하기 위하여 각 사업부는 약속을 어길 시의 배상제도를 구체적으로 명시하여 고객이 배상제도를 근거로 손해배상을 청구할 수 있도록 추진하고 있다.

싼이그룹의 정량화된 서비스 약속 모델은 업계 기업들의 벤치마킹 대상이 되었고 건설기계산업 AS기준의 획기적인 변화를 불러일으켰다.

4회 연속 최고 고용주 업계 10위권 진입

"나라를 잘 다스리기 위해서는 먼저 인재를 얻어야 한다."

북송시기의 사상가이자 교육가인 호원(胡瑗)은 나라를 다스리는 데 있어서 인재의 역할에 대해 이 같은 자신만의 견해를 제시했다. 인재의 의의는 나라에나 기업에나 마찬가지다. 또한 똑같은 인재일지라도 어떤 기업에 들어가느냐에 따라서 인생가치의 크기도 달라진다.

대학생이 가장 선호하는 고용주 조사는 대학생을 대표로 하는 인재들이 각 산업의 기업에 대한 취업 의향과 태도를 보여줌으로써 대학생과 기업 간의 소통이 효과적으로 이루어졌고 특히 조사형식을 통해 국민들이 기업의 고용주 이미지를 보다 잘 알게 되는 계기가 되었다.

2011년부터 3개월에 걸쳐 진행된 이 조사는 중국과 해외 764개 대학의 학생 20만 명을 대상으로 기업 문화, 브랜드 파워, 급여수준, 직업적 발전 등 네 가지 측면에서 종합적인 평가를 진행했다. 졸업생들의 취업선호도는 현재 사회 취업의 발전추세가 가장 잘 반영된 지표이다.

싼이그룹은 수많은 외국계 기업과 국유 기업이 대거 참여한 이 평가에서 4회 연속 '중국 대학생들이 가장 선호하는 고용주'로 뽑히면서 대학생들의 마음속에서 싼이그룹이 어떤 위치를 차지하는지 확실하게 보여주었다.

1986년에 설립된 싼이그룹은 후난 지역의 작은 공장에서 시작하여 1993년에 중공업 분야에 진출했고 2003년에 국내 주식시장에 상장했으며 2006년에 잇달아 5개의 해외기지를 건설했다. 2011년에는 시가총액 기준 글로벌 500대 기업에 입성했고 2012년에 독일의 프츠마이스터를 성공적으로 인수했다. 경이로운 발전 속도로 '메이드 인 싼이'에서 '메이드 인 차이나'를 실현하며 중국 로컬 브랜드에서 글로벌 브랜드로의 화려한 변신을 완성했다. 그리고 오늘날 싼이의 브랜드 스토리는 여전히 계속되고 있다.

량원건

싼이의 기업 문화

품질로 세상을 바꾼다, 일류(一流) 기업을 만들고 일류 공헌을 하며
일류 인재를 육성한다.

– 량원건

조직을 결성하기 위해서는 공유하는 문화가 있어야 한다. 마오쩌둥이 이런 말을 했다. "공산당이 세상을 얻을 수 있었던 비결은 딱 두 가지, 총대와 붓대이다."

여기에서 붓대는 곧 문화다. 마오쩌둥은 이렇게 덧붙였다.

"(성공하는 조직을 형성하기 위해서는) 사람들이 공동으로 신앙하는 '신념'이 있어야 한다. 신념이 없으면 큰 힘을 모을 수가 없다. 신념은 마치 깃발과 같은 것이어서 깃발이 세워져야 희망이 보이고 나아갈 방향이 보인다. (중략) 사상은 사람의 마음을 움직이고 도덕은 사람의 행동을 규범화한다. 사상과 도덕이 깨끗하지 않으면 도처에 더러움이 깔릴 것이고 이 두 가지 세력이 있는 곳은 온통 더러움으로 뒤덮일 것이다."

기업의 문화는 리더의 개성과 떼려야 뗄 수 없는 밀접한 관계이다. 따라서 기업 문화를 형성하고자 한다면 우선 그 기업의 리더가 어떤 사람인지부터 확실하게 파악해야 한다. 리더에 대한 이해 없이는 진정한 기업 문화를 구축할 수 없다.

기업 문화는 모든 임직원이 함께 참여하여 만들어진다. 그중에서 기업의 리더가 중요한 역할을 한다. 특히 성장의 초기단계에서는 기업 리더가 기업 문화의 성패를 결정짓는 관건이다.

량원건 회장은 이 부분에 있어 매우 탁월한 사람이다. 그는 회사 설립 초기부터 자신의 경영철학과 가치관, 행위교범 등을 창업 파트너들과 공유했다. 그래서 싼이그룹에서는 창업 초기에 우선 기업 문화가 형성됐고, 그 다음에 기업이 생겼다는 소문까지 돌았었다. 물론 여기엔 다소 억지스러운 부분이 있다. 기업 문화는 조직의 구성원들이 자발적으로 준수하는 공동의 가치관과 행위규범이다. 창업 전에는 아직 조직이 아니다. 그러니 문화가 있다고 해도 기업 문화가 아니다. 정확하게 말하자면 그것은 이상이고 추구이지 문화라고 할 수는 없다.

기업이 발전하면 기업 문화가 점차 성숙해지는 과정에서 구성원들의 역할이 점점 뚜렷해진다. 반면에 리더의 역할은 점점 눈에 보이지 않는 잠재적인 역할로 바뀌지만 여전히 건재하며 기업의 색깔을 좌우한다.

과거 '메이드 인 차이나(Made in China)'는 싸구려 불량제품의 대명사였다. 그러나 싼이그룹은 중국 건설기계장비산업 최초의 민영 기업 상장사로서 '품질로 세상을 바꾼다'라는 경영철학을 고수했다. 높은 품질과 서비스로 승부를 건 것이다. 이는 싼이그룹의 창립자인 량원건 회장이 아니었으면 불가능했다.

이런 내 생각이 량 회장과 똑같지는 않다.

필자는 싼이에 합류한 후 주로 기업 문화와 관련한 업무를 담당했다. 내가 부임한 후 출간하려고 했던 사내 매뉴얼 원고엔 '품질로 세상을 바꾼다'라는 량 회장의 포부를 이렇게 해석했다.

동서고금을 막론하고 세상을 바꾸는 것은 수많은 뜻있는 자들이 이루고자 했던 꿈이고 이상이었다. 철학가들은 사상으로 세상을 바꾸어 태평천하를 만들고자 했고, 혁명가들은 무력으로 낡은 세상을 깨부수고 새로운 세상을 만들고자 했다. 정치가들은 개혁을 통해 세상을 바꾸려고 했는데 일본의 메이지유신, 중국의 무술변법과 개혁 개방 등이 바로 그런 노력이었다. 그런데 기업가인 량원건 회장은 호탕하게도 '품질로 세상을 바꾸자'

는 이념을 제기했다. 평화와 발전이 주류인 오늘날에 이는 가장 적합하고도 날카로운 무기이다. 만약 르네상스 시기의 영웅이 예술가였다면, 만약 산업혁명 시기의 영웅이 과학자였다면, 만약 전쟁 시기의 영웅이 군사가였다면, 상업의 거센 물결이 요동치는 오늘날 우리의 영웅은 바로 기업가들이다.

원고가 완성된 후 문화 매뉴얼 북을 량원건 회장에게 제출했는데 아직도 결재가 떨어지지 않아 출간하지 못했다.

글을 읽은 량 회장이 대뜸 물었다.

"이건, 무슨 위인전 같지 않은가?"

량 회장의 의아함에 나는 이렇게 대답했다.

"일류 기업을 만들고 일류 공헌을 하고 일류 인재를 육성하겠다고 공언하신 걸 기억합니다. 리더의 훌륭한 모습과 핵심 경영진의 탁월한 역량을 직원들에게 먼저 보여주지 않고서 어떻게 일류 인재를 만들겠습니까?"

리더급의 인물 없이는 하나의 문화를 만들고 발전시키는 것은 상상도 할 수가 없다. 깊이 있는 사상과 짙은 호소력, 그리고 문화를 잘 알고 꿰뚫어보는 리더가 문화의 형성과 발전에 미치는 영향은 그 어떤 사회적 역량과 물질적 역량도 대신할 수 없다. 성공한 기업 문화의 리더는 자신의 개성부터가 산업의 특징과 잘 부합된다.

이들은 자신만의 확실한 원칙이 있어서 언제나 사람들의 주목과 관심의 대상이다. 그래서 직원 입장에서 따라 배우고 싶은 마음을 들게 한다. 스스로가 회사의 문화다. 철학, 이념, 태도, 행동 등으로 구성된 그들의 개성은 회사의 문화의 일면을 생생하게 보여준다.

GE의 전 CEO인 잭 웰치가 그랬다. 강한 개성의 잭 웰치가 없었다면, 그가 만들어낸 문화는 존재하지 않을 것이고 그러면 GE는 오늘과 같은 성공을 거두지 못했을 것이다. 지금이라도 기업 문화에 변화를 주고 싶다면 가장 먼저 모범이 되는 인물을 뽑아야 한다. 그리고 그 인물에게 그 개혁을 이끌고 발전시킬 수 있는 권한을 줘야 한다.

이런 소임을 맡은 문화 리더는 기업의 문화를 구축하는 과정에서 방향을 제시하는 깃발과도 같다. 사람들을 그 깃발 주위로 끌어 모으는 역할을 하기 때문에 현실적 의미보다 훨씬 더 큰 상징적 의미가 있다.

나는 오랫동안 기업 문화를 연구해왔다. 2012년 3월 27일에 후난 성기업 문화 촉진회 제1기 회원대회 2차 회의가 개최되었다. 나는 기업 대표 신분으로 '문화의 힘과 근원'이라는 제목으로 싼이그룹과 량원건의 문화 기질에 대해 분석했다. 당시의 연설 내용을 다음과 같이 핵심만 간추렸다. 독자들이 이 내용을 통해 느끼는 바가 있기를 바란다.

당시의 연설 내용은 크게 두 부분으로 구성되었다.

첫째, 위대한 기업의 문화는 서로 통한다.

당대의 위인 스티브 잡스가 서상을 떠났다. 하지만 그는 우리에게 '사람으로 태어났으면 세상을 바꾸어야 한다'라는 이념을 남겨주었고 끊임없이 탐구하고 혁신하며 새로운 것을 추구하라고 우리를 격려한다. 잡스는 휴대전화에 대한 소비자의 인식을 완전히 바꾸어놓으며 소비를 이끌었다. 량원건 회장이 만든 싼이 문화의 핵심 이념도 세상을 바꾸는 것이다. 다른 점이라면 량 회장은 산업의 특징을 가장 잘 보여주는 '품질'이라는 두 글자를 앞에 넣었다. 량 회장은 이 핵심 이념에 맞춰 "최상의 품질과 서비스를 통해 중국산 제품은 품질이 나쁘고 가격이 저렴하다는 이미지를 바꾸겠다."고 부연 설명한다.

상인과 기업가의 근본적인 차이점은 무엇인가? 상인은 오로지 이윤만을 추구하며 모든 이윤 추구 활동은 단지 개인의 욕망을 만족시키기 위한 것이다. 하지만 기업가는 큰 뜻과 포부를 가지고 사명감과 비전이 있으며 브랜드 창조와 사회책임 이행이라는 무거운 책임을 감당한다. 여기서 알 수 있다시피, 상인과 기업가의 근본적인 차이는 문화에 대한 추구이다. 이것이 그들을 구분 짓는 분수령이다.

둘째, 문화의 힘은 비약적 발전의 원동력이다.

싼이그룹은 2008년부터 2012년까지 4년이라는 짧은 기간에 수백억 매출에서 수백억 이윤 창출이라는 기적을 일구어냈다. 참고로 중국 기업 중에서 수백억의 이윤을 내는 회사는 그리 많지 않다.

내가 싼이그룹에 입사했던 2006년도의 회사 매출은 50억 위안 정도였다. 하지만 2010년도에는 매출이 503억 위안으로 껑충 뛰어올랐다. 매출이 10배 신장됐고 평균 성장률 64%를 달성했다. 한 해가 지나자 이번엔 2011년 매출 800억 위안을 돌파했다. 이와 함께 제품의 질도 엄청나게 향상됐다.

싼이그룹에서 생산된 팔 길이 66m짜리 펌프카가 독일의 BMW 박람회에서 모습을 드러냈을 때였다. 독일 산업계는 놀라움을 금치 못했다.

펌프카의 팔 길이를 1m 늘리기가 하늘의 별 따기보다 더 어렵다는 것이 업계의 공통된 인식인데, 일개 개발도상국에서 66m의 기적을 만들어낸 것이다. 당시 독일의 건설기계협회에서는 급성장한 중국을 절대로 만만하게 봐서는 안 된다는 내용의 보고서를 정부에 제출하기도 했다. 그 후 독일에서는 우리의 66m에 대항하기 위해 70m짜리를 출시했다. 그런데 불과 2개월 만에 싼이그룹이 다시 72m짜리를 내놓으며 독일을 누르고 펌프카의 한계를 다시 한 번 뛰어넘었다. 그리고 이어서 2011년에 86m라는 신기록을 세웠다. 많은 기자들이 "86m는 무엇을 의미하는가?", "이 기록이 언제쯤 추월당할 것 같은가?"라고 묻는다. 우리는 72m에서 단번에 86m를 만들어냈는데, 내가 알기로는 14m의 차이는 어마어마한 것이다. 아마도 향후 3~5년 안에는 따라올 곳이 없을 것이다.

싼이는 기업 가치 면에서도 글로벌 시장에 도전하고 있다.

2011년에 싼이그룹은 시가총액 기준 글로벌 500대 기업 중에서 431위를 차지했다. 싼이의 임직원들에게는 더할 나위 없는 큰 경사이자 명예의 증표였다. 물론 중국의 건설기계산업이 세계적으로 경쟁 우위가 있는 업종이고 2000억 위안 이상의 매출규모를 자랑하는 기업도 여러 개 있지만 글로벌 500대에 든 기업은 싼이그룹이 유일무이하다.

2010년 칠레 광산사고 구조 활동 지원, 2011년 일본 후쿠시마 원전사고 지원, 2012년 독일 프츠마이스터 인수 등 싼이그룹은 글로벌 브랜드 이미지를 향상시키는 데 주력해왔다. 특히 프츠마이스터를 성공적으로 인수한 것은 싼이그룹이 이 분야에서 이미 세계 정상에 올랐음을 입증

했다. 단순히 재무적 측면이나 사업적인 측면에서 말하는 게 아니다. 샹원보 사장이 강조했듯이, 200억 위안이 든다고 해도 프츠마이스터는 반드시 인수해야 한다. 왜냐하면 프츠마이스터는 세계 일등 브랜드이고 이번 인수 건은 전략적 인수를 넘어서 문화적 인수로 국내에서는 시도된 적이 없는 기념비적인 인수이기 때문이다.

우리는 이렇게 글로벌 경쟁자들을 떨게 하고 있다. 굴착기 시장에서도 그렇다.

건설기계장비 분야에서 콘크리트보다 더 중요한 시장이 굴착기 시장이다. 굴착기는 그 나라 건설기계산업과 기업의 실력을 종합적으로 보여준다. 그런데 싼이그룹은 2011년에 굴착기를 2만 600대 생산해 0.3%의 격차로 일본 기업인 고마쓰를 앞질렀다. 불과 5년이라는 짧은 기간에 생산량을 대폭 늘려 국내시장 1위인 외국계 기업 고마쓰를 제친 것이다. 2012년 초에 탕슈궈 사장이 일본에서 특강을 했을 때 일본 국민과 언론으로부터 '글로벌 500대 기업 달성', '후쿠시마 원전사고 지원', '굴착기 규모가 고마쓰를 앞지른 것'의 역사적 의미에 대한 질문이 쏟아졌다. 중국의 건설기계산업이 세계적인 강수들과 어깨를 견줄 만큼 강해졌음을 보여주는 대목이다!

싼이그룹이 매출 100억 위안을 달성했을 때 투자자들은 싼이그룹이 과연 지금보다 더 성장할 수 있는지, 있다면 그 원동력은 무엇인지에 대해 의문을 제기했다. 2011년엔 량원건 회장이 개인자산 700억 위안으로 중국의 최고 갑부가 되었다. 2000만 위안이면 평범한 중국인이 평생 품위 있고 여유롭게 사는 데 충분하다고 하니 700억 위안이면 인생을 3500번 살 수 있는 돈이다. 그런데도 량원건 회장은 임직원들을 이끌고 끊임없이 도전한다. 그런 원동력은 어디에서 나오는 걸까? 바로 돈이 아닌 문화이다. 품질로 세상을 바꾸겠다는 원대한 포부가 있기에 량원건 회장의 가슴속에는 언제나 뜨거운 열정이 넘쳐난다.

쌴이그룹의 창업자들은 사업을 시작하는 초기부터 '일류 기업을 만들고 일류 인재를 육성하고 일류 공헌을 하자'는 기치를 내걸었다. 큰 꿈과 이상의 날개를 달고 창공을 가르며 힘껏 날아올랐다. 2008년에 매출 목표로 1000억 위안을 제시했을 때 회사 내부에서 큰 논란이 일었다. 서로의 의견이 대립되는 상황에서 량 회장은 재치 있게 정리했다.

"'할 수 있다'와 '할 수 없다' 모두 옳은 판단이지만, 그에 따른 결과는 전혀 다르다. 할 수 있다고 생각하면 그것을 이루려고 노력할 것이고, 할 수 없다고 생각하면 아무것도 하지 않고 그냥 포기하고 말 것이다."

이 철학적인 예언은 결국 현실이 되었고 1000억 위안의 목표는 다시 2000억 위안의 청사진으로 더 커졌다. 인간은 꿈이 있어 위대하다는 말이 바로 이를 설명하는 것이겠다.

량 회장은 기업과 이윤의 관계를 이렇게 정리했다.

"이윤을 창출하지 못하는 기업은 불쌍한 기업이고, 불법으로 이윤을 취하는 기업은 수치스러운 기업이며, 이윤만 추구하는 기업은 비극적인 기업이다."

간단명료하면서도 깊은 뜻이 담긴 말이다. 이보다 더 멋진 말이 있다.

"돈을 생각하지 않을수록 돈은 주머니 가까이 오게 되고, 돈만 생각할수록 돈은 주머니에서 멀어지게 된다."

중국 최고 갑부가 진심으로 느끼고 터득한 경험이자 '천하 만물은 유에서 생겨나고 유는 무에서 생겨난다.'는 옛 성현 노자의 철학적 진리가 담긴 말이다.

"이윤을 넘어서야만 자신을 넘어설 수 있다."

이는 진정 위대한 진리이다!

량원건 회장은 특정한 날과 장소에서만 문화를 이야기한다. 바로 매년 삼일절 때이다.

그는 몇 년 전 회의에서 바다 저편의 일본이 과거 중국과 서양의 선진 문물을 도입하여 황색 인종 가운데서 가장 먼저 강대국이 된 사실을 상기시켰다. 동시에 중국의 거대한 성장 기회를 잘 포착하고 비교우위를 충분히 활용하여 자신감을 드높여야 한다고 역설했다. 중화민족은 예로부터 '차이점을 인정하고 존중하며 신뢰와 의리를 지키는 지혜롭고 진취적인' 민족이다. 이러한 민족정신을 발휘하여 스스로 끊임없이 노력하고 산업보국의 호언장담을 행동에 옮겨 중화민족 부흥의 기적을 함께 만들어나갈 것이다.

이것이 바로 량원건의 문화적 기질이자 매력이다.

싼이그룹이 추구하는 핵심가치는 혁신, 탁월, 고객, 협력, 존중, 열정, 성실, 책임 이렇게 8개 단어로 표현할 수 있다. 그렇다면 이러한 핵심가치는 어떻게 해석될까?

혁신: 싼이그룹과 같은 기업에서는 혁신을 추구하는 사람만이 진정한 이윤을 창조하는 사람이다. 그러므로 우리는 경영활동에서 과감한 혁신

을 가장 중요시한다.

탁월: 탁월함을 추구하는 것은 남보다 더 잘하려고 노력하는 것을 말한다. 예를 들면 바닥 청소를 해도 최선을 다해 누구보다도 깨끗하게 하는 것이다. 그리고 탁월함을 추구하는 것의 또 다른 의미는 바로 경쟁할 때 남보다 더 규범적으로 경쟁을 하는 것이다. 다시 말해서 우리는 기왕할 거면 세계 최고가 되자는 주의이다. 제품 개발, 서비스 프로세스 수립, 인재 육성 등 모든 면에서 이 원칙을 엄격하게 적용한다.

고객: '고객을 위한다'는 우리의 철학은 그 어떤 상황에서도 변질되어서는 안 된다. 고객은 우리의 부모님이다. 고객이 있어야 우리가 존재한다. 그렇기 때문에 고객이 진정 원하는 것이 무엇인지를 잘 파악해서 만족시켜줘야 한다.

협력: 협력은 공급업체와의 협력, 경쟁자와의 협력, 직원들과의 협력 등으로 세분된다. 특히 경쟁자와의 협력을 부단히 강화해야 한다. 협력은 우정이 없어도, 신뢰가 없어도, 제3자의 중재가 없어도 가능하다. 서로에게 이익이 된다고 판단되면 이기적이고 철저한 계산에 따라 협력 관계가 형성될 수 있다. 따라서 경쟁자와 우리 사이에 신뢰와 우정이 없어서 협력이 불가능하다고 생각해서는 안 된다. 이성적인 사람은 목표만 같다면 적과도 협력할 수 있다. 펩시콜라와 코카콜라, 먹도날드와 KFC, 이들은 경쟁관계에 놓인 대표적인 기업이다. 그럼에도 이들은 이성적인 판단과 관계를 맺은 덕분에 성공할 수 있었다. 만약 코카콜라에

발암물질이 들어 있다고 펩시콜라가 떠들어대면 어느 누가 코카콜라를 마실까? 마찬가지로 펩시콜라에 발암물질이 들어 있다고 코카콜라가 떠들어대면 어느 누가 펩시콜라를 마실까? 그들은 수십 년, 수백 년 동안 장기적 협력관계를 유지해왔다. 그만큼 이성적이고 총명하다는 뜻이다. 중국인들은 이를 본받아 서로 협력관계를 맺어야 한다.

존중: 임원과 관리자들은 고객을 생각하기 전에 먼저 우리 직원과 파트너를 존중해야 한다.

열정: '좋은 것'과 '탁월한 것'의 가장 큰 차이점은 무엇일까? 이를테면 좋은 사람과 탁월한 사람, 좋은 기업과 탁월한 기업, 좋은 리더와 탁월한 리더의 차이점은 무엇일까? 얼마나 총명하고 재능이 있는지는 중요하지 않다. 중요한 것은 열정이다. 큰 성공을 거둔 사람들을 보면 대부분 열정이 넘친다. 탁월한 리더가 되어 탁월한 기업을 만들기 위해서는 먼저 열정이 있어야 한다. 자신의 일을 사랑하고 회사를 사랑하며 직원을 사랑해야 한다.

그렇게 뜨거운 열정으로 일과 회사와 직원을 사랑한다면 분명히 탁월한 리더가 되어 사업을 성공적으로 이끌 수 있을 것이다. 탁월한 사람이 되고 싶은가? 성공을 이루고 싶은가? 그렇다면 매사에 열정적으로 임하자. 이것은 매우 간단한 성공 비결이다. 여러분도 가슴속에 잠자고 있는 열정을 더욱 불태운다면 싼이그룹은 지금보다 훨씬 더 좋은 성적을 낼 수 있으리라 믿어 의심치 않는다.

성실: 성실성은 인간의 가장 기본적인 덕목이다. 기업이 발전하고 건강한 조직으로 거듭나려면 조직의 구성원이 성실하고 건전한 사고방식을 지녀야 한다. 성실성을 이끌어내기 위해서 명확한 원칙을 정했다. 즉 조직과 기업에 피해가 가는 일은 절대 하지 않는 것이다. 다소 간단해 보이지만 실제로는 아직도 불성실하거나 거짓말을 하는 사람들이 일부 있다. 이러한 행위는 자신에게도 마이너스로 작용할 뿐만 아니라 회사와 조직에도 피해를 주기 때문에 백번을 강조해도 지나치지 않다.

책임: 우리는 사회와 가정, 조직에 대한 강한 책임감을 가져야 한다.

이상이 우리의 핵심 가치관이다. 핵심 가치관은 보편적이고 위대한 진리여야 하고 꾸준히 실천할 수 있어야 한다. 그래야만 호소력을 가질 수 있고 세계와 소통하는 언어가 될 수 있다. 독일에서든 미국에서든 반드시 우리의 핵심 가치관을 끝까지 지켜나가야 한다.

① 빙설재해 구조

② 원촨 대지진 재해지역에 기부금 전달. 왼쪽에서부터 후난 성 공청단위원회의 리후이 서기, 싼이그룹의 량린허 (梁林河) 부사장, 싼이그룹 공청단위원회의 량자이중 서기, 필자

③ 싼이 재난고아 구조기금의 기자회견 현장에서 샹원보(오른쪽 첫 번째)와 필자(왼쪽 첫 번째)

④ 원촨 대지진 현장에서 봉사활동을 하는 량자이중

⑤ 후난 위성TV의 지진구조지원 프로그램에서 원촨 현장에서 보내온 문자메시지를 읽는 필자

기업의 사회적 책임

기업에 이윤보다 더 아름답고 숭고한 목표는 바로 사회적 책임이다.

– 량원건

창사 시 싱사 개발구에 위치한 쌴이그룹 본사에 들어서는 순간, '감사하는 마음을 가지다'라는 뜻의 '심존감격(心存感激)' 네 글자가 눈에 확 들어온다. 이 네 글자는 쌴이그룹이 사회적 책임을 이행하는 가장 기본적인 원동력이다. 근대 이후 수많은 가난한 농민 자제들과 큰 포부를 지닌 지식청년들이 산업 발전을 통해 나라를 부강하게 하고 자신과 민족의 운명을 바꾸고자 노력해왔다. 그러나 모두의 꿈이 다 이루어질 수는 없는 법, 그런데 쌴이그룹은 바람 앞에 흔들리던 여린 묘목에서 아름드리나무로 성장했으니 모든 임직원이 감사하지 않을 수 없다.

회사도 그 감사에 보답하고 있다.

12만 3500㎡ 규모의 러닝센터를 건설하여 교육비용으로 연간 400만 위안 이상이 투입되었다. 전문분야 교수를 초빙하여 'R&D 스킬 향상', 'R&D 프로젝트 관리' 등 강좌를 개설하고 칭화대학 등 유명대학과 손잡고 공학석사 교육과정을 개설하여 졸업생과 재학생 90여 명이 혜택을 받았다. 30명이 넘는 고위 관리직들이 'EMBA 과정'을 수강 중이고 2회에 걸쳐 20명의 직원을 선발하여 대학의 2년 과정 연수를 보내주었다. 그 외에도 R&D 프로젝트상, 매출 인센티브상, 중요공헌상, 기술혁신상, 기술특허상 등 다양한 격려제도를 통해 인재 육성과 개발에 힘쓰고 있다.

법적 책임 측면에서 보면, 쌴이그룹은 지식경제의 시대에서 고정자산보다 지적재산권을 얼마나 보유하고 있느냐가 기업의 경쟁력을 결정짓는 핵심이라는 것을 잘 알고 있다. 그래서 지적재산권 전담조직을 구성해서 완벽한 지적재산권 관리 제도를 수립한 덕분에 지적재산권 업무 관련 격려제도와 교육체계가 구축되어 정보 서비스를 효과적으로 실시하고 있다. 2004년에는 거액의 자금을 투자하여 건설기계산업 최초로 지적재산권 전략 플랫폼인 '지식재산권정보포트'를 구축하기도 했다.

이런 사내 활동을 바탕으로 회사는 사회적 책임을 하는 데도 앞장서고 있다.

기업의 사회적 책임은 크게 '입공(立功)', '입덕(立德)', '입언(立言)'으로 나눌 수 있다.

기업은 사회를 위해 부를 창조하고 사회의 취업 문제를 해결한다. 이렇게 '자기 한 몸을 잘 챙기는 것'이 사회를 위해 공적을 세우는 것, 즉 입공이다. 여기서 한 단계 더 발전하면 '세상을 두루 구제하는 것', 즉 질서 있는 사업 분위기를 형성하고 나아가 국가의 개혁을 추진하는 것이 넓은 의미에서의 입공이다.

재난구조와 장학사업, 자선 활동, 빈곤구제 등 '선행'은 '입덕'이라 할 수 있다.

마지막으로 '입언'은 가장 높은 경지의 사회적 책임이다. 새로운 비즈니스 패러다임과 경영철학, 경영사상 등을 창조하는 것을 말하는데 예를 들면 '혼다의 생산방식', '블루오션 전략', 피터 드러커의 경영철학, 량원건의 '품질로 세상을 바꾸는 경영' 등이 그렇다.

이러한 이념과 철학들은 오랜 기간에 걸쳐 전 세계에 영향을 미치며 지금보다 더욱 아름다운 세상을 만드는 것이 궁극적인 목적이다.

기업은 사회적 책임을 이행함으로써 긍정적인 사회 분위기를 조성하고 기업의 인지도와 평판을 높여 경영목표를 달성한다. 긍정적인 사회 분위기는 기업 경영을 촉진하는 드라이브 역할을 한다. 좋은 환경이 없이는 기업은 자체의 성장 터전을 잃게 된다.

쌘이그룹이 사회적 책임을 충실히 이행하는 첫 번째 원동력은 '공정과 성실, 감사하는 마음'이다. 중앙 정부의 개혁 개방 정책과 지방 정부의 전폭적인 지원이 없었다면 쌘이그룹은 이렇게 큰 성공을 이룰 수 없었을 것이다. 쌘이의 모든 임직원들은 항상 감사하는 마음을 가지고 있으며 이는 사회적 책임을 이행하는 가장 큰 원동력이 되었다.

두 번째 원동력은 투자이다. 환경에 대한 투자와 기업의 발전은 상호 간에 밀접한 관계가 있다. 최근 몇 년간 쌘이그룹은 환경자원에 대한 투자를 확대했고 기업과 사회의 상생을 추구하고 있다.

2003년에 쌘이그룹은 회사 창립지인 다오퉁촌에 학교 설립을 위해 500만 위안을 기부했다. 같은 해 제5회 도시체육대전에 800만 위안을 협찬했고 2004년에는 쑹칭링(宋慶齡)아동기금회에 50만 위안의 기부금을 전달했다. 2006년에는 제7회 장애인운동회에 5만 위안을 기부했다. 이 같은 활동의 결과 〈포브스〉가 선정한 2004년 중국자선기업 리스트에서 쌘이그룹은 48위에 올랐다.

량원건 회장은 평생이 보장되는 국영 기업을 뛰쳐나와 〈포브스〉의 부자 리스트 1위에 이름을 올리고 CCTV가 선정한 '중국 경제계의 올해의 인물'이 되기까지 20년이 걸렸다.

민영 기업가들이 성공을 이루고 사회에서 인정받는 것 자체가 중국 사회의 진보를 보여주는 증거이다. 쌘이그룹의 창업 멤버들은 동시대의 기타 창업자들처럼 작은 성공에 안주하거나 타락하지 않고 굳은 신념과 완강한 의지를 바탕으로 끝없이 새로운 것에 도전했다. 원대한 포부를 가지고 엄청난 부담감을 이겨내며 더욱 좋은 제품과 서비스 그리고 양질의 일자리를 많이 제공했다. 그것이 설령 자기 한 몸을 위한 노력일지라도 결국은 사회를 위해 '입공'한 것이다. 이 같은 내용은 2009년 8월 〈남방주말〉의 덩디(鄧地) 기자가 나를 인터뷰할 때 말한 내용이기도 하다.

중국 경제는 지난 30년 동안 천지개벽의 변화를 겪었다. 그러한 상황에서 싼이그룹과 같은 민영 기업이 작은 제조공장에서 굴지의 기업왕국으로 성장하며 방대한 부를 창조한 과정을 되짚어보면 싼이그룹이 중국 사회에 가져다 준 가치는 물질적인 부 그 이상이라고 볼 수 있다.

싼이그룹은 환경보호, 직원의 권리와 이익 수호, 장학사업과 빈곤복지사업, 재난구조 활동 등 직접적인 '선행'도 많이 하고 있다. 특히 2008년의 폭설피해 때 대형장비 26대를 재해현장에 파견했고 원촨 대지진 때는 2200만 위안 상당의 구호물자를 기부하고 앞장서서 인명구조통로를 뚫었다.

구조 활동 자체도 중요하지만 구조 영웅들에게 대대적인 포상을 한 것도 큰 의미가 있다. 2008년 11월 5일에 싼이그룹 경영진은 지진 구조에서 큰 공헌을 한 직원들을 포상하기로 했다. 특별공로상 4명에게는 10만 위안의 상금, 일등공로상 11명에게는 3만 1800위안의 상금을 지급했다. 이뿐만 아니라 회사 매출이 1000억 위안을 돌파하는 날에 만약 이들 수상자들이 그때까지도 회사에 남아 근무하고 있으면 특별공로상과 일등공로상 수상자들에게 각각 100만 위안과 30만 위안의 상금을 추가 지급하겠다고 약속했다. 이러한 조치는 나라에 위기가 닥쳤을 때 기업은 물론 한낱 필부도 발 벗고 나서야 한다는 회사와 량 회장의 가치관을 직원과 사회에게 심어주었다. 물론 쌘이그룹이 수익을 창출하는 직원을 중요하게 생각할 뿐만 아니라 목숨 걸고 회사의 존엄을 지켜준 직원들을 더욱 소중히 여긴다는 것도 보여준다.

"대기업이 일반 기업과 다른 점은 조직의 형태와 대규모 생산이 가능한 기술 외에도 결정적인 세 번째 요소가 있다. 그것은 바로 대기업이 어느 정도 우리의 사회적 신앙과 희망을 실현해준다는 것이다."

이 말은 피터 드러커가 《기업의 개념Concept of the Corporation》이라는 저서에서 언급한 것이다.

재난이 발생했을 때 제때 지원하는 것 외에도 쌘이그룹은 더욱 지속적이고 깊이 있는 공익활동을 실행하기 위해 노력한다.

2010년 4월 30일, 쌘이중공업과 민정부 긴급구조촉진센터가 공동 설립한 '중국 쌘이 재난고아 구조기금' 발대식 기자회견이 베이징 댜오위타이(釣魚臺) 국빈관에서 열렸다. 민정부의 핵심인사 몇 명과 쌘이중공업의 샹원보 사장, 그리고 내가 함께 기자회견에 참석했다.

발표회에서 쌘이중공업은 기금의 초기자금으로 1500만 위안을 기부했다. 이 자금은 재난고아 구조와 교육, 육성체계의 구축과 발전 등에 사용될 예정이다. 예컨대 교사인력 확충, 교육과정과 교재 제작, e러닝 및 온라인 교육자료 개발과 운영, 그리고 생활시설과 유치원, 학교, 병원 등 관련 기관을 건설하는 데 사용된다. 이는 중국 최초의 재난고아 구조

싼이그룹의 직원이 현장에서 철수하면서 아이들을 구조했다.

기금이다.

설립협의에 따르면 '싼이기금'은 공모펀드이며, 자금 출처는 싼이중공업이 제공한 1500만 위안의 초기자금 외에 국내외 기업과 사업체, 공익단체 및 개인에게 기부금을 받을 수 있다. 또한 독자적 혹은 협력방식의 모금활동을 진행할 수도 있다. 그 외에 기금 운영 수익도 재난고아의 구조와 교육에 사용한다.

〈싼이그룹신문〉의 저우나(周娜) 기자가 이번 기금의 설립과정을 취재하여 기금이 탄생하게 된 유래를 밝혔다.

2010년 4월 14일, 위수(玉樹) 대지진이 발생한 이후 온 국민의 시선과 관심이 모두 위수에 집중되었다. 싼이중공업의 수만 명 직원들도 지진의 피해상황을 예의주시했다. 직원들의 마음을 모르는 바 아니었지만

후난경제TV의 자선공연 프로그램에서 필자가 쌴이그룹을 대표하여 쓰촨의 지진피해지역에 1500만 위안 상당의 설비와 현금 300만 위안을 전달했다.

샹원보 사장은 그들과 생각이 조금 달랐다.

"당장 기부금과 물자를 지원하고 대형 구조설비를 파견할 수도 있지만, 장기적인 관점에서 보면 기금을 설립해서 보다 체계적으로 지원할 수 있는 효과적이고 지속 가능한 재난구조모델을 구축할 필요가 있다."

4월 18일, 후진타오 주석이 지진 피해지역을 시찰했다. 그는 고아가 된 아이들을 돌보는 일을 중요한 업무로 생각하고 아이들의 생활과 교육문제를 잘 해결하라고 지시했다. 후 주석은 텐트에 피신해 있는 아이들에게 직접 찾아가 학교와 집이 곧 새롭게 지어질 거라며 아이들을 안심시켰다. 이렇게 해서 쌴이중공업과 민정부가 즉시 연락을 취해 일사천리로 추진해나갔고 얼마 후 중국 최초의 '재난고아의 구조와 교육을 돕기 위한 전용기금'이 설립되었다. 이를 통해 재난고아들이 조국의 따뜻한 품에서 건강하고 즐겁게 성장하여 나라의 동량이 될 수 있도록 좋은 삶의 터전과 교육환경을 제공했다.

관련 기자회견에서 일부 업계 전문가들의 의견에 따르면, 쌴이그룹이 국내 최초로 '재난고아의 구조와 교육을 돕기 위한 기금'을 설립함으로써 새로운 한발을 내디뎠다고 평가했다. 성숙해진 중국 기업이 사회와 하나가 되어 사회적 책임을 이행하는 새 지평을 열게 된 것이다. 고도의 사회적 책임감을 가진 기업시민으로서 싼이그룹의 새로운 모색과 탐구는 중요한 의의가 있다고 하겠다.

포드자동차는 제2차 산업혁명 때 탄생한 대표적인 기업이다. 포드 사의 좌우명은 다음과 같다. '훌륭한 기업과 위대한 기업은 다르다. 훌륭한 기업은 좋은 제품과 서비스를 제공하지만 위대한 기업은 훌륭한 제품과 서비스를 제공하는 것 외에도 세상을 더욱 아름답게 만든다.'

기업은 사회를 위해 부를 창조하고 취업 문제를 해결해야 하지만 그보다 더 궁극적인 사명은 세상을 더 아름답게 하는 것이다! 이것이 바로 기업의 사회적 책임이다.

싼이그룹은 보답을 바라고 사회적 책임을 이행한 적이 한 번도 없다. 그런데 사회는 우리에게 각종 상과 명예를 수여하는 등 크게 화답을 해주었다.

2008년 7월 8일, 싼이중공업의 지진구조지원팀이 '10대 자원봉사단체'로 선정되었다.

2008년 12월 5일, 싼이그룹이 국가민정부로부터 2008년 '중화자선상'을 수상했다.

2008년 12월 28일, '2008년 연간중국공익시상식'에서 싼이그룹이 '기업의 사회적 책임 최고 모범' 칭호를 얻었다.

2011년 8월 15일, 베이징 인민대회당에서 개최된 '전국우수노동관계 기업과 산업단지' 표창대회에서 싼이그룹이 모범기업으로 꼽혔다.

① 1000톤급 기중기를 출고하는 모습. 오른쪽 첫 번째가 후난 성의 저우창(周强) 당서기

② 팔 길이 86m짜리 펌프카를 출고하는 모습

③ 이샤오강

'모방'으로는 일인자가 될 수 없다

남의 기술을 도입하여 그 뒤꽁무니만 열심히 쫓아가며 '생산공장'으로
전락하는 것보다는 기술 혁신을 통해 주도권을 확보해야 한다.
– 량원건

혁신은 고속 성장을 드라이브하는 엔진이다. 싼이그룹은 기술에 대한 두려움과 기존 기술방식에 대한 의존성을 극복하고 획기적인 혁신을 끊임없이 추구한 결과, '6고'라는 새로운 모델을 창조했다. 이러한 혁신을 이끈 사람은 바로 '기술의 일인자' 이샤오강이다.

2008년에 유명한 언론인이자 기자인 뉴원원(牛文文)이 〈무거운 유전자〉라는 제목의 글에서 이와 같이 말했다.

"지난 30년간 중국의 기업계를 지배했던 '모방, 대규모 양산, 저렴한 가격, 낮은 부가가치' 등에 대한 우려의 목소리가 점점 커지면서 이제는 예전과 완전히 다른 새로운 사업 유전자를 찾기 시작했다. 우리는 이렇게 상상을 한다. 새로운 사업 유전자는 '기술공포증'을 이겨내고 자주적인 연구개발이 가능해야 한다. 규모의 경제가 아니면 수익 창출이 어렵던 과거 패턴에서 벗어나 생산량 세계 1위가 되지 않아도 지속적인 생존과 성장이 가능해야 한다. 자체의 제품에 높은 가격을 매길 수 있어야 하며 가격 후려치기로 경쟁력을 확보하지 않아도 충분히 성장할 수 있어야 한다. 그리고 마지막으로 직원과 사회를 위해 아낌없이 지원하고 사회적 비용이 점점 상승하더라도 소화할 능력을 지녀야 한다. 우리는 이런 유전자를 싼이그룹에서 발견한 것 같다. 가전, IT 등 산업에 만연해 있는 끔찍한 '가벼운 유전자'와 구분 짓기 위해 우리는 이런 유전자를 '무거운 유전자'라고 이름 지었다."

이에 대해 샹원보 사장이 의미심장한 말을 했다.

"만약 싼이그룹이 앞장서지 않았다면 중국의 건설기계산업은 아마도 적자를 면치 못했을 것이다."

그의 말에서는 싼이그룹이 기술에 대한 두려움과 기존 기술방식에 의

존하는 것을 극복하고 자주적인 혁신을 통해 성과를 이룬 데 대한 자부심이 묻어난다.

2003년까지만 해도 중국의 건설기계장비영역은 외국 기업이 독식하다시피 했다. 당시 외팔보 크레인 한 대의 수입가격이 130만 위안이었다. 그런데 싼이그룹이 자체 개발에 성공하면서 20만 위안에 만들어낼 수 있었다. 그럼 수입 펌프카 한 대의 가격은 얼마일까? 300만~400만 위안이다. 싼이그룹이 자체 개발한 펌프카는 그 가격의 3분의 1 정도로 엄청난 비용을 절약할 수 있었다.

사실 싼이그룹도 어쩔 수 없이 기술 혁신의 길을 택한 것이다. 중국 기업들이 가장 두려워하는 것이 서양의 기술이고 또 가장 의존하는 것 또한 서양의 기술방식이다. 외국 기업들이 과연 자신들의 비결을 우리에게 가르쳐줄까? 그렇지 않다. 그들과 협력하려고 다가갔지만 그들은 우리를 무시했다. 그래서 량원건 회장은 결심했다.

"남의 기술을 도입하여 그 뒤꽁무니만 열심히 쫓아다니며 '생산공장'으로 전락하는 것보다는 기술 혁신을 통해 주도권을 확보해야 한다."

그때부터 싼이그룹은 기술에 대한 두려움과 기존 기술방식에 대한 의존성을 극복하고 새로운 역사를 열었다. 바로 그 부분에서 유압 전문가인 이샤오강의 공이 가장 크다.

싼이그룹에 입사하기 전까지 이샤오강 사장은 콘크리트펌프를 접해본 적이 전혀 없는 말 그대로 문외한이었다. 1995년에 입사한 후부터 새로운 분야에 대해 연구하기 시작했고 곧 콘크리트펌프의 고압과 저압을 변환할 때 서로 다른 호스를 연결해야 한다는 사실을 발견했다. 그래서 90도 회전 가능한 밸브를 설계해서 기존 밸브와 교체하는 것을 제안했다. 그런데 생산주임이 기존설계를 바꿀 수 없다며 반대했다. 외국에서는 호스를 사용하고 고객도 별다른 불만이 없었는데 군이 바꿀 필요가 있냐며 수긍하지 않았다. 이 소식을 들은 량원건은 관련 직원들을 모두 생산현장으로 불렀다. 생산주임과 노동자들 모두 이샤오강의 제안을 반대했다. 마지막에 량원건이 이샤오강한테 물었다.

"이 박사, 이거 됩니까?"

"물론입니다. 외국 기업들이 하는 대로 무조건 따라 한다면 절대 발전이 없을 겁니다."

이샤오강은 확신에 찬 목소리로 대답했다.

"그렇다면 당신 생각대로 하시오."

량원건은 두말없이 이샤오강에게 힘을 실어주었다. 이렇게 해서 싼이그룹의 첫 특허기술이 탄생했다.

기술 장벽을 피하기 위해서는 새로운 방식을 개척하여 사고방식과 기술방식의 혁신을 도모해야 한다. "이것은 단지 사고방식의 전환일 뿐 그렇게 어려운 혁신이 아니다. 남을 모방하면 할수록 결국 막다른 골목으로 빠지게 된다. 우리는 전혀 다른 새로운 사고방식으로 같은 문제를 쉽게 해결할 수 있다." 이샤오강은 이렇게 말했다. 그는 외국 제품의 설계를 모방하던 기존 방식에서 벗어나 처음부터 다시 시작하여 기본적인 기계원리에 따라 기술을 연구하기 시작했다.

1995년 10월부터 이샤오강은 싼이그룹의 핵심 부품인 플로 밸브 기술을 공략하기 시작했다. 원래는 표준부품을 사다가 조립할 계획이었는데 일본 업체의 플로 밸브를 연구한 결과 핵심 부품인 유압부품은 표준부품이 아닌 그 업체만 생산할 수 있는 제품이었다. 그래서 결국 일반 부품은 시장에서 조달하고 핵심기술은 이샤오강이 직접 연구개발하기로 결정했다. 그리고 한 달도 채 안 되어 일본 업체의 제품과는 완전히 다른 방식의 플로 밸브를 설계하는 데 성공했다. 1995년 말에 60A 모델의 드래그 펌프가 탄생했다. 당시 60A의 판매가는 50만 위안 정도였는데 싼이중공업의 매출이익은 50%였다. 게다가 주요부품도 양산이 가능한 표준화 제품이어서 펌프의 안정적인 생산을 보장할 수 있었다. 1998년에 드래그 펌프의 매출에 힘입어 싼이중공업은 연간 수입 2억 위안을 돌파하고 건설기계업계에서 입지를 굳히게 되었다.

현재 싼이그룹의 수석엔지니어이자 연구소 총괄소장인 이샤오강은 국가과학기술진보상 2개, 성급 과학기술진보상 15개를 수상했고 특허 131개를 획득했다(그중 발명특허가 26개). 싼이그룹에서 근무하는 동안 수많은 성과를 창출하며 그룹의 성장을 이끄는 데 크게 기여했다.

중국의 건설기계장비산업은 국내시장에 일부 브랜드업체들이 존재하지만 정말로 해외 브랜드와 대적할 수 있는 브랜드는 손에 꼽힐 정도이다. 싼이중공업은 지난 10여 년간의 노력을 통해 콘크리트기계산업의 국내 1위 브랜드로 성장했고 전 세계 매출 1위를 자랑하고 있다.

싼이그룹이 건설기계제조업 분야에서 기적을 창조할 수 있었던 것은 결코 우연이 아니다. 오랜 세월 동안 자주적인 기술 혁신을 단행하고 논리성이 강한 '6고' 선순환 사슬을 구축한 결과이다. '6고'란 높은 수준의 자본요소 투입, 인재, 혁신성과, 지적재산권, 브랜드, 수익 등을 가리킨다. 2007년 초에 싼이중공업은 '중국 자주혁신 민영 기업' 50대 기업 중에 26위로 선정됐다. 시상식에서 나는 '6고'를 주제로 '6고' 선순환 사슬의 결과에 대해 구체적으로 서술했다.

높은 수준의 자본요소 투입

2005년에 중국의 500대 기업을 대상으로 진행한 리서치에서 중국 제조업체들의 연구개발비용 투입이 매출수입의 1.88%에 불과하다는 결과가 나왔다. 이렇게 턱없이 부족한 연구개발비용은 기업의 성장을 제약하는 핵심요소이다. 싼이그룹이 전통산업인 건설기계장비산업에서 성공을 거둘 수 있었던 가장 중요한 이유는 바로 과감한 투자와 혁신, 그리고 연구개발과 혁신능력을 핵심 경쟁력으로 보고 지속적으로 개발하고 육성해왔기 때문이다. 최근 몇 년 동안 싼이중공업은 매출의 5~7%를 연구개발부문에 투자하고 있다. 이는 업계 평균수준의 3~5배이다.

2006년에 싼이그룹은 3600만 위안을 투자하여 최신 첨단시설을 갖춘 국내 최대의 연구개발동을 지었다. 연구개발을 강화하여 자주적인 기술혁신을 가속화하고 업계의 기술을 선도하겠다는 의도가 담겨 있다.

근래에는 회사의 규모가 점점 커지고 글로벌화가 빠르게 진전됨에 따라 업무의 공간배분을 실시했다. 창사와 쿤산에 제조기지를 구축하고 중앙연구소는 창사에 두었다. 그리고 인재가 밀집되어 있는 상하이, 베이징, 선양 등 도시에 연구소를 설립하여 근처에 위치한 산업단지의 생산과 제조를 지원하고 있다.

싼이그룹의 연구 인력들은 컴퓨터 3D 설계를 기본 툴로 CAD, CAE, PDM, CAPP 등 선진기술을 활용하여 설계와 연구개발을 진행한다.

투입을 확대하는 동시에 우수한 성과를 내는 연구원에게는 지분과 옵션을 주는 인센티브제도를 도입하여 기술인력들의 의욕과 열정을 이끌어내고 있다. 최근 몇 년간 이미 30여 명의 프로젝트 리더들이 회사 지분을 포상으로 받았고 그중 일부는 수백만 내지는 수천만 위안의 자산가가 되었다.

높은 수준의 인재풀

"기업에서 인재는 지속 가능한 경쟁 우위를 창조할 수 있는 유일한 자원이다. 최고의 인재를 가장 많이 확보한 기업이 경쟁에서 승리한다."

싼이그룹은 매력적인 인센티브제도를 통해 특히 '직원들이 성공을 이루도록 지원하는' 새로운 이념으로 엘리트 인력을 다수 확보했다. 또한 포스트닥터연구센터를 설립하여 업계에서 최고의 실력을 자랑하는 박사 3명을 초빙하여 연구개발을 진행하고 있다. 그중에는 국내 유명한 유압 전문가이자 싼이그룹의 수석과학자, 싼이중공업의 운영사장인 이샤오강도 포함된다. 최근 몇 년 동안 싼이그룹의 채용현황을 살펴보면 연구개발인력의 수요가 가장 많다.

높은 수준의 혁신성과

업계 최고수준의 인재들이 모였기 때문에 싼이그룹은 끊임없이 국내외 시장을 선도하는 앞선 기술을 개발해내며 '국내 1위'와 '세계 1위'의 제품을 수없이 만들어냈다.

10여 년의 발전을 통해 싼이그룹은 풍부한 제품군을 갖춘 진정한 건설기계장비업체로 성장했다. 건축기계, 도로기계, 굴착기, 기중기, 탄광기계 등 25개의 종류에서 120여 개 규격의 제품을 보유하고 있다. 그동안 싼이그룹은 '863' 프로젝트, '국가중점신제품 프로젝트', '10.5 국가대형기술장비 연구 프로젝트', '횃불 프로젝트' 등 중점 프로젝트 20여 개를 성공하여 중국 장비제조업의 부흥에 크게 기여했다.

높은 수준의 지적재산권

"남의 기술을 도입하여 그 뒤꽁무니만 열심히 쫓아다니며 '생산공장'으로 전락하는 것보다는 기술 혁신을 함으로써 주도권을 확보해야 한다." 량원건 회장의 목소리에는 힘이 실렸다. 장비산업은 중국의 현대화를 실현하는 토대임과 동시에 가장 취약한 부분이기도 하다. 인구수가 십여 억이나 되는 대국이 현대화를 수입할 수는 없는 법이다! 첨단기술을 통해 중국의 장비산업을 업그레이드하고 선진화하여 세계 일류 수준으로 끌어올려야 한다. 이는 싼이그룹이 성장의 전략적 기회임과 동시에 중국 기업으로서 마땅히 감당해야 할 역사적 책임이다.

싼이그룹은 특허전략 실시와 특허보호 강화를 주요수단으로 활용하여 자신의 기술수준을 높이고 경쟁 우위를 유지하며 시장을 개척하고 확대해나갈 것이다. 량원건 회장 등 경영진들은 지적재산권 보호의식이 매우 강하다. 싼이그룹의 기술을 담당하는 주요 임원들은 모두 특허기술을 몇 개씩 보유하고 있는 발명가이기 때문이다. 특히 이샤오강 사장은 자신이 독자적으로 설계하거나 공동으로 설계한 특허가 92개이며 그중 발명특허가 14개나 된다.

높은 수준의 브랜드

싼이그룹이 고품질의 콘크리트기계를 만들어내기 시작하면서 국내 업계에서는 외국 제품 대신 국산 제품을 사용하자는 민족운동이 일어났다. 2002년부터 싼이의 콘크리트기계 시장점유율이 국내 1위에 올라섰고, 2005년에는 50%를 넘어 명실공히 국내 1위 브랜드가 되었다. 세계에서도 3위권에 드는 기염을 토했다. 싼이 브랜드를 대표로 하는 국산 콘크리트기계는 불과 몇 년 만에 콘크리트 펌프의 85%, 펌프카의 95%가 수입제품이던 국면을 완전히 바꿔놓았다.

2006년 초의 전국과학기술대회에서 싼이중공업의 '콘크리트펌프 핵심기술 연구개발과 응용' 프로젝트가 국가과학기술진보상 2등상을 수상하여 그해 콘크리트기계 업체 중에서 유일하게 수상의 기쁨을 누렸다. 이뿐만 아니라 싼이의 상표는 국가공상총국으로부터 '중국유명상표'로 인정받았고 펌프카는 '중국명품브랜드'로 선정됐다.

콘크리트업계의 '대변인' 자격을 확보한 후 싼이그룹은 계속해서 아스팔트도로설비, 기중기, 굴착기 등 제품의 기술 혁신과 시장 육성을 통해 빠르게 성장하며 새로운 이윤을 창출하고 있다. 국내 업계에서 싼이는 이미 명실상부한 일등 브랜드로 발돋움했다.

근래 싼이 브랜드의 인지도와 평판이 빠르게 높아지고 있다. '가장 성장성이 좋은 10대 상장회사', 중국 500대 기업, '중국 제조업계에서 가장 성장 전망이 좋은 자주브랜드업체', '중국에서 가장 경쟁력 있는 10대 건설기계업체' 등의 명예를 얻었다. 또한 싼이중공업은 국제건설분야에서 가장 권위 있는 언론인 영국의 〈국가 건설〉이 선정한 '2005년 50대 글로벌 건설기계제조업체' 리스트에 이름을 올렸다. 2006년에 중국 브랜드연구소가 발표한 〈2006년 국내외 브랜드 호평 조사 보고서〉에서 싼이그룹이 건설기계제조업체로서는 유일하게 16%의 상승폭으로 100대 기업 중 49위에 랭크되었다.

싼이그룹의 꿈은 '업계 최고와 어깨를 견줄 수 있는 세계적인 건설기계왕국을 만드는 것'이다. 국내사업 확장을 가속화하고 해외마케팅을 더욱 강화함과 동시에 해외투자계획도 단계별로 실행하고 있다.

높은 수준의 수익

싼이그룹은 자주적인 기술 혁신과 높은 수준의 투입 비용, 인재풀, 혁신성과, 지적재산권, 브랜드체계 등을 구축한 덕분에 건설기계산업에 진출한 십여 년 동안 놀라운 고속 성장을 이루어왔다. 연평균 60%의 성장속도에 매출액도 1억 미만에서 수백억으로 껑충 뛰어올랐다. 특히 최근 몇 년간 정부의 거시조정 하에서도 여전히 눈부신 성과를 달성하며 시장에서의 훌륭한 퍼포먼스로 선두기업의 위력을 다시 한 번 과시했다.

현재 싼이는 전 세계 50여 개 국가로 제품을 수출하며 사업을 확장하고 있다. 주력제품의 국내 선두지위를 유지하면서 글로벌 매출도 두 배로 늘었다.

중국 주식 유통화 개혁의 1호 주식으로서 좋은 경영실적을 창출함과 동시에 투자자들에게도 인정과 칭찬을 받았다.

종합적으로 6고는 이렇게 선순환된다.

'높은 수준의 자본요소 투입 → 뛰어난 인력풀 → 혁신성과 → 지적재산권 → 브랜드 → 수익'

꿈을 꿔야 기적이 생긴다

인간은 꿈이 있어 위대하다!

– 량원건

내가 싼이그룹에 온 후 7년 동안 싼이그룹은 수많은 기적을 창조했다. 속도의 기적, 생산성의 기적, 혁신의 기적, 브랜드의 기적……. 특히 자본의 기적과 최고 갑부의 기적은 전 세계의 주목을 받았다.

싼이그룹은 수많은 산업 중에서 왜 건설기계산업에 진출했을까? 가장 큰 이유 두 가지는 시기와 산업의 성격이었다. 무릇 어떤 산업이든 진입하기 적절한 시기가 있다. 너무 이른 시기에 진입하면 고객과 시장이 아직 완전히 형성되지 않아서 장렬하게 전사하기 십상이다. 반대로 너무 늦게 진입하면 기회를 놓치게 된다. 싼이그룹이 시장에 진입했을 때는 마침 적절한 시기였다. 상업용 콘크리트는 효율적이고 친환경적이며 사용하기 편리하다는 인식이 점차 형성됨에 따라 몇몇 외국 브랜드와 국내업체들을 통해 소비자들에게 널리 알려지기 시작했다. 게다가 일선도시에서 콘크리트를 생산하는 것을 금지하는 정책이 세워지면서 더욱 호황기를 맞게 되었다. 산업의 특성 또한 유리하게 작용했다.

만약 자동차산업과 같이 집약도가 높고 막대한 설비투자가 필요한 산업에 진출했다면, 설령 자금이 충분하다고 해도 까딱 잘못하면 낭떠러지로 떨어지고 말았을 것이다. 그에 비해 건설기계는 분산형 산업인데다 막대한 자금이 필요하지 않은 까닭에 거대한 '침몰비용'의 함정도 피할 수 있다. 그러니 지혜로운 선택이라 할 수 있겠다.

과거 제조업계는 OEM과 가격전쟁으로 점차 사막화되어 가고 있었다. 량원건 회장의 말대로 그들의 이윤은 칼날보다도 얇았다.

싼이그룹은 가치사슬의 상단을 차지하고 앞장서서 업계를 규범화했다. 가격싸움이 아닌 혁신과 브랜드로 승부를 걸었다. 그 결과 2010년 전국 상장회사 중에서 순자산 이익률(59.1%) 1위를 차지했다. 수익률이 높으니 벌어들인 수익을 다시 기술 혁신과 브랜드 구축, 가치사슬을 최적화하는 데 투자할 수 있다.

쌴이그룹은 전국 각 지역에 6S 매장을 개설했다. 자동차업계의 4S보다 두 개 더 많은 'S'는 정보 수집과 고객 트레이닝이다. 정보 수집을 통해 우리는 고객과 직접 대면하고 시장에 더 가깝게 다가가서 경쟁사의 동향을 직접 살필 수 있었다. 트레이닝은 건설기계가 워낙 고가이고 작동이 쉽지 않기 때문에 교육을 통해 고객과의 거리를 좁히고 고객에게 기술적 지원을 제공했다. 이러한 방식을 통해 최종소비자를 확실하게 장악할 수 있다.

정보화 기술의 보급은 쌴이그룹에 새로운 역사를 열어주었다. ERP시스템을 통해 우리는 다양한 자원을 효과적으로 통합할 수 있었다. 원격 방식을 통해 국내와 해외의 연구인력들의 협업으로 디지털화 공장을 건설하여 생산효율을 획기적으로 높이고 현장 노동자들의 의욕을 고취시켰다. 시뮬레이션 샘플기계를 도입하여 시범제작의 리스크를 줄이고 샘플기계 제작비용을 절약했다. 핵심소재와 부품의 자체 개발과 생산으로 원가를 대폭 줄이고 투자 대비 산출을 크게 높여 브랜드의 경쟁력을 강화했다.

기업의 성공은 어느 누가 혼자 싸워서 이길 수 있는 싸움이 아니라 시스템 전체가 협동작전으로 체계적으로 움직이고 이해관계자들이 성공의 열매를 함께 나누는 것이다. 현재 쌴이그룹 본사가 위치한 창사 시 싱사 개발구는 우리에게 축복의 땅이다. 만약 당시 정부 담당자가 장기적인 안목으로 과감하게 토지승인을 해주지 않았다면 작년 한 해 동안 30억 위안의 세금 수입은 없었을 것이다. 상하이와 쿤산 등 사업부가 빠르게 성장하면서 전국 각지에서 투자유치 신청이 빗발치고 있다. 쌘이그룹의 명성이 점점 높아지면서 인지도와 평판도 자연스레 높아져서, 지방 정부들은 기업의 미래 성장성을 좋게 보고 앞으로 지역경제와 세수에 큰 기여를 할 것이라는 판단에 쌘이그룹을 유치하기 위해 열을 올리는 것이다.

2008년에 우리는 '매출 135억, 이윤 44억 위안'을 기록했다. 그런데 놀라운 점은 우리의 제품과 서비스를 제공받은 고객들이 우리보다 몇 배나 많은 수익을 올렸다. 이렇듯 기업은 고객 가치의 최대화를 실현할 때 자신의 가치도 최대로 이끌 수 있는 것이다. 덕분에 직원들에게도 많은 혜택이 돌아갔다. 외부에서는 쌘이그룹을 부자를 만들어내는 공장이라고 부른다. 매년 연구개발부서와 마케팅부서에 수백만, 수천만, 심지어는 1억이 넘는 거액을 포상함으로써 직원들의 의욕을 돋운다. 이러한 역량을 바탕으로 사업이 승승장구할 수 있었다. 이뿐만 아니라 내부 승진에 관한 독특한 가치관은 젊고 패기 넘치는 훌륭한 인재들에게 날개를 펼칠 수 있는 무대를 만들어 주었다. 또한 협력업체들을 지원하고 육성하여 상생과 동반성장의 협력관계를 만들어 나가고 있다. 옛말에 '재물이 모이면 사람이 흩어지고, 재물이 흩어지면 사람이 모인다'고 했다. 량원건 회장은 이처럼 재물을 나누고 사람을 모으는 지혜로운 사람이다.

기업 경영이 추구하는 궁극적인 목표는 규모의 극대화도 아니고 이윤의 극대화도 아닌 가치의 극대화이다. 시골의 어느 작은 기업이 중국 건설기계산업의 대표기업, 글로벌 500대 기업으로 성장했다. 그룹의 회장 량원건은 '포브스'와 '후룬바이푸'가 선정한 중국 부자 순위에서 동시에 1위에 등극했다. 주식시장에 상장한 후 8년 동안 우리는 19억 위안의 자본금만 가져가고 주주들에게 수십억 위안의 배당금을 안겨주었다. 2010년 순자산수익률이 59.1%에 달하여 중국 주식시장 1위를 차지하며 주식시장에서 공전의 히트를 쳤다. 앞으로 5년 동안 싼이그룹은 매출 3000억 위안을 달성하여 일본의 고마쓰를 추월할 것이다. 그 다음 5년에는 캐터필러를 제치고 세계 1위가 되어 량원건 회장의 꿈을 이룰 것이다.

기업가의 상업적 지혜란 어떤 것일까? 나는 이렇게 생각한다. 보이지 않는 수요를 발굴하여 자신의 산업과 제품, 서비스를 정확하게 포지셔닝하고 그에 맞는 독특한 수익모델을 만들어낸다. 획기적인 원가 절감과 핵심 경쟁력 강화를 통한 글로벌 리소스 통합 및 활용, 그리고 경쟁자들이 뛰어넘을 수 없는 장벽을 설치하고 시스템과 조직이 업무의 시너지효과를 극대화하고 성공의 열매를 함께 나누는 협동 메커니즘을 구축한다. 마지막으로 규모와 이윤을 넘어서 고객가치의 극대화를 통해 기업가치의 극대화를 실현한다. 이것이 바로 경제학계와 경영학계에서 열광하는 비즈니스모델이다. 하지만 나는 개인적으로 상업적 지혜라는 말이 더 합당하다는 생각이 든다.

기업은 반드시 자신만의 핵심 경쟁력이 있어야 하며 글로벌 분업과 각국의 비교우위를 잘 파악하고 기타 경쟁력 있는 자원을 통합하여 자신에게 유리하게 활용해야 한다. 그래야만 거인의 어깨 위에 올라서서 자신의 성공을 이룰 수 있다.

① 중국공산당 창당 90주년을 기념하는 싼이그룹의 축하행사에서 량원건 회장이 연설하고 있다.
② 후난 성 상임위원회 위원이며 선전부 부장인 장젠궈(蔣建國)가 싼이그룹에서 연설하고 있다. (가운데)

정계 진출

싼이그룹을 민영 기업의 본보기로 만들겠다!

– 량원건

량원건 회장의 정계 진출을 두고 항간에 말들이 많았다. 중국공산당의 제18차 전국대표대회(이하 전당대회)가 개최되기 전에 량원건 회장이 정계에 진출한다는 소식이 언론을 통해 보도되면서 온갖 소문과 추측이 난무했다. 어떤 기자는 심지어 량원건과 탕슈궈를 직접 찾아가 사실 여부를 확인했지만 그 어떤 명확한 답변도 얻지 못했다. 일부 언론들은 량원건이 정계에 진출한다는 가설을 세우고 그에 대한 예상결과를 보도하기도 했다. 인터넷상에서도 많은 누리꾼들이 뜨거운 관심과 큰 기대를 보였다. 물론 반대의 목소리도 있었다. 부자가 정치를 하면 누구의 이익을 대변할지 뻔하다, 가난한 사람들을 지켜줄까 하는 질의도 많았다. 결국 그는 제17차 전당대회 대표에 이어 18차 전당대회 대표에도 당선되었다.

2007년 10월 16일, 중국공산당 제17차 전당대회 기간에 량원건은 민영 기업 대표로서 국내외 32개 언론의 합동 인터뷰를 요청받았다. 매사에 겸손하고 신중한 태도로 임하는 량원건이지만 인터뷰에서 재치 있는 언변과 유머 감각을 자랑하며 '마치 러시아의 푸틴 대통령'을 보는 것 같다는 찬사를 받기도 했다. 다음은 당시의 인터뷰 내용이다.

프랑스 주간지 〈르누벨옵세르바퇴르〉: 3회 연속 전인대 대표이자 이번에는 제17차 전당대회 대표로 당선되었는데, 민영 기업가가 당대표로 당선된 것이 민영 기업의 발전에 얼마나 큰 영향을 미친다고 생각하는가?

량원건: 민영 기업가가 당 대표로 당선된 것은 분명 민영 기업의 발전에

지대한 영향을 미칠 것이다. 우선 민영 기업의 인지도가 제고되고 그 다음은 이런 중요한 정치무대에서 민영 기업의 발전에 필요한 사흥을 더 강력히 제기할 수 있으며 마지막으로 민영 기업가 본인의 의욕 고취에도 도움이 된다.

〈중국국제라디오〉 방송국: 새로운 경제조직의 당대표로서 다른 대표들과의 차이점은 무엇이라고 생각하는가?

제17차 전당대회에서 기자의 질문에 답하는 량원건

량원건: 어제 화훼사업을 하는 대표와 당신은 '영세 개인사업자'이고 나는 '대형 개인사업자'라고 농담했다. 제16차 전당대회 이전까지는 민영경제가 중국 경제에서 노조적인 역할을 했고 민영 기업의 지위도 종속적인 지위로 늘 한 단계 낮은 신분이라는 느낌을 받았다. 하지만 개혁 개방이 진전되면서 특히 제16차 전당대회 이후부터는 민영경제와 국유경제가 똑같이 중요시되고 동일하게 발전되고 있다. 그래서 지금은 기타 대표들과 다른 점을 별로 느끼지 못하고 있다.

홍콩 〈대공보大公報〉: 언제부터 공산당에 가입하고 싶다는 생각을 했는가? 동기는 무엇인가?

량원건: 농촌에서 지낼 때부터 공산당원이 되고 싶었고, 대학시절에 입당신청을 했다. 당시에는 대학생이 공산당원이 되기가 매우 어려웠다. 두 번째 입당신청을 제출한 것은 훙위안 기계공장에 있을 때였는데 공장을 그만 두고 창업을 하면서 기회를 잃었다. 민영 기업을 운영하면서 다시 현지 당 조직에 입당신청서를 제출했지만 아쉽게도 자격요건에 부합되지 않았다. 당시 공산당 가입조건에 개인사업자는 직원 수가 7명 이하로 제한되었다. 제16차 전당대회 이후에야 당 조직에 가입할 수 있었다. 그래서 정말 어렵게 공산당원이 되었다.

사실 처음에는 그냥 공산당원은 영광스러운 것이라는 생각에 무작정 되고 싶었다. 특별한 이유나 동기는 없었다. 그 당시 농촌의 젊은 여성에게 공산당원이 가장 인기가 많았으니까 말이다. 사회에 나와서 창업을 시작한 후에야 공산당원은 꿈과 이상이 있어야 한다는 것을 알았고 우리의 사업을 당의 사업과 연관시켜서 동일한 방향을 추구해야만 나의 꿈도 실현할 수 있다는 것을 깨달았다. 그래서 공산당에 가입한 것은 전형적인 '3개 대표'의 결과물이라고 말할 수 있다. 입당 날짜는 내 생일과 같은 날이라서 확실하게 기억한다. 이번에 제17차 전당대회 대표로 선출되었는데 새로운 경제, 새로운 당원, 새로운 대표가 나의 특징이다.

⟨VOA Voice of America⟩: 2004년에 공산당원이 되었는데, 누구에게 가입신청서를 제출했는가? 상부조직이 누구인가?

량원건: 창사 시 경제기술개발구 당위원회가 우리의 상부조직이다. 2002년에 상부조직의 승인을 받아 쌘이그룹의 당위원회가 출범했다. 후난 성 지역 최초의 민영 기업 당위원회이다.

〈VOA〉: 회사의 수장인데 왜 당위원회의 서기를 맡지 않았는가?

량원건: 당서기는 반드시 당원이어야 하는데 당시 나는 아직 공산당원이 아니었다. 우리 회사 당위원회가 설립된 이후에 나는 첫 예비당원 육성 대상자가 되었다.

〈중국국제라디오〉 방송국: 쌘이그룹은 전체 직원 중에서 공산당원의 비중이 얼마나 되는가? 그들은 어떤 구조로 이루어져 있는가? 그리고 량 회장은 당비를 얼마나 내는가?

량원건: 우리 회사의 직원 수가 1만 6000여 명인데 그중 공산당원은 800여 명이다. 당원의 구조에 대해서는 내가 당위원회 위원이 아니라서 잘 모르겠다. 당비는 조직의 규정에 따라 내고 있다.

〈VOA〉: 중국공산당의 당칙에서는 공산당을 무산계급의 선봉대라고 규정하고 있는데, 량 회장은 사업자이니까 무산계급에 속하지 않는다. 얼마 전에 일부 원로 공산당원들이 민영 기업가의 입당을 강하게 반대했는데 이에 대해 어떻게 생각하는가? 혹시 나중에 나라에서 민영 기업가의 재산을 몰수할까봐 걱정되지 않는가?

량원건: 중국공산당의 궁극적인 목표 중의 하나가 바로 당원뿐만 아니라 모든 사람들이 유산자가 되어 행복한 생활을 누리는 것이다. 개인적으로 민영 기업가의 입당을 반대하는 것은 중국의 발전에 도움 되지 않으며 구시대적인 발상이라고 생각한다.

창업을 하겠다고 직장을 그만 두었을 때 나의 선생님은 두 가지 위험을 감수해야 한다고 내게 충고했다. 하나는 사업 실패의 위험이고 또 하나는 다시 또 자산계급이 색출되는 위험이다. 그때 나는 나라가 희망을 잃으면 개인은 더더욱 희망이 없다고 대답했다. 그래서 나는 전혀 걱정하지 않는다.

〈VOA〉: 이민하면 되지 않는가? 해외에도 공장이 있을 텐데.

량원건: 싼이그룹은 12개의 해외법인을 갖고 있어서 나는 자주 해외출장을 다닌다. 매번 비자를 신청하는 것이 번거롭기는 하지만 그래도 중국 국적을 포기할 수는 없다. 최근에 미국 비자를 신청했다가 거부당한 적이 몇 번 있다.

〈VOA〉: 거부당한 이유가 무엇인가?

량원건: 아무런 이유가 없다고 들었다.

〈VOA〉: 창업을 해서 성공을 거두었고 또 공산당원이 되었다. 만약 창업을 하지 않고 정부에서 일을 했다면 그래도 입당을 했을까? 그래야만 높은 관직에 오를 수 있는 건가?

량원건: 사업을 하지 않고 정부에서 일을 했어도 나는 공산당에 가입했을 것이다. 하지만 사업의 성공과 정부조직에서의 성공은 서로 비교할 수 있는 대상이 아니다. 어쨌든 나는 창업하기를 잘했다고 생각하고 그동안 거둔 성과에 만족한다.

프랑스 〈르누벨옵세르바퇴르〉: 만약 정부 주요부처에서 관직을 맡으라고 하면 받아들이겠는가?

량원건: 그래도 나의 선택은 싼이그룹이다. 주요부처의 관직을 맡는 것이 영광스러운 일이고 국민을 위한 일을 할 수 있는 좋은 기회기지만 내 강점을 발휘하기 어려울 것 같다. 나는 내가 즐겁게 잘할 수 있는 일을 선택할 것이다.

로이터통신: 제17차 전당대회 대표 중에서 가장 부자라고 들었다. 그리고 기업 대표 중에서도 개인자산 1위라는 소문이 있다.

량원건: 계산을 안 해봐서 잘 모르겠다. 그럴 생각도 시간도 없고 돈에 대한 개념이 별로 없다.

〈중국국제라디오〉 방송국: 공산당원으로서 레이펑(雷鋒, 중국인민해방군의 모범 군인, 전 국민이 따라 배우는 '인민의 영웅' – 옮긴이)과 빌 게이츠 중 한 명을 롤 모델로 선택하라면 누구를 선택할 것인가?

량원건: 두 명 모두 선택하겠다. 레이펑 정신으로 빌 게이츠처럼 프로그램 개발에 정진한다면 분명 큰 성공을 거둘 것이다.

홍콩 〈대공보〉: 후난대표단 토의 때 2020년까지 싼이그룹을 세계 500대 기업으로 키우겠다고 말했다. 이 목표를 달성하기 위해 어떤 브랜드 전략을 추진할 것인가?

량원건: 새로운 경제의 대표로서 어제 총서기의 국정보고를 청취한 후 매우 감격스러웠다. 그렇다. 싼이그룹의 목표는 2020년까지, 즉 중국이 전면적으로 소강사회(小康社會, 의식주 문제가 해결되는 수준에서 부유한 단계까지 가기 전의 중간 단계의 생활수준을 지칭－옮긴이)에 접어들 때 세계 500대 기업에 진입하는 것이다. 그러기 위해서 먼저 품질을 앞세워 중장비제조업 분야의 글로벌 브랜드를 창조할 것이다. 싼이 문화의 핵심 철학은 바로 '품질로 세상을 바꾸는 것'이다. 최고의 제품과 서비스로 중국산 제품은 질이 나쁘다는 이미지를 쇄신할 것이다.

일본의 〈닛케이신문〉: 현재 싼이그룹의 매출 대비 수출이 차지하는 비중은 얼마이며 향후 목표는 무엇인가?

량원건: 제16차 전당대회가 개최된 이후 5년 동안 중국 건설기계산업의 수출이 크게 증가하여 2002년 13억 달러의 무역 적자에서 현재는 20억 달러의 무역 흑자로 전환됐다.
최근 몇 년 동안 싼이그룹의 수출증가폭도 매우 크다. 작년에는 수출이

5800만 달러였던 것이 올해에는 그룹 전체의 매출액이 120억 위안에 달할 것으로 예상되며 그중에서 수출이 약 2억 달러, 즉 15억 위안을 차지할 것으로 보인다. 중국의 건설기계장비는 글로벌 경쟁력이 높은 산업이며 중국의 글로벌화가 진전됨에 따라 수출비중도 갈수록 늘어갈 것이다.

일본 〈아사히신문〉: 싼이그룹의 성장 기회는 무엇이라고 생각하는가? 고마쓰 같은 일본 건설기계업체들이 중국 시장에서 높은 점유율을 차지하고 있는데, 기술적으로 어떻게 추월할 계획인가?

량원건: 싼이그룹이 성장할 수 있었던 것은 중국 경제의 고속 성장 덕분이라고 할 수 있다. 특히 내수시장이 크게 확대되면서 성장의 기회가 많이 주어졌다. 그러나 더 큰 성장을 위해서는 해외시장 진출이 필수적이다. 중국 내수시장에서는 싼이그룹의 제품이 동종 브랜드, 심지어는 한국 제품보다도 더 고가로 팔리는 등 높은 시장 경쟁력을 확보하고 있다. 글로벌 시장에서는 높은 품질의 제품과 최상의 서비스, 그리고 상대적으로 저렴한 가격으로 경쟁의 우위를 점하나갈 계획이다.

싼이그룹이 건설기계산업에 진출하기 이전에는 독일을 위시한 콘크리트기계 수입 브랜드들이 내수시장의 90%를 차지했지만 지금은 중국 기업이 80% 이상을 차지한다. 현재 일본 기업이 중국의 건설기계산업에서 가장 비중을 많이 차지하는 영역은 굴착기이다. 유럽 10여 개국과 미국, 일본 등 외자 또는 합자기업이 굴착기 시장을 독점하고 있는 상황이지만 그중에서도 싼이그룹이 성장 가능성이 가장 높고 성장속도도 빠르다. 올해 우리의 굴착기 예상매출은 2000대이다. 우리 제품의 품질이 어떤지 매출이 말해주고 있다.

일본 〈아사히신문〉: 향후 연구개발에 어느 정도 투자할 계획인가?

량원건: 장비제조산업의 민영 기업으로서 싼이그룹은 오로지 시장을 통해 성장의 기회를 포착했으며 그것을 가능하게 한 것이 바로 기술과 인재였다. 싼이그룹은 현재 300여 개의 특허기술을 보유하고 있다. 원자바오 총리가 우리 회사를 시찰할 때도 더 많은 특허를 창조하라고 독려하셨다. 이 부분에 있어서는 탁월한 성과를 내고 있다고 자부한다. 예컨대 2006년에 건설기계업계의 유일한 국가과학기술진보상 2등상을 수상했고 최근에는 1등상을 수상했다. 앞으로 연구개발부문에 대한 투자는 매년 늘려갈 것이다. 현재는 매출수입의 5%를 투자하고 있으며 창사, 상하이, 베이징 등 지역에 연구개발기관이 여러 개 분포되어 있다.

홍콩 〈대공보〉: 싼이그룹이 미국에서 투자를 시작했는데, 어떻게 고지를 선점할 계획인가?

량원건: 예전에 인도에다가 공장을 건설했고 지금은 미국의 조지아 주에서 100만 ㎡가 넘는 부지를 얻어서 건설기계장비 제조기지를 건설하고 있다. 벨기에와 브라질에도 공장을 세울 것이다. 이를 통해 시장접근성을 높이고 현지 고객들의 수요를 잘 파악하여 제품경쟁력을 강화할 예정이다. 북미시장은 중국 시장과 다른 특징을 갖고 있다. 그래서 우리는 요리사처럼 현지에 음식점을 열고 현지 고객의 입맛에 맞게 맛있는 요리를 만들

어 낼 생각이다.

일본 〈닛케이신문〉: 싼이그룹의 해외 공장 투자규모는 어느 정도인가? 진도는 어떤가?

량원건: 미국과 인도에 각각 6000만 달러를 투자했다. 투자규모는 반드시 해당 국가의 승인과 허가를 받아야 하는 부분이다. 미국 공장은 현재 설계 작업을 하고 있고 인도 공장은 건설 중이다. 이 두 공장은 모두 내년이면 가동할 수 있다. 벨기에 공장은 아직 협상 중이다. 최근에 이 일과 관련해서 벨기에 대사를 만나기도 했다.

홍콩 〈사우스차이나모닝포스트South China Morning Post〉: 대부분 로컬기업들이 해외시장으로 진출했을 때 특히 성숙시장에서 여러 가지 문제점에 부딪혔다. 싼이그룹은 선진국에서 공장을 건설하면서 어떤 어려움이 있었는가? 앞으로 미국에서 어떤 청사진을 그리고 있는가?

량원건: 해외투자에서 가장 큰 장애물은 문화적 차이다. 세계에서 가장 큰 건설기계시장 중의 하나인 미국시장을 반드시 진입해야 했다. 방법은 두 가지, 북미기업을 인수하거나 우리가 직접 회사를 설립하는 것이다. 현지에 공장을 건설함으로써 서로 다른 문화의 융합을 촉진할 수 있고 이를 통해 문화적 충돌로 인한 리스크를 줄일 수 있다. 그래서 해외 공장은 최대한 현지화 방식으로 운영하는 것이다. 현지에 법인대표 한 명만 보내고 중국 국기를 내거는 것 외에 직원들은 최대한 현지인을 채용한다.

북미시장에서의 확장은 점진적으로 추진할 계획이다. 일단 2010년의 목표는 매출 3억 달러를 달성하는 것이다.

홍콩 〈문회보文匯報〉: 지금 국가자원위원회에서는 국유 기업의 홍콩증시 상장을 독려하고 있다. 싼이그룹은 어떻게 할 계획인가?

량원건: 싼이그룹은 홍콩에 두 개의 회사를 설립했다. 앞으로 싼이그룹의 미국, 인도를 비롯해 모든 글로벌 투자는 홍콩에 설립한 싼이국제를 통해 운영될 것이다. 홍콩은 이제 싼이그룹이 글로벌화를 실현하는 무대가 되었다.

홍콩 〈문회보文匯報〉: 싼이그룹은 외자기업과 어떤 협력을 하고 있는가?

량원건: 우리는 아주 오래 전에 외국자본을 적극 유치했지만 경영권과 자주 브랜드 확보를 고집했기 때문에 큰 진척이 없었다. 보름 전에도 상하이에서 한 글로벌 대기업과 협력문제에 대해 협상을 했는데 역시 자주 브랜드 확보가 문제되어서 협상이 결렬됐다. 나는 과거 여러 자리에서 "내가 살아 있는 한 절대 싼이그룹의 경영권을 포기하지 않는다."고 공개 선언했다. 그래서 이 원칙을 위반하는 협력은 절대 하지 않을 것이다. 미국에서 공장을 건설하는 과정에서도 기술 지분 참여 등 외국자본의 경영 참여를 적극 유치했지만 지금까지 별다른 성과를 얻지 못했다.

일본 〈아사히신문〉: 현재 중국 정부에서는 환경문제를 매우 강조하는데 기업은 어떤 부담을 져야 하는가?

량원건: 우리 기업은 일본 기업을 롤 모델로 삼아 에너지 절감과 온실가스 배출 줄이기에 힘써야 한다. 그러려면 책임과 원가가 가중되므로 기업의 부담이 커질 수 있다.

〈일중경제통신〉: 방금 일본이 환경 분야에 경쟁력이 있다고 말했는데, 일본 기업과 협력할 생각이 있는가?

량원건: 국경절 전에 우리 CEO가 대표단을 이끌고 일본의 기업들을 방문하고 협력 가능성을 타진했다. 좋은 결과가 있으리라 믿는다. 현재 우리는 일본산 부품을 아주 많이 사용한다. 일본 기업과 협력하기를 바란다.

〈대만상인臺商〉 잡지: 대만 기업과 협력할 생각은 없는가?

량원건: 대만 기업과 협력하고 싶다. 추천해준다면 고맙겠다.

〈대만상인臺商〉 잡지: 싼이그룹의 경영권을 반드시 확보하겠다고 했는데 전문경영인이라는 직업에 대해 어떻게 생각하는가?

량원건: 내가 말하는 경영권 확보는 최대주주의 자리를 유지하겠다는 것이지 절대적 지배권을 갖겠다는 것이 아니다. 중국의 비즈니스 환경이 갈수록 발전함에 따라 미국이나 일본 기업처럼 전문경영인제도가 더욱 활

'쌍강백가(双强百佳) 당조직' 시상식에 참석한 필자(오른쪽에서 세 번째)

성화될 것이다. 사회는 다원화된 방향으로 발전할 것이고 나도 앞으로 전
문경영인이 될 수 있다. 싼이그룹도 더욱 개방화, 대중화될 것이다.

〈로이터통신〉: 외국자본의 중국 기업 인수합병에 대해 싼이그룹은 어떻
게 생각하는가?

량원건: 중장비제조업계의 주요 기업들은 최대한 외국자본에 경영권을
넘기지 말아야 한다고 생각한다. 특히 절대적 지배권은 더욱 안 된다. 중장
비제조업은 민감한 산업이기 때문이다. 설령 인수한다고 해도 적당한 가격
에 인수되어야 한다. 미국 칼라일그룹의 쉬궁 인수 건을 반대한 이유도 이
때문이다.

량원건 회장은 당 조직 업무를 매우 중요시한다. 월례회의를 업무회의처럼 한 번도 거르지 않고 개최하며 매년 100만 위안 이상을 당 조직 건설에 투입한다. 그 금액에 상한선은 없다.

이런 노력 덕분에 싼이그룹은 민영 기업의 당 조직 건설 관련 수상과 명예를 휩쓸었다. 싼이그룹은 경제적인 측면에서 고속 성장의 신화를 창조함과 동시에 민영 기업의 당 조직 건설도 타의 모범이 되고 있다.

2012년 3월 22일, 량 회장은 비국유 기업 당 조직 건설 간담회에 참석해 연설을 했다. 우선 비국유 기업의 당 조직 건설이 왜 필요한지, 어떤 의의가 있는지에 대해 역설했다. 개혁 개방을 시작한 지 30여 년이 지난 오늘 비국유 경제는 사회주의 시장경제의 발전을 촉진하는 중요한 역량이다. 따라서 비국유 기업의 당 조직 건설을 강화하는 것은 공산당의 기반을 넓히고 사회 영향력을 강화하는 동시에 비국유 기업 노동자들의 합법적인 권리와 이익을 보호하는 데 꼭 필요한 수단이라는 점을 강조했다.

그는 또 비국유 기업 당 조직 건설의 방향을 명확하게 제시했다. 우선 기업에서의 당 조직 업무기반을 확대하고 정확한 포지셔닝을 통해 직원들의 구심점이 되어 정치적인 측면에서 기업의 발전을 이끌어야 한다. 그러기 위해서는 먼저 당위원회 조직을 구성해야 한다. 당서기를 선출하고 지도위원들을 선발하여 튼튼한 당 조직을 구축해야 한다.

마지막으로 량원건은 당 조직 건설의 시급성을 강조했다. 현재 싼이그룹의 직원 수는 총 6만 8000명이며, 그중 공산당원이 5186명이다. 상부조직의 올바른 지도하에 당 조직이 비교적 빠르게 건설되고 있지만 비국유 기업의 당 조직 건설에 대한 중앙 정부의 요구수준과 비교하면 여전히 격차가 있다. 기업의 미래 성장을 보장하기 위해서는 미리 준비해서 제때 실행해야 한다. 따라서 이번 간담회를 통해 앞으로의 방향이 더욱 명확해졌으니 이제 돌아가서 싼이그룹의 당 조직 건설을 한층 더 강화하여 당이 만족할 만한 성과를 이루기 위해 노력할 것이라고 밝혔다.

싼이그룹은 당의 일이라면 언제나 발 벗고 나서 왔다.

7월 1일은 중국공산당 창당 기념일이다. 싼이그룹은 매년 창당 기념행사를 개최하는데 그중에서도 90주년 기념행사 때의 공연이 가장 인상 깊다.

2011년 7월 1일, 전국 각지에서 중국공산당 창당 90주년 기념행사가 성대하게 열렸다. 싼이그룹의 당위원회도 뒤질세라 멋진 공연을 준비했다.

예전에 후난성 노동자 노래시합에서 싼이그룹 합창단이 〈장정(長征)〉과 〈나의 조국〉이라는 노래로 대상을 수상했다. 이번 공연에서는 그 노래를 다시 부르기로 했다. 정부 각 부처의 고위급 간부들이 공연을 보러 온다는 점을 고려해서 좀 더 색다른 무대로 꾸미기로 했다. 교향악단이 연주하고 내가 직접 지휘를 맡았다. 지휘봉을 놓은 지 수십 년만에 싼이그룹에서 처음 선보이는 것이었다.

그날 저녁 공연은 대성공을 거두었고 특히 정부 부처 간부들의 반응이 아주 뜨거웠다. 다음날 오찬 때 량원건 회장으로부터 특별 칭찬까지 받았다. 당위원회 제1부서기로서 창당 기념행사를 의미 있게 치러 매우 뿌듯했다.

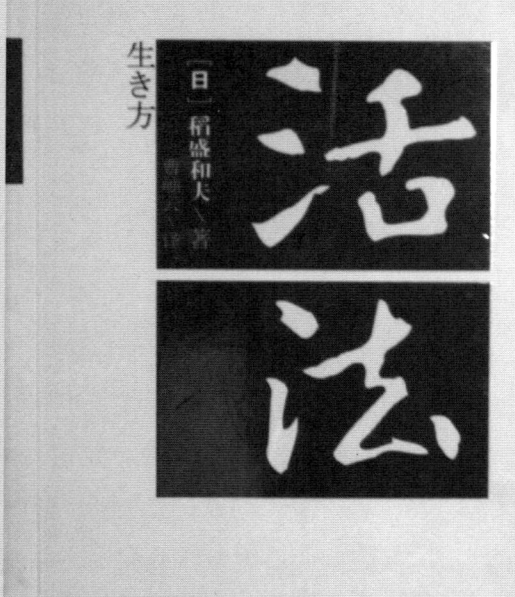

《카르마 경영(원제 生き方—옮긴이)》의 중국어판

이나모리 가즈오(稻盛和夫)의 철학

70~80년을 살아오면서 기업가이자 철학가인 사람을 본 적이 거의 없었다. 그런데 이나모리 가즈오 선생이 바로 그런 사람이다.

– 지셴린(季羨林)

내가 싼이그룹에 온 지 불과 7년 사이에 싼이그룹은 경이로운 기적을 만들어 내며 세계적인 기업으로 우뚝 섰다!

이렇게 엄청난 사업을 성공적으로 이룬 거인이지만 종종 터무니없는 유언비어 때문에 곤혹을 치르곤 했다. 그런 헛소문에 일일이 대응할 필요가 없지만 중국에서는 중요한 시기에 투서 한 통 때문에 평생을 망친 사람들이 많았기에 경계하지 않을 수 없다.

민족 산업을 부흥시키겠다는 꿈을 안고 앞만 보고 달려온 사람이다. 아무리 마음이 넓고 아량이 있는 사람이라도 뒤에서 중상하고 모함하는 행동에 전혀 영향을 받지 않을 수는 없다. 불교의 철학적 사고가 그의 혼란스러운 마음을 다잡아줄 수 있지 않을까 하는 마음에 나는 2012년 8월에 량 회장에게 편지 한 통을 보냈다.

제가 싼이그룹에 오기 전인 7년 전 악록산에서의 만남을 아직 기억하십니까? 그때 제가 회장님께 불법을 소개해드렸더니 불교를 믿느니 현대상업문명을 창조한 기독교를 믿겠다고 하셨지요. 그렇습니다. 기독교의 교리가 현대 자본주의의 발전에 정신적 기치의 역할을 했습니다. 이런 측면에서 보면 회장님의 판단이 옳았습니다.

그러나 불교도 기독교와 마찬가지로 상업문명을 창조할 수 있습니다. 일본의 이나모리 가즈오가 가장 대표적인 사례입니다. 그는 자수성가하여 글로벌 500대 기업을 두 개(교세라, KDDI)나 키워낸 사람입니다. 이뿐만 아니라 2010년도에는 78세의 고령에 침몰 위기에 빠진 일본항공(JAL)의 구원투수로 복귀해 424일 만에 법정관리를 졸업시키고 세계항공사 중 이윤 1위라는 기적을 새로 일구어냈습니다. 서양의 스티브 잡스, 빌 게이츠, 잭 웰치 등과 어깨를 견주는 세계적인 경영인으로 추앙 받고 있습니다. 무엇보다 중국에 뿌리를 내린 불교는 동양적인 색깔이 짙으며 우리 민족의 문화와 맥을 같이 하고 있습니다.

이나모리 가즈오는 평생 많은 저서를 내놓았지만 그중에서 대중에게 가장 큰 영향을 미친 책이 바로 《카르마 경영》이라는 책입니다. 이 책에서 그는 이렇게 말합니다.

"'사랑'은 '열정'에 불을 지피는 횃불이다."

"세상에서 가장 큰 기쁨은 일하는 기쁨이다."

이런 내용은 회장님이 며칠 전에 연설했던 내용과도 같은 맥락입니다. 두 분이 서로 통하는 구석이 있어 보입니다. 그 외에도 얼핏 보기에는 간단해 보이지만 사실은 굉장히 심오한 철학적인 내용을 소개하고 있습니다. 이 책을 10년 동안 읽었지만 오늘에서야 좀 알겠다는 생각이 듭니다. 상업적 기적을 창조하고도 온갖 유언비어와 헛소문에 시달리는 오늘날의 회장님께 깨우침을 줄 거라 생각합니다.

좋은 글은 벗과 함께 나눈다고 했습니다.

회장님과 싼이그룹에 큰 축복이 있기를 빕니다!

일본에는 경영의 '4신'이 있다. 바로 파나소닉의 창업자 '마쓰시타 고노스케', 소니의 창업자 '모리타 아키오', 혼다자동차의 창업자 '혼다 소이치로', 교세라의 창업자 '이나모리 가즈오'이다. 이나모리 가즈오가 그중에서 나이가 가장 어리고 유일하게 살아 있는 '경영의 신'이다.

불교 집안에서 태어는 이나모리 가즈오는 어려서부터 불교를 믿었고 다른 기업가들과는 달리 교육과 사회공익사업에 적극 참여했다. 그리고 만년에는 불교에 귀의했다. 세상에는 성공한 기업가들이 많고 불교를 믿는 기업가들도 적지 않지만 부와 명예를 모두 이룬 후에 거사(居士)가 된 사람은 손에 꼽힐 정도이다. 그는 지금도 열심히 불교를 전파하고 교육 사업에 힘쓰며 경영인재를 양성하고 있다. 자신의 경영철학과 이념을 솔직 담백하게 풀어낸《카르마 경영》저서를 통해 사람들에게 인생의 진리와 기업이 추구해야 할 방향을 제시해주고 있다.

이나모리 가즈오의 《카르마 경영》 신판 서문 요약

나는 반세기 전에 교토세라믹을 설립했고 4분의 1세기 전에 KDDI를 설립했다. 열심히 경영한 결과 이 두 회사의 매출 합계가 5조 엔을 넘었고 두 회사 모두 글로벌 500대 기업에 진입했다. 최근에는 또 일본 정부의 요청으로 법정관리에 들어간 일본의 대표기업 일본항공(JAL)의 CEO를 맡았다. 70여 년 동안 살아오면서 나는 끊임없이 인생의 의미에 대해 치열하게 고민해왔다. '올바르게 사는 법', 즉 과연 어떻게 사는 것이 잘 사는 것일까? 올바른 삶의 태도는 어떤 것일까? 이 책은 바로 이런 나의 치열한 사고를 집대성한 것이다. 나의 인생 경험과 사고가 독자들의 다채로운 인생에 조금이나마 계시가 되기를 바란다.

(중략)

내가 생각하는 '사는 법'은 나의 인생관이기도 하다. 사람으로서 지켜야 할 기본적인 윤리와 도덕을 바탕으로 한다. 사람으로서 지켜야 할 가장 기본적인 원칙이기 때문에 나는 평생 동안 이러한 윤리적 · 도덕적 관념을 삶 속에서 실천하려고 노력했다. 그래서 이 책이 말하는 주제는 나라와 언어, 민족, 종교를 뛰어넘어 모든 사람들에게 널리 받아들여질 것이라 믿는다. 중국인들은 예로부터 인간으로서 지켜야 할 이치와 태도를 끊임없이 강조해왔다. 중국의 고전에는 이러한 지혜가 곳곳에서 묻어나고 있으며 이를 통해 중생은 감화하여 올바른 길로 나아간다. 그렇기 때문에 중국의 우수한 전통을 이어받은 현대 중국인들이 이 책에서 말하는 주제에 대해 더욱 깊이 이해하고 공감할 것이라 생각한다. 중국 경제가 눈부신 성장을 이룩하며 오늘날 세계를 선도하는 경제대국으로 급부상했다. 이 책의 중국어 번역본 출판을 맞아 책의 저자로서 이 책이 더 많은 중국인들에게 읽혀지기를 진심으로 희망한다. 또한 독자들에게 조금이나마 도움이 되고 인생이 좀 더 풍부해지길 바라며, 나아가 사회를 더욱 아름답게 만들기를 기대한다.

량원건과 선(禪)을 논하다

과학자가 온갖 어려움을 이겨내며 열심히 산꼭대기에 올라갔을 때
불학자는 진작 도착하여 한참을 기다리고 있었다.

– 주칭스

필자는 진정한 경영자는 철학이 있어야 한다고 믿는다.

어느 날 유명한 물리학자 주칭스(현 남방과학기술대학교 총장) 교수의 '물리학, 선(禪)의 경지에 들어서다'라는 제목의 글을 보고 나는 마치 보물을 발견한 것 마냥 기쁨을 금치 못했다. 이 글이 량원건 회장에게 큰 감명을 주어 사물의 본질과 생명의 근본에 대해 고민하는 계기가 될 것이라 생각했다.

나는 이 글을 편지와 함께 량원건 회장에게 보냈다. 주칭스 교수가 이 글을 쓰게 된 계기는 인터넷에 올라온 기사 때문이었다.

2006년 8월 18일 영국의 우주물리학자 스티븐 호킹이 〈우주의 기원〉이라는 내용으로 강연회를 가졌다. 그런데 강연과정에서 박수가 두세 번밖에 나오지 않았고 관객들의 반응도 미지근했다. 이유인즉 그의 이론이 너무나도 심오해서 관객 중 대다수가 베이징대학, 칭화대학 학생들임에도 불구하고 무슨 내용인지 이해를 못해서 그런 반응이 나왔다는 것이다. 호킹 교수의 강연 주제는 〈우주의 기원〉이었고 현대 자연과학의 새로운 성과인 '끈 이론(String theory)'이 그 기초가 된다. 주칭스 교수는 우선 '끈 이론'을 최대한 쉽고 간단하게 설명함으로써 독자들에게 우주의 신비로움과 경외감을 보여주고 이해를 돕고자 했다. 주칭스 교수는 유명한 철학가 볼프강 스테그뮐러(Wolfgang Stegmuller)의 명언을 인용했다.

"훗날 미래의 사람들에게 20세기에 저지른 가장 큰 실수는 무엇이라고 생각하는지 묻는다면 아마도 이렇게 대답할 것이다. 20세기에는 유물주의 철학이 세계 대부분 나라에서 공식적인 세계관으로 인정되었으며 심지어 서양철학에서도 심신과 관련된 토론 범주에서 늘 지배적 지위를 차지했다. 그런데 다른 한편으로는 바로 이 물질이 과학적으로 가장 난공불락의 개념인 것이다."

이것은 즉 '유물주의'라는 태그를 단 철학이 널리 유행하는 반면에 도대체 '물질'이 무엇인지에 대해서는 정확하게 설명하지 못한다는 뜻이다. 스테그뮐러는 여기에서 '20세기의 실수'를 발견한 것이다.

그렇다면 물질이란 도대체 무엇일까? 왜 이것이 현대과학에서 가장 어렵고 난공불락의 개념이란 갈인가?

이 문제에 대답할 때 주칭스는 우선, 뉴턴과 아인슈타인의 사상 및 물질구조에 대한 과학자들의 인식을 간단명료하게 정리하고 나서 생동한 비유를 인용해 끈 이론을 이해하기 쉽게 설명했다.

끈 이론은 자연계의 기본입자가 하나의 자유도를 갖는 점(point)이 아니라 무한한 자유도를 갖는 1차원 끈(string)이라는 가설에서 시작한다. 그리고 끈의 진동 형태에 따라 입자의 질량을 비롯해 모든 물리적 성질이 결정되고 이에 따라 우주가 형성된다고 말한다. 예를 들어, 끈의 진동이 격렬하면 에너지가 크고 질량도 커진다. 끈의 진동 세기에 의해 힘의 크기가 결정되고, 끈의 진동 패턴에 따라 힘의 종류(중력, 전자기력, 약력, 강력)가 결정된다는 것이다. 과거에는 기본입자가 물질세계를 구성한다고 믿었지만 이제는 우주의 끈에서 생겨나는 다양한 '음표'가 객관적 세계를 구성한다고 주장한다. 어떤 사람은 물질조차도 객관적 실체가 아니라면 이 세상에 도대체 실제로 존재하는 것이 있는가 물을 수 있다. 대답은 '있다'이다. 사물 간의 관계는 실제로 존재한다. 우리는 사물에 대해 고유 물질로 구성된 고립된 실체가 아니라 다양한 요소가 얽히고 엮여 나타난 결과라고 주장한다. 모든 존재는 기타 물질을 근거로 일련의 잠재적 요소들이 결합되어 생성된 것이다. '현상과 실제와 존재는 본질적으로 불가분한 관계구조 속에 한정된다.'

내가 주목한 핵심은 앞부분의 과학이론이 아니라 주칭스가 난해한 과학을 불교의 경지로 설명한 다음의 내용이다.

우리가 보았던 붉은 빛 한 줄기, 그것은 하나의 사건이자 '결과'이다. 이 결과는 다양한 인연이 모여서 나타난 것이다. 우선 빛의 파장, 이것은 물질 자체의 내재적인 고유 성질로 관찰자나 다른 사물에 의존하지 않는다. 다시 말해서 스스로 확립된 것이다. 우리는 이것을 '원인'이라고 한다. 그 외에도 기타 조건들이 필요하다. 예를 들어 마침 눈을 떠야 하고 색맹이어서는 안 되며 정확한 방향을 바라봐야 하며 또 눈과 광원 사이에 가로막는 장애물이 없어야 하는 등등의 조건이 필요하다. 우리는 이런 조건들을 '인연(緣)'이라고 한다. 이렇게 원인과 인연이 합쳐져서 붉은 빛이라는 결과가 생겨난 것이다.

더 쉬운 예를 하나 들겠다. 사과나무 한 그루를 얻기 위해서는 먼저 씨앗이 있어야 하는데, 이것이 '원인'이다. 그런데 씨앗만으로는 사과나무를 얻을 수 없다. 예를 들어 씨앗을 창고에 넣어놓기만 하면 천년만년이 흘러도 사과나무로 자라지 않는다. 즉 '원인'만 가지고는 '결과'가 나올 수 없다. 반드시 씨앗을 땅 속에 심고 적당한 수분과 햇빛, 온도, 비료 등이 갖춰져야만 씨앗이 싹터서 점점 자라나며 끝내 사과나무가 되어 열매를 맺을 수 있다. 여기서 토양, 수분, 햇빛, 온도, 비료 등이 바로 '인연'이다. 그러니 '원인'에 적당한 '인연'이 갖춰져야만 '결과'를 낳을 수 있다. 그런데 이 '인연'은 좋은 인연이 있는 반면에 '악'연도 있다. 그래서 같은 씨앗이라도 다른 열매를 낳을 수 있다. 예를 들어 씨앗을 척박한 토양어 심거나 비료를 적게 주면 사과나무가 제대로 자라지 못할 것이고 맛있는 열매를 맺지 못할 것이다. 반대로 씨앗을 옥토에 심고 정성을 다해 가꾼다면 달콤한 열매가 주렁주렁 열릴 것이다. 그러니 같은 '원인'이라도 다른 '인연'을 만나면 다른 '결과'를 맺게 된다. 또한 '인연'이라는 것은 여러 가지 조건이 조합된 것으로 계속해서 변화한다. 사과나무를 비옥한 땅에 심었는데 갑자기 그 해에 가뭄이 들어서 충분한 수분을 공급하지 못한다면 사과나무는 결국 말라 죽게 될 것이다. 다시 말해서 원인과 인연이 화합되어야만 결과가 형성되는 것이다.

주칭스는 21세기 초에 '끈 이론'을 대표로 하는 물리학이 진정 선(禪)의 경지에 올랐다고 결론지었다. 그리고 사람들이 스티븐 호킹의 생동한 강연을 알아듣지 못한 것은 그의 이론이 난해해서가 아니라 '물질은 실체'라는 고정관념이 거릿속에 깊숙이 자리 잡았기 때문에 들리지 않은 것이라고 지적했다.

불교에서는 물질세계의 본질을 바다에 바람이 불어 파도가 이는 것과 같은 것이라고 말하고 있다. 다시 말해서 물질세계는 바람이라는 '인연'이 우주라는 '본체'를 연주해서 생겨나는 교향악이라는 것이다.

《입능가경入楞伽經》에서 말하기를, 바다가 원래는 맑고 고요했는데 바람이 불어서 거센 파도가 이는 것이다. 우주의 본체, 즉 여래장(如來藏)은 본디 맑고 고요했다. 그런데 안팎에서 미혹의 바람이 불어와 원래 맑고 고요했던 본체가 파도가 되어 출렁인다. 큰 물결이 서로 부딪쳐 솟구치고 거기에서 모든 경계가 생겨나며 끝없이 되풀이된다. 또한 이 세상의 모든 색상(色相, 물질)은 땅속의 광물, 숲 속의 식물, 하늘의 일월 등 여러 근원을 거슬러 올라가면 결국 여래장이라는 하나의 공통점이 형성된다. 이러한 물체와 장식(藏識, 종자를 저장하고 육근의 지각작용을 가능하게 하는 가장 근원적인 심층의식)은 본질적으로는 다르지 않지만 만물로 형성된 후에는 다른 심식(心識, 마음속의 인식작용)과 다르지 않다고 말할 수 없다. 예컨대 바다가 파도가 된 후에는 파도의 형태와 작용이 바다 전체와 다르게 된다. 하지만 파도의 근본은 여전히 바닷물에서 온 것이다. 만물의 분류는 일체에서 생겨나며 마음과 물체가 화합하여 세상의 여러 가지 일이 생겨나는 것이다. 여기서 바닷물과 파도의 관계가 바로 끈과 음악의 관계이다. 또한 물질세계와 우주본체와의 관계이기도 하다.

SANY

三一巴西 报告

签发人： 袁金华　何真临

关于三一集团进军文化产业的建议

尊敬的董事长及董事会各位董事：

党的十七届六中全会提出文化强国的奋斗目标，第一次将发展文化产业提升到国家战略的高度，提出将文化产业打造成国家的支柱性产业，到"十二五"末期将文化产业占国民生产总值的比例提高到5%以上。这种自上而下政策的推动与自下而上的对于文化的强大需求相结合，定会造就中国文化产业大发展的长周期。

"三一"的发展正是得益于敏锐洞察国家经济大发展战略，抓住基础设施建设的机遇，从而由当年的一个小企业快速成长为现在的世界500强。这些年来，"三一"人以"敢为人先"的湖湘文化特质，将企业发展成为国内乃至世界工程机械领域的"领头羊"。我们认为，既然如此，"三一"人同样也能成为发展文化产业的排头兵。这也与在创业初期董事长提出的"做一个成功的企业，办一本成功的杂志，把我们企业的成功模式向全社会推广"的初衷是相吻合的。

据国家统计局数据，2004年至2010年全国文化产业增加值年平均增长速度超过23%。2010年，我国文化产业增加值突破1.1万亿元，占国内生产总值比重为2.75%。按"十二五"末期文化产业占GDP比

〈싼이그룹의 문화산업 진출에 관한 건의〉 보고서

백년기업을 위해 뛰다

싼이그룹은 산업을 잘 선택했기 때문에 성공할 수 있었다. 그런데 이 산업은 너무 '하드'하고 거시 경제와의 연관성이 지나치게 높다. 흔들리지 않는 백년기업이 되기 위해서는 이러한 리스크를 상쇄해야 한다.

− 허전린

나는 싼이그룹의 성공요인을 중국 경제의 고속 성장에 탑승하여 건설기계산업을 선택했기 때문이라고 여러 번 강조했다. 하지만 한 나라의 도시화와 산업화는 언젠가는 끝나게 되어있다. 오늘날의 뉴욕과 파리에서 중국처럼 도시 전체가 공사판 같은 모습을 볼 수 있을까?거센 비바람이 불어닥쳐도 전혀 흔들리지 않는 백년기업이 되기 위해서는 새로운 산업에 진출해야 한다. 지난 몇 년간 나는 꾸준히 이에 대한 연구를 진행해왔고 결국 인재 평가를 통해 싼이그룹의 영광을 계속 이어갈 수 있다는 결론을 얻었다.

나는 량원건 회장에게 편지를 써서 이런 생각을 전달했다. 처음 여덟 통은 감감무소식이더니 아홉 통째 편지를 보냈을 때 이사회 기타 멤버에게도 전달하라는 지시가 떨어졌다. 나는 계속해서 나와 비슷한 생각을 갖고 있는 싼이그룹의 창업 멤버 웬진화와 함께 신사업에 대한 구상을 제출했지만 아무런 대답을 듣지 못했다. 그 후에도 계속해서 다섯 통의 편지를 더 썼으니 총 열네 통을 쓴 것이다.

매일 같은 식탁에서 밥을 먹는다면서 왜 군이 편지를 쓰냐고 물을 수도 있겠지만 신사업의 구상은 엄청나게 방대하고 체계적인 작업이기 때문에 한두 마디로 설명을 할 수 있는 일이 아니다. 그리고 량원건 회장은 6만여 명의 직원과 수백 개의 사업부를 통솔하는 수장이다. 아무런 보고나 다 듣는 것이 아니라 필요한 보고만 선택해서 듣는다. 게다가 워낙 업무가 많고 바빠서 나 같은 부사장급 임원들도 직접 보고를 하려면 사전 예약을 하고 며칠씩 기다려야 한다. 무엇보다 구두보고는 지나가면 잊어버릴 가능성이 있지만 서류는 계속 존재하기 때문에 지속성이 있다.

2012년에 강력한 거시조정이 진행되면서 우리의 성장속도가 갑자기 늦춰졌다. 산업 전체에 불어 닥친 이 한파가 새로운 전환의 계기가 될 수 있을까? 필자가 량 회장에게 보냈던 편지 중 일부를 발췌해 소개한다.

2011년 6월 14일

회장께서 저에게 회사에 가장 필요한 것이 바로 인재이기 때문에 인력자원에 대해서 좀 연구를 해보라며 새로운 미션을 주었습니다. 그때부터 저는 수많은 책과 자료를 읽으며 연구를 했고 그렇게 얻은 저의 견해를 회장님께 보고하고자 합니다.

우선 인재의 성공에는 세 가지 경지가 있습니다. 가장 기본은 지식적인 측면으로 등당입실, 즉 기술이 정통하여 높은 수준에 오르는 것입니다. 거기서 더 발전하여 지혜적인 측면에 도달하면 우수한 인재가 될 수 있고 더 나아가 인격적인 측면까지 달성해야만 탁월한 경지에 이를 수 있습니다. 인격적인 측면에는 가치관, 의지, 감정, 기품, 성격 등이 포함됩니다. 지금의 기업들은 인재를 채용할 때 지식적인 측면만 강조합니다. 전공, 학력, 학벌 등만 중요하게 생각하고 지능적인 측면, 특히 인격적인 측면을 소홀히 하는 경우가 많습니다.

이런 문제점을 파악하는 것보다 더 중요한 것은 효과적인 인재 평가 방법을 찾아내는 것입니다.

제조업에서 정상에 오르기 위해서는 반드시 최고의 품질을 자랑하는 일본과 가장 정밀한 제조법을 가진 독일을 추월해야 합니다. 문화의 혁신은 문화를 주입하는 등 일반적인 방법으로만 가능한 줄 알았는데 1년 넘게 연구를 진행한 결과 가장 중요한 것은 이러한 문화적 성격에 부합하는 사람을 찾아내는 것이었습니다. 현존하는 지역문화 갈등, 그리고 앞으로 부딪치게 될 서양문화와의 충돌 문제도 이런 방법을 통해 해결할 수 있습니다. 이를 위해 인재연구소를 설립해 상장회사로 키우는 것도 대안이 될 수 있습니다.

싼이그룹이 1000억 위안 매출을 돌파하고 나면 각 사업부의 인력수요가 엄청나게 늘어날 것이고 그것만 해도 수억 위안의 시장이 형성될 것입니다. 인력회사는 투자와 운영비용이 적게 드는 반면에 수익률은 매우 높습니다. 따라서 자사의 수요를 잘 활용하여 주식시장에 상장할 수 있습니다. 그리고 자사의 성공사례를 전국 내지 전 세계로 전파한다면 수조 위안 규모의 새로운 산업이 형성될 것입니다.

자고로 인재를 얻는 자가 세상을 얻는다고 했으니, 이 산업은 그룹의 주요사업의 발전에도 큰 도움이 됩니다. 또한 이는 새로운 문화산업의 일종으로 경제발전의 큰 추세에도 부합됩니다. 시장의 성장성이 무한하고 낮은 투자와 리스크로 높은 수익을 창출할 수 있는 사업입니다. 자사 주요사업과의 상호 보완 및 촉진을 통해 수백억, 수천억 위안의 큰 사업으로 발전할 수도 있습니다. 이 산업의 비전은 인류의 잠재력을 발굴하고 사회의 진보를 촉진하는 것입니다.

회사는 자체적으로 설립하거나 전략적 동맹, 혹은 인수합병 등을 활용하는 안이 있습니다. 이 중 어떤 방식도 가능하며 이러한 방식들을 통합할 수 있는 자원은 이미 준비되었습니다. 그렇게 되면 가까운 미래에 하나의 새로운 산업이 혜성처럼 나타나서 내부적으로는 주요 사업을 드라이브할 훌륭한 인재를 평가하고 육성하며 외부적으로는 인재 관리 방법과 수단을 제공하여 거대한 산업을 형성하게 될 것입니다.

더 구체적인 구상과 계획은 다음에 다시 보고 드리고 이만 갈음하겠습니다.

2011년 6월 15일

오늘 인력담당 팀장과 얘기를 나누었는데 이번 채용에서 건설기계분야의 전문 인력을 채용하기가 갈수록 어려워지고 있다고 하더군요. 전국적으로 매년 배출되는 기계학 전공의 석사졸업생은 6000명에 불과한 데 비해 기업들의 수요는 훨씬 많기 때문이지요. 회장님의 원대한 비전을 실현하자면 '12.5' 이후에는 인력수요가 20만 명으로 늘어나서 인력자원이 큰 한계에 부딪히게 됩니다.

하지만 현재 매년 600만 명의 대학졸업생이 쏟아져 나오는데 그중에서 30%가 제대로 취업을 하지 못하고 있습니다. 때문에 시야를 조금만 넓혀서, 이공계 졸업생들 중에서 전공자가 아니더라도 산업에 부합하는 지혜와 인격을 갖춘 인력을 선별하여 채용한다면 인력문제 해결은 물론 우수한 인재들을 뽑을 수도 있습니다. 6개월에서 1년 정도 업무교육을 시키면 3~5년 뒤에는 기계학과 출신보다 훨씬 더 잘할 가능성이 높습니다.

우선 도로기계 사업부와 같은 취약한 사업부문을 선택해서 시범운영을 해보면 알 수 있습니다. 아마도 3~5년 뒤에는 인재 최적화를 통해 비약적인 질적 성장을 이루고 최종적으로 산업경쟁력을 향상시켜 다른 사업부를 앞지르는 엄청난 변화가 일어날 가능성도 충분히 있습니다. 회장님도 경영학 전공자가 아니지만 중국에서 가장 위대한 기업가가 되지 않았습니까?

지식이 아닌 지혜와 성격 때문에 그런 성공을 이룰 수 있었다고 봅니다.

2011년 6월 23일

간단하게 정리하면 싼이 모델의 핵심을 구성하는 것은 두 가지입니다. (1) 중국 경제의 고속 성장과 궤를 함께 하는 산업에 진출한 탁월한 전략이 있었고, (2) 실물경제와 금융경제의 긍정적인 상호작용을 이용해 싼이그룹의 명성을 드높이고 실력을 대폭 강화했습니다.

건설기계산업은 도시화의 발전과 함께 성장해왔습니다. 하지만 도시화가 언제까지 진행될까요? 언젠가 끝이 날 것입니다. 하지만 인력분야는 다릅니다. 인력자원산업은 산업화, 포스트 산업화, 내지는 인류 발전의 전 과정에서 반드시 필요한 영역입니다. 산업화 수준이 높을수록, 국민의 생활 수준이 높을수록 인력자원산업의 성장 전망은 더 큽니다.

교육과 인재육성은 최근뿐만 아니라 앞으로 수천 년 동안 이어져갈 국책사업입니다. 싼이그룹이 중국 경제의 고속 성장과 궤를 함께 해온 건설기계산업을 선택하여 오늘날의 눈부신 성공을 이루었듯이 인력자원산업도 앞으로 싼이그룹의 휘황한 역사를 새로이 써갈 것입니다.

앞서 말했듯이 매출 1000억 위안을 돌파할 때면 각 사업부의 인력수요가 수억 위안 규모를 넘어설 것입니다. 인력자원사업은 적은 투자비용에 비해 수익성이 매우 높으며 이것만으로도 단기간에 주식시장에 상장할 수 있습니다. '소프트' 산업(문화산업)이 현재 싼이그룹의 '하드' 산업(제조산업)과 결합하면 더 큰 성장을 이룰 수 있습니다.

2011년 6월 30일

인력자원회사를 효율적으로 어떻게 구성할 것인지에 대해 구상해놓은 것이 있습니다. (1) 본사가 출자하여 회사를 설립하는 것입니다. 그렇게 되면 전사 차원에서 인력자원 수요를 통합 관리할 수 있는 장점이 있습니다. (2) 자이중(량 회장의 외동아들)이 회사를 맡는 겁니다. 그 이유는 미국의 〈비즈니스위크〉 잡지에서 미래의 기업 리더들은 어떤 전공을 배워야 하는지에 대한 내용의 글을 본 적이 있습니다. 당시 저자는 학부에서는 경제학을 전공하고 철학과 심리학, 외국어를 부전공으로 배우는 것이 좋고 석사 과정에서는 전공에 상관없이 사고와 분석 능력을 키워주는 학문이면 된다고 건의했습니다. 학부에서 전공해야 할 과목 중에서 외국어는 자이중에게 문제가 되지 않습니다. 경제학과 철학도 회장님 곁에서 이미 충분히 익혔고, 이제 채워야 할 부분은 심리학입니다(여기서 말하는 심리학은 인재평가를 가리킨다). 회장님께서 아직 젊으시니 자이중이 회사를 물려받으려면 적어도 10년, 20년 뒤일 것입니다. 그동안 자이중은 인력자원회사를 경영하면서 인재를 분별하고 등용하는 법을 배울 수 있습니다.

2011년 7월 2일

최근 2년 동안 저는 가장 간단한 심리측정도구를 이용해 마케팅, R&D, 비서, 리셉션 등 부서의 직원들을 대상으로 샘플조사를 진행했습니다. 그 결과 싼이그룹과 같은 위대한 기업이 일반적인 채용기준에 얽매어 전공과 학벌을 중요시하고 능력과 성격 등을 간과하여 적성이 맞지 않는 직원을 양산하고 있다는 사실을 발견했습니다. 다른 기업들과 별반 차이 없이 이런 오류를 범하고 있는데도 싼이그룹만이 이렇게 성공할 수 있었던 비결은 무엇일까? 그 이유는 바로 강력한 문화가 있기 때문입니다.

　문화는 일종의 집단인격으로 원래는 자생적이어야 하는데 개성과 문화가 충돌하는 직원들의 경우에는 마음속으로는 인정하지 못하면서 어쩔 수 없이 기업 문화에 맞춰가게 됩니다. 역으로 보면 만약에 우리의 문화 즉 집단인격에 부합하는 개성을 지닌 직원을 채용한다면 직원의 역량을 최대한 발휘할 수 있으니 보다 나은 기업을 만드는 데 얼마나 큰 힘이 되겠습니까?

　인재를 얻는 자가 세상을 얻는다, 이것은 불멸의 진리입니다.

2011년 7월 11일

　회장께 《유능한 관리자 First, Break all the rules》라는 책을 추천합니다. 이 책에서 경영컨설팅 기업인 갤럽 출신의 저자들은 사람의 경쟁력은 지식, 기능, 재능 등 세 가지로 구성된다고 말합니다. 지식과 기능은 빙산의 윗부분으로 후천적 학습을 통해 습득할 수 있지만 재능은 빙산의 아랫부분처럼 천부적으로 타고나는 것입니다. 생리학적인 관점에서 보면 재능은 타고 나서 어릴 때 고정화되며 13세 이후에 완전히 정형화되는 특징을 갖고 있습니다. 그렇기 때문에 성격이 운명을 결정한다고 말할 수 있습니다.

　왜 학교에서 회장님보다 훨씬 공부를 잘했던 친구들이 오히려 큰 성공을 이루지 못했을까요? 문제는 지식이 아니라 지능과 성격입니다. 그러니 성공학의 대가 데일 카네기가 성공을 결정짓는 요소 중에 전문지식과 기능은 15%밖에 차지하지 않으며 인격과 사교능력, 리더십이 나머지 85%

를 결정한다고 말했지요.

그렇기 때문에 인재의 선발과 등용이 지극히 중요합니다. 재능이 없이는 아무리 노력해도 안 되는 일이 있는 반면에 사람마다 자신만의 특기와 강점이 있기 때문에 적절한 자리에 적절한 사람을 앉히는 것, 그것이 기업의 입장에서는 현재 보유한 인력을 가장 효율적으로 활용하고 능력을 최대한 끌어올릴 수 있는 방법입니다.

그런데 이러한 문제들은 기존의 일반적인 채용방식으로는 해결할 수 없습니다. 인재평가라는 학문을 바탕으로 과학적인 방법을 통해 직원들이 자신의 역량을 최대한 발휘할 수 있도록 해야만 기업의 활력이 샘솟게 될 것입니다.

2011년 7월 16일

국내외 유명 인사들의 어록이나 주목하실만한 정보를 모아보았습니다.
(1) 애플의 스티브 잡스는 하루의 4분의 1을 인재를 스카우트하는 데 투자한다. 탁월한 직원 1명이 평범한 직원 50명보다 더 큰 가치를 창조한다고 믿으며 천하의 모든 인자들을 다 자신 곁에 모으는 것이 소원이라고 했다.

(2) 20세기의 역사를 편찬한다면 가장 큰 비극은 수년간 지속된 전쟁도 테러도 지진도 아니다. 심지어 미국이 일본 히로시마에 원폭을 투하한 것도 아니다. 사람들이 평생 일을 하고 세상을 떠날 때 되어서도 자신에게 아직 개발되지 않은 능력이 있다는 것을 모르는 것, 그것이 세기의

가장 큰 비극이다.

(3) 경쟁 우위는 재능과 기능, 지식으로 구성되며 그중에서 가장 핵심은 재능이다. 재능은 선천적으로 타고 나서 어린 시절에 형성되며 일단 정형화되고 나면 바꾸기 어렵다. 재능은 개인 고유의 것으로 남에게 가르쳐줄 수도 없고 키울 수도 없다. 모든 일에는 재능이 필요하다. 재능이 있고 열심히 노력하는 사람만이 세계 일류가 될 수 있으며 기업의 입장에서는 어떤 포지션이든 일류 직원은 모두 가장 소중한 재산이다.

(4) 성공은 15%의 지식과 85%의 성격, 인간관계가 좌우한다.

(5) 사람의 성공을 결정짓는 요소 중에서 80%는 노력, 결심, 자신감, 의지 등 태도이고 13%는 지식과 능력 등 후천적으로 습득할 수 있는 스킬이며 7%는 운과 기회 등이다.

(6) 최근 미국에서 발표한 자료에 따르면 지난 20년 간 미국의 정재계 성공인사들은 평균적으로 IQ는 중등수준이지만 EQ는 매우 높다. 따라서 성격이 승패를 좌우한다는 말이 근거 없는 주장이 아니다.

(7) 채용공고를 잘 살펴보면 대부분은 기능, 지식, 경력 등을 요구하고 재능에 대해서는 일언반구의 언급도 없다. 아이러니하게도 채용공고에서는 인간이 바꿀 수 있는 부분들을 요구하고 있으며 진정 바꿀 수 없는 부분은 오히려 간과한다.

(8) 워런 버핏은 대학생들에게 이런 말을 했다.

"그대들과 내가 다른 점이 있다면 그것은 나는 매일 아침 일어나서 내가 하고 싶은 일을 한다는 것이다. 하루도 빠짐없이 말이다. 만약 나에게서 무언가를 배우고 싶다면 이것이 내가 그대들에게 줄 수 있는 최고의 충고이다."

(9) 성공이란 무엇인가?

인적자원전문 컨설팅 사인 갤럽은 이렇게 정의했다.

"성공은 자신의 잠재력을 충분히 발휘하는 것이다. 외부조건이 주어진 전제 하에서 성공을 할 수 있느냐 없느냐는 자신의 타고난 경쟁력을 정확히 인식하고 최대한 발휘할 수 있는지 여부에 달렸다. 경쟁력이라 함은 어떤 일을 지속적으로 거의 완벽에 가깝게 해내는 퍼포먼스를 말한다."

(10) 갤럽은 재능을 이렇게 해석했다.

"재능은 타고 나거나 조기에 형성되며 일단 형성되면 바꾸기 어렵다. 다음은 재능에 대한 잘못된 맹신을 버려야 한다. 사람들이 흔히 재능을 빌 게이츠나 마이클 조던 같은 유명인들의 전유물로 생각하는데, 사실 재능은 모든 정상인이 다 갖고 있으며 그 재능은 저마다 다르다. 마지막으로 재능에 따라서 우수함과 평범함과 갈린다. 어떤 일이든 남들보다 더 잘 해내려면 재능이 있어야만 가능하다. 결국 성공은 자기에게 맞는 자리에서 남들보다 더 탁월하게 일을 해내는 것이다."

(11) 재능은 타고나는 것으로 억지로 따라 배우거나 키운다고 해서 생겨

나지 않는다. 따라서 자신의 재능을 부정하는 것은 자신의 근본을 부정하는 것이다. 반대로 남의 재능이 부러워서 공부와 연습 등 후천적인 학습을 통해 갈고 닦아도 결국 헛수고만 하게 될 것이다.

(12) 갤럽은 이렇게 밝혔다. "우선 자신의 재능을 인정하라. 다시 말해서 자신을 받아들여야 한다. 그리고 재능은 경쟁력이 아니다. 재능은 씨앗이고 경쟁력은 열매다. 지속적으로 거의 완벽에 가까운 퍼포먼스를 보여주려면 자신의 재능을 정확히 알고 수용해야 할 뿐만 아니라 필요한 기능과 지식을 습득해야 하고 또 자신의 그런 재능을 필요로 하는 포지션을 찾아서 지속적으로 재능을 사용해야 한다." 그것이 갤럽이 강조하는 경쟁력이다.

(13) 인간의 몸속에는 거대한 에너지가 잠재되어 있다. 우리는 그 에너지의 10 % 정도밖에 사용하지 못하고 있으며 나머지 90 %는 그대로 썩히고 만다.

(14) 지식경제시대에 가장 가치가 높은 직업은 감지, 판단, 창조, 각종 관계 구축 등 인간을 중심으로 하는 일이다.

(15) 미래의 기업 리더들은 어떤 전공을 공부해야 하는가? 학부에서는 경제학을 전공하고 철학과 심리학, 외국어 등을 부전공으로 배우는 것이 좋다. 석사과정은 전공에 상관없이 사고와 분석 능력을 키워주는 학문이면 된다.

(16) 세상에는 돈을 벌 수 있는 직업이 매우 많지만 다른 사람이 성공할 수 있도록, 운명을 바꿀 수 있도록 도와주는 것보다 더 가치 있고 의미 있는 일은 없다.

(17) 경영학의 아버지로 불리는 테일러는《과학적 관리법》이라는 책에서 먼저 과학적인 방법으로 직원을 뽑고 나서 그 직원에게 교육과 훈련을 시켜야 한다고 강조했다.

2011년 10월 13일

글로벌 인재를 핵심주제로 한 룽융투 장관의 브리핑은 참으로 훌륭했습니다. 그는 빌 게이츠의 성공비결을 수준 높은 인재 등용과 내부적 소모 최소화라고 분석했습니다. 또한 글로벌 인재는 다음과 세 가지 능력을 갖추어야 한다고 지적했습니다. 기업과 기술, 인재 등 경쟁력 있는 자원을 발굴하는 능력, 어려운 환경과 다른 생활방식 등에 대한 적응능력, 통합능력 및 전략적 사고능력 등이 반드시 필요합니다. 회장님께서는 늘 '싼이그룹으로서는 자금과 기술은 문제가 아니다, 유일하게 부족한 것이 바로 인재다'라고 강조하는데 그것과 일맥상통하는 생각입니다. 하지만 룽 장관은 이런 인재를 어떻게 확보하는가에 대해 구체적인 방법은 제시하지 않았는데, 인재평가시스템을 통해 이 문제를 해결할 수 있습니다.

글로벌 500대 기업은 인재의 선발과 등용에 있어서 거의 대부분 현대심리학의 방법을 사용하고 있으나 여전히 전공, 학력, 학벌 등 지식적인 측면에 머무르고 있습니다. 동서양의 지혜를 하나로 결합시켜야만 더욱 효과적입니다. 제가 확보한 이 분야 국내 리더들의 인맥을 통합한다면 충분히 세계 일류수준의 인재감별회사를 만들 수 있습니다. 그렇게 된다면 과학과 지혜를 통해 천하의 인재를 모아서 싼이그룹의 성장을 한 단계 높이고 현재의 주요사업을 보완하고 촉진할 수 있는, 미래의 산업발전 방향에 부합되는 새로운 '소프트' 산업을 만들 수 있을 것입니다.

2011년 10월 21일

지난 '11.5' 기간 동안 싼이그룹은 5년 만에 10배 성장하는 비약적인 발전을 이루었습니다. 이에 대해 저는 경제학, 관리학, 인재학의 관점에서 자사의 성공요소를 분석했습니다. 여러 가지 성공요소 중에서도 정확한 전략적 선택, 즉 중국 경제와 도시화, 산업화의 위대한 전략적 기회를 포착하여 중국 경제의 고속 성장과 궤를 같이 한 건설기계산업에 진출한 것이 가장 크게 작용했습니다. 이 분석은 놀랍게도 랑셴핑 교수의 저서 《누가 중국 경제를 죽이는가》의 결론과도 일치합니다. 랑셴핑 교수는 중국 경제의 출로를 두 가지로 정리했습니다. 하나는 중국 정부의 개혁정책에 따라 다음 단계의 정책산업에 진출하는 것이고 다른 하나는 기업 경영제도의 업그레이드를 통해 산업자본과 금융자본의 완벽한 융합을 실현하고 전통적인 비즈니스모델을 고별하는 것입니다.

정부에서 발표한 문화산업 정책에서도 거대한 역사적 기회를 발견할 수 있습니다. 넓은 의미의 문화산업은 미국 GDP의 24%를 차지하며 그중 인재감별의 시장비중이 수조 위안입니다. 그에 비해 중국의 문화산업은 GDP의 5%에 불과합니다. 게다가 미국의 GDP는 절대치로 볼 때 중국보다 2.5배나 큽니다. 그러니 무한한 시장잠재력과 성장 전망이 예상됩니다.

이 역사적 기회를 잘 포착하고 활용한다면 싼이그룹은 또 한 번의 기적을 다시 일구어낼 수 있습니다. 이미 한 번 역사적 기회의 단 열매를 맛보았던 싼이그룹으로서는 이번 기회를 절대 놓쳐서는 안 될 것입니다.

이상 중앙 정부의 문화산업 관련 문건을 읽고 느낀 점을 회장님께 공유해드렸습니다.

이 시점에서 문득 지난 10월 6일에 세상을 떠난 스티브 잡스가 떠오르네요. 애플이 중국 시장에서 경이로운 성장을 이룰 수 있었던 것도 스티브 잡스가 중국 경제의 고속 성장에 부합되는 혁신을 추진했기 때문이 아니겠습니까? 미래의 문화산업에서도 또 다른 스티브 잡스가 탄생하지 않을까요?

스티브 잡스는 탁월한 인재 1명이 평범한 인력 50명보다 더 많은 기여를 한다고 말했습니다. 그래서 4분의 1의 시간을 일류 인재를 발굴하는데 투자했고 결국 애플의 신화를 이루어 냈습니다. 애플사가 발표한 2012년 2분기 재무제표를 보면 대부분 지표가 모두 월가의 예측을 뛰어넘었습니다. 그러니 일류 인재가 기업에 얼마나 중요한지를 알 수 있습니다.

필자

귀거래사(歸去來辭)

돌아가자, 논밭이 황폐해지고 있거늘 어이 아니 돌아가리?

− 도연명

숫자 '7'은 인간에게 참 묘한 숫자다. 하느님은 일주일을 7일로 만들었고 남녀가 결혼하여 7년차가 되면 부부 간에 갈등과 문제가 생긴다는 말이 있다. 주식시장에는 7주, 7일 내지는 7년이라는 시간의 문이 있다.

내가 쌴이그룹에 온 지도 어언 7년이 되었다. 이제 도연명의 귀거래사처럼 돌아갈 때가 된 것인가!?

나는 평소에 서류나 구도보고를 통해 량원건 등 핵심 경영진에게 이런 뜻을 완곡하게 내비쳤다.

2012년 9월에 제출한 개인업무보고서에 다음과 같이 적었다.

"마음 같아서는 쌴이그룹을 위해 몇 년 더 몸 바치고 싶지만 역시 세월 앞에는 장사가 없습니다(탕슈궈 사장의 요구대로 70세까지 근무한다고 해도 이제 2년 반밖에 남지 않았다). 이제 슬슬 후임자를 구해야 할 것 같으니 허락해 주시기 바랍니다."

어느 날, 량원건 회장은 나를 사무실로 불러서 연말에 명예퇴직을 해도 좋다고 정중하게 말했다. 내 메시지를 드디어 받아들인 것이다. 7년 전 국영 기업 경영자의 자리에서 정년퇴직을 한 데 이어 이번이 두 번째 퇴직이다.

이튿날 글로벌 화상조찬회에서 량원건 회장은 내가 쌴이그룹의 브랜드 구축과 이미지 제고, 문화 전파 등 분야에서 탁월한 기여를 했다고 칭찬하며 나의 연말 퇴직 소식을 공식 발표했다. 여기저기서 축하전화가 걸려왔다.

쌴이그룹에서 근무한 7년 동안 맡은 업무가 그렇다 보니 사색과 반성하는 것이 생활화되었다. 퇴직을 앞둔 시점에 과거 7년의 업무과정을 반성해본다. 짧은 소견과 경험이지만 동료들에게 도움이 되길 바란다.

1. 산업 분야 선택에 대한 반성

쌘이그룹은 산업 분야를 잘 선택했기 때문에 성공할 수 있었다. 그런데 이 산업은 너무 '하드'하고 거시 경제와의 연관성이 지나치게 높다. 흔들리지 않는 백년기업이 되기 위해서는 '하드'한 산업을 선택하여 이러한 리스크를 상쇄해야 한다. 그래서 나는 신산업에 관한 제안을 14통의 편지로 정리해서 량 회장에게 제출한 바 있다.

2. 속도 조절에 대한 반성

지난 10년간 놀라운 속도로 성장가도를 질주해온 탓에 인재와 경영관리의 성장을 이끄는 데 힘이 부친다. 6시그마가 제대로 추진되지 못하고 요절한 것도 기본적인 관리가 이뤄지지 않았기 때문일 것이다.

3. 조직 분위기에 대한 반성

쌘이그룹 고위 임원들 가운데는 명령식으로 업무를 지시하는 사람들이 많다. 필자도 몇 번 업무보고를 할 때 직위로 누르는 불편한 분위기를 느낀 적이 있다. 그런데 량원건 회장은 늘 "허 부사장의 고견을 말해보세요." 하면서 부드럽고 편안한 분위기를 조성해주곤 했다. 다른 임원들은 그의 태도와 소통 방식을 배워야 할 것이다.

4. 문화에 대한 반성

싼이그룹의 문화는 굉장히 역동적이고 진취적이지만 이러한 문화가 모든 직원의 핏속에 녹아들어 진정으로 내재화되기까지는 아직도 갈 길이 멀다. 지역의 주류문화와 싼이그룹의 기업 문화 간의 충돌은 상하이와 선양에서 특히 두드러진다. 앞으로 글로벌화를 추진하는 과정에서 이런 문화의 충돌문제를 어떻게 해결할 것인가?

5. 이사회와 직원대표대회에 대한 반성

과거 국영 기업의 경영을 맡는 동안 나는 직원대표대회의 역할을 매우 중요시했고, 직원들의 의견과 생각이 관철되어 어려운 문제들이 의외로 쉽게 해결됐던 적이 많았다. 민영 기업으로서 이사회의 권위가 반드시 필요하지만 국영 기업의 경영관리에서 직원대표대회의 의견을 중요하게 고려하는 방식도 참고한다면 많은 문제가 좀 더 쉽게 해결될 수도 있다.

6. 물질적 부의 창조를 중시하고 정신적 부의 창조에 소홀한 것에 대한 반성

지난 7년을 돌이켜보면 싼이그룹은 물질적 부를 창조한 직원에게는 통 큰 포상을 해주는 데 비해 정신적 부를 창조한 직원에 대한 포상은 상대적으로 인색하다. 이는 기업 문화를 중요시하는 싼이그룹의 이념에 어긋난다.

싼이그룹은 위대한 기업이다! 위대한 역사를 계속해서 이어가기를 진심으로 희망한다.